심리상담 이론과 그림책을 유기적으로 연결한
그림책 아이 심리상담

심리상담 이론과 그림책을 유기적으로 연결한
그림책 아이 심리상담

초판 1쇄 발행 2025년 2월 20일

지은이	그림책사랑교사모임
발행인	최윤서
편집	정지현
디자인	최수정
펴낸 곳	(주)교육과실천
저자 강의·도서 구입	02-2264-7775
인쇄	031-945-6554 두성 P&L
일원화 구입처	031-407-6368 (주)태양서적
등록	2020년 2월 3일 제2020-000024호
주소	서울특별시 중구 창경궁로 18-1 동림비즈센터 505호
ISBN	979-11-91724-78-3(13370)

정가   22,000원

저작권법에 따라 한국 내에서 보호를 받는 저작물이므로 무단 전재 및 복제를 금합니다.

저자 강의 및 도서 구입 문의는 교육과실천 02-2264-7775로 연락 주십시오.

심리상담 이론과 그림책을
유기적으로 연결한

그림책
아이
심리상담

그림책사랑교사모임 지음

▌들어가며

다양한 심리상담 이론과 그림책을 통해
아이들의 심리적 어려움에 접근한다

    아이들의 마음을 이해하고 다가가는 일은 심리상담의 중요한 출발점입니다. 하지만 아이들이 어떤 생각과 감정을 품고 있으며, 세상을 어떻게 바라보는지를 이해하는 것은 쉽지 않은 여정입니다. 최근 몇 년 동안 학교 현장에서 아이들이 겪는 심리 정서적 문제는 점점 더 복잡해지고 있습니다. 학업 스트레스, 또래 관계에서의 갈등, 가정 내 문제, 게임과 인터넷 중독 등 다양한 요소가 얽혀 아이들의 마음에 무거운 짐을 지우고 있음을 보게 됩니다. 이로 인해 불안, 우울, 분노 등 정서적 어려움과 더불어 충동적 행동, 사회적 고립 같은 문제가 나타나고, 이러한 아이들을 지원하는 교사도 한계에 부딪히는 상황이 점점 더 많아지고 있습니다. 이처럼 기존의 교육 방식만으로는 아이들의 내면 깊이 닿기 어려운 현실 속에서 학교 현장에서 교사들이 활용할 수 있는 보다 효과적인 상담 접근법이 필요하다는 생각을 하게 되었습니다.

그림책을 통한 상담의 효과

그림책은 아이들의 심리적 문제를 이해하고 해결하는 강력한 도구가 될 수 있습니다. 그림과 이야기가 결합된 그림책은 아이들이 자신을 투영하고 공감할 수 있는 상상적 공간을 제공합니다. 아이들은 그림책의 서사를 따라가며 문제 상황을 간접적으로 경험하게 되고, 이를 통해 자신의 감정을 탐색하고 새로운 관점에서 문제를 바라보는 능력을 키우게 됩니다. 또한, 그림책의 감각적 요소는 특히 정서적 어려움을 겪는 아이들에게 안정감과 위안을 제공합니다. 색감과 이미지, 간결한 이야기 구조는 아이들이 부담 없이 몰입할 수 있도록 돕고, 그림책 속에서 유사한 문제를 경험하는 등장인물을 통해 해결 방안을 모색해 볼 수 있는 안전한 장이 되어 주기에 아이들은 그 속에서 감정 조절 능력을 키우고 자신을 적절하게 표현할 수 있습니다.

그림책과 심리상담 이론의 융합

이 책에서는 그림책과 다양한 심리상담 이론을 융합하여 아이들의 심리적 문제에 효과적으로 다가갈 수 있는 실천적 도구를 제시하고자 하였습니다. 심리상담 이론은 아이들이 겪는 어려움의 원인을 이해하고, 그들의 정서와 행동 패턴을 분석하는 데 중요한 틀을 제공합니다.

정신분석에서는 그림책의 상징적 이야기를 통해 무의식에 숨겨진 갈등을 탐색하도록 도울 수 있고, 대상관계이론에서는 그림책 속 인물과의 동일시를 통해 타인과의 관계를 새롭게 경험할 수 있습니다. 또한, 인지행동치료(CBT)나 인지정서행동치료(REBT)를 활용하면 부정적 사고를 바꾸고 긍정적 행동을 강화하는 방법을 배울 수 있으며, 게슈탈트 심리 상담 이론을 활용하면 그림책 속 인물의 감정과 행동을 연기하며 지금-여기에서의 감정을 온전히 체험하고, 자기 인식을 높일 수 있습니다. 경험적 가족치료와 이야기 치료에서는 자신과 가족의 문제를 새로운 시각으로 바라보고, 개인적 서사를 재구성하여 문제를 해결할 수 있도록 돕습니다. 또, 수용전념치료(ACT)를 활용하면 아이들이 그림책을 통해 자신의 감정을 있는 그대로 받아들이고, 유연한 사고를 통해 문제 상황에서 더 나은 선택을 할 수 있도록 이끌 수 있습니다. 교류분석(Transactional Analysis)적 접근을 통해서는 그림책 속 등장인물의 행동과 자신의 역할을 분석하고, 더 건강한 대인관계 방식을 학습할 수 있습니다. 뿐만 아니라 이 책에서는 긍정심리학의 관점도 적극 활용하였는데, 아이들이 자신의 강점과 장점을 발견하고, 이를 바탕으로 성장과 회복력을 키울 수 있도록 그림책을 매개로 긍정적 경험을 이끌어 내려 노력하였습니다.

이처럼 다양한 심리상담 이론을 활용하여 아이들의 심리적 어려움에 좀 더 깊이 있게 접근하고자 노력하였고, 개별 사례의 상담에 도움이 되는 활동을 심리이론에 기반하여 구체적으로 제시하였습니다.

이 책은 학교 현장에서 발생하는 다양한 심리적·정서적·행동적 문제 상황에 대해 실질적이고 구체적인 상담 방법을 제시하면서, 상담에서 그림책을 효과적으로 활용할 수 있는 길을 안내하고자 하였습니다. 이 책이 특별한 이유는 아이들이 경험하는 심리적 어려움을 심층적으로 이해하고, 그들의 마음에 보다 쉽게 다가갈 수 있는 다양한 심리상담 이론과 그림책을 통합적으로 소개하고 있기 때문이라 할 수 있습니다.

이 책을 읽는 방법

이 책의 각 챕터는 학생들이 겪을 수 있는 구체적인 문제 상황을 제시하는 것으로 시작합니다. 첫 번째 문제 상황 기술 부분에서는 학교에서 흔히 마주하게 되는 학생들의 심리적·정서적·행동적 어려움을 다양하게 제시하였습니다. 두 번째로 문제를 이해하는 데 유용한 심리상담 이론을 소개함으로써 학생들이 보이는 어려움의 본질을 이해하고 그들의 심리적 상태를 보다 깊이 있게 분석할 수 있도록 돕고자 하였습니다. 예를 들어, 특정한 문제 상황에 적합한 정신분석, 인지행동치료, 개인심리학, 게슈탈트 심리상담, 수용전념치료, 교류분석, 긍정심리학 등 다양한 심리이론적 틀을 제공하여 교사가 심리상담 이론에 기반하여 학생들의 심리 문제를 깊이 있게 이해할 수 있도록 안내하였습니다.

세 번째 그림책 소개 부분에서는 이러한 이론을 실제 상담에서 어떻게 활용할 수 있을지를 구체화하기 위해 해당 이론을 적용할 수 있는 적절한 그림책을 추천하였습니다. 각 그림책은 학생의 문제 상황과 연결될 수 있는 이야기를 담고 있어 자연스럽게 자신의 상황을 투영하거나 동일시할 수 있도록 구조화하였으며, 이러한 간접적 경험의 제공을 통해 자신의 어려움을 보다 안전하고 편안하게 마주하도록 돕고자 하였습니다. 그림책의 시각적 요소와 서사적 구조의 결합은 심리적으로 몰입할 수 있는 경험을 통해 그 안에서 자신을 발견하고 새로운 관점으로 문제를 바라볼 수 있는 기회를 제공할 수 있습니다.

네 번째로 상담의 실제 부분에서는 그림책을 활용하여 상담을 진행할 수 있는 구체적인 질문을 제시하였습니다. 질문을 통해 그림책을 다시 읽으며 학생들이 자신의 경험과 감정을 자연스럽게 탐구하고 교사와 편안하게 대화하면서 자신의 이야기를 표현할 수 있도록 하였으며, 그림책 속 인물의 감정과 상황에 대한 질문을 통해 자기 내면의 감정을 탐색하고, 억눌렸던 감정을 표현하도록 돕고자 하였습니다. 이를 통해 학생은 자신을 더 깊이 이해할 수 있고, 교사는 학생의 감정과 심리를 보다 정확하게 파악할 수 있습니다. 또, 이러한 질문 뒤에는 그림책과 심리상담 이론을 토대로 한 구체적인 상담 대화의 예시를 추가하였는데, 이러한 예시는 교사가 그림책을 매개로 학생과 나눌 수 있는 상담적 대화의 흐름을 미리 이해할 수 있게 도와줄 뿐 아니라, 실제 상담 상황에서도 교사가 다양한 반응과 상황에 유연하게 대처하는 데 도움을 줄 수 있습니다.

그리고 그림책과 심리상담 이론을 바탕으로 학생이 스스로 문제를 해결하고 성찰할 수 있도록 돕는 다양한 활동도 제안하였는데, 이러한 활동은 학생이 자신의 감정을 더 깊이 이해하고 표현하며 문제해결에 대한 능력과 자신감을 키울 수 있도록 설계하였습니다. 이 책에서 제시하는 다양한 활동은 단순한 일회성 활동이 아니라, 학생의 실제적 삶에서 지속적으로 의미 있게 활용되기를 기대하는 마음으로 여러 번의 회의와 고민을 통해 신중하게 선택하였습니다.

마지막으로 '상담을 마무리하며' 부분은 해당 사례와 심리상담 이론, 그림책을 통해 전달하고자 했던 중요한 메시지를 요약하고 정리하여 교사들이 학생과의 상담에서 이 책을 좀 더 의미 있게 활용하기를 바라는 핵심적인 내용을 담아 마무리하였습니다. 여기에서는 상담을 통해 얻은 통찰과 배움을 되새기며, 교사 역시 그림책 심리상담이 학생의 삶에 남길 긍정적 영향과 의미에 대해 다시 한번 생각할 수 있기를 바랐습니다.

이 책의 의미와 가치

이 책에서는 다양한 심리상담 이론과 그림책을 유기적으로 연결하여 학교 현장에서 실제로 적용할 수 있는 구체적인 사례와 지침을 제공하고자 노력하였습니다. 이 책을 통해 교사들이 그림책을 활용해 학생들의 내면에 다가가는 새로운 방법을 배우고, 학생들의 정서적 회복과 성장을 돕는 과정에서 교사 스스로 상담에 대한 자신감을 얻고, 학생들과 더 깊이 소통할 수 있는 기회를 가질 수 있기를 바랍니다. 나아가 교사와 학생, 학부모가 협력하여 아이들의 심리적 성장과 발달을 지원하는 협력적 커뮤니티를 형성하는 데도 기여할 수 있기를 희망해 봅니다. 학교 현장에서 그림책을 매개로 한 심리상담의 활성화가 단순한 문제해결을 넘어 학생들의 정서적 회복과 긍정적 성장으로 이어져 더 건강하고 행복한 삶을 살아갈 수 있도록 돕는 하나의 주춧돌이 되기를 바라봅니다.

| 차례 |

들어가며 다양한 심리상담 이론과 그림책을 통해
아이들의 심리적 어려움에 접근한다　　　　　　　　4

Part 1 그림책으로 마음을 읽는다

독서심리상담이란 무엇인가　　　　　　　　　　　14
새 학기를 준비하는 교사의 마음　　　　　　　　　23
흔들리고 불편한 학생의 마음 | **대상관계이론**　　　33
학교 안에서의 건강한 관계 형성(라포 형성) | **현실치료**　48

Part 2 그림책 심리상담 사례

Chapter 1 학교에 적응하지 못하는 아이들

분리불안으로 등교를 거부하는 아이 | 마음챙김	73
무기력으로 등교에 어려움을 겪는 아이 | 긍정심리학	87
낯선 곳을 두려워하는 아이 | 대상관계이론	101
별일 아닌데 자주 우는 아이 | 개인구념이론	113
수줍음이 많아 발표를 어려워하는 아이 | 행동주의 상담	125

Chapter 2 심리 정서적 어려움이 있는 아이들

불안과 걱정이 심한 아이 | 인지정서행동치료(REBT)	137
열등감이 심한 아이 | 개인심리학	150
애정결핍이 있는 아이 | 개인심리학	162
완벽주의로 인해 힘들어 하는 아이 | 인지행동치료(CBT)	175
친구가 하는 말을 그냥 넘기지 않는 아이 | 인지치료	187
강박이 심한 아이 | 정신분석 이론	200
친구들의 따돌림으로 속상해 하는 아이 | 동기강화상담	210
가족의 죽음으로 슬퍼하는 아이 | 수용전념치료	222

Chapter 3 행동에 어려움이 있는 아이들

말을 함부로 하는 아이 ǀ 경험적 가족치료	**235**
거짓말을 많이 하는 아이 ǀ 교류분석	**252**
도벽이 있는 아이 ǀ 이야기 치료	**263**
자기 잘못을 인정하지 않는 아이 ǀ 게슈탈트 심리상담	**279**
자기 의견을 말하지 못하고 친구가 하자는 대로만 하는 아이 ǀ 강점 중심의 긍정심리치료	**288**
관심을 받고 싶어서 일부러 튀는 행동을 하는 아이 ǀ 인간중심상담	**302**
친구들과 다툼이 많은 아이 ǀ 현실치료	**313**
규칙 어기는 것을 아무렇지도 않게 생각하는 아이 ǀ 현실치료	**327**
친구를 괴롭히거나 따돌리는 아이 ǀ 정서조절이론	**338**
참고문헌	**353**

Part 1

그림책으로
마음을 읽는다

독서심리상담이란 무엇인가

상담의 정의와 기본 원리[1]

(1) 상담의 정의

상담심리학은 매우 실천적이고 과학적인 학문으로 인간의 정신과 행동에 대한 과학적인 연구를 목적으로 한다. 심리학의 지식을 내담자에게 적용하는 응용심리학의 한 분야이므로 상담심리학에서 내담자와의 상담은 가장 중요한 핵심 과정이라 할 수 있다. 무엇보다 효과적인 상담을 위해서는 먼저, '상담이란 무엇인가?'에 대하여 생각해 보아야 한다.

첫째, 상담은 상담자와 내담자 사이에서 이루어지는 활동으로, 상담자와 내담자가 모두 상담 활동의 주체가 되어 변화를 위해 함께 노력하는 과정이다.

둘째, 상담은 내담자가 자신의 감정, 생각, 행동에 대해 자각하고 자신의

---

1 노안영(2014). 상담심리학의 이론과 실제. 학지사. pp.18~21.

장점이나 단점 등을 파악할 수 있도록 돕는 자기 탐색과 자기 이해 과정을 갖는다.

셋째, 상담은 내담자의 삶의 질을 높이기 위해 문제를 예방하고, 잠재력을 발견하고 발달시키며, 문제해결을 위해 조력하는 활동이다.

넷째, 상담은 진행되는 과정에 초점을 둔다. 상담자의 조력 활동을 강조하되 내담자와의 상담이 끝났다고 해도 삶의 과정에는 늘 문제가 있으므로 내담자의 문제는 계속되고 있다고 본다.

위 내용을 종합하면 '상담'이란 도움을 필요로 하는 내담자와 상담자가 상담의 주체로서 함께 내담자의 문제를 예방 또는 해결하고, 내담자의 발달과 성장을 촉진함으로써 내담자의 삶의 질 향상을 위해 노력하는 조력의 과정을 말한다. 따라서 상담자는 내담자를 돕기 위한 전문적 상담 훈련과 함께 자신의 전문성 향상을 위해 끊임없는 연구가 필요하고, 연구를 통해 발견한 지식을 실제 상담에 효과적으로 적용시킬 수 있어야 한다.

(2) 상담의 기본 원리

상담심리학자들은 내담자의 삶의 질을 향상시킬 수 있는 다양한 상담 원리와 방법을 개발해 왔다. 수많은 상담 이론은 내담자의 문제해결 및 삶의 질을 변화시키는 데 효과가 있음이 입증되었으므로, 상담자는 먼저 다양한 상담 이론에 대해 이해하는 것이 필요하다. 하지만 무엇보다도 상담자로서 가장 먼저 고려해야 할 사항은 상담을 수행하는 상담자의 신념과 태도이다. 상담자는 내담자에 대하여 무조건적인 수용의 자세로 임해야 하고, 내담자와 라포(rapport)를 형성하여 상담자를 존중하며 신뢰감과 친밀감을 느낄 수 있도록 따뜻하게 맞아 주어야 한다.

무엇보다도 공감은 상담자로서 가장 기본적으로 갖추어야 할 태도이다. 공감은 단순히 마음을 읽어 주는 것이 아니라 내담자 자신이 충분히 공감받고 있다고 느낄 수 있도록 그의 슬픔과 고통을 함께하는 것이다. 상담자가 내담자의 마음에 함께 머무르며 그 마음을 깊이 이해하고 있음을 내담자에게 잘 전달하는 것이 진정한 공감이다. 내담자는 상담자가 진심으로 공감해 주고 있다고 느낄 때 스스로 자신의 마음을 알아차리고 표현할 수 있게 된다.

또한, 상담자는 내담자를 변화시킬 수 있다는 확고한 믿음과 윤리적 책임감을 갖고 내담자의 비밀을 지켜 주어야 하고, 내담자에게 적극적인 관심을 갖고 경청하며, 내담자가 용기를 잃지 않도록 끊임없이 격려해야 한다.

독서심리상담의 개념과 목적[2]

(1) 독서심리상담의 개념

상담자가 내담자의 삶의 질 향상과 변화를 위해 사용하는 주요 도구나 수단에 따라 다양한 상담이나 치료 유형이 있는데, 대표적으로 독서치료, 놀이치료, 미술치료, 원예치료, 음악치료 등이 있다. 그중 독서치료는 상담의 도구로 '책'을 활용하는 방법이다.

책은 학생들의 사고력을 확장시키고 내면의 성장을 촉진하는 훌륭한 매체이다. 따라서 학생들이 갖고 있는 다양한 심리적 문제를 극복하고 해결하려는 심리상담 분야에서도 책은 매우 큰 효과를 발휘한다. 흔히 책을 매

2　김현희 외(2004). 독서치료. 학지사.

개로 한 상담은 독서요법, 독서치료, 독서심리상담, 독서지도 등의 다양한 명칭으로 통용되고 있는데, 학자에 따라 이에 대한 정의는 조금씩 차이가 있다. 그중 독서치료(bibliotherapy)라는 말의 어원은 'biblion(책, 문학)'과 'therapeia(도움이 되다, 의학적으로 돕다, 병을 고쳐 주다)'라는 그리스어에서 유래된 것으로, 다양한 문학작품 및 읽기 자료, 즉 책 읽기를 통해 정신 건강을 증진시킨다는 의미를 담고 있다.

독서치료는 많은 학자들에 의해서도 다양하게 정의되었는데, 돌과 돌(Doll & Doll, 1997)은 독서치료란 책과 독자 사이의 상호작용의 과정이며, 선택된 독서 자료에 내재되어 있는 생각이나 개념 등이 독자의 정신적 또는 심리적 질병에 치료적인 영향을 줄 수 있다고 주장하였다. 또, 하인즈와 하인즈베리(Hynes & Hynes-Berry, 1994)는 상담자, 내담자, 텍스트를 독서치료의 3대 요소로 규정하고, 상담자와 내담자가 책을 통한 상호작용으로 정신건강을 증진시키고 개인의 문제를 해결하며, 사회적 관심에 대해 알게 하는 과정을 독서치료로 정의한 바 있다.

독서치료에 대한 여러 학자들의 정의를 종합해 보면, 독서치료는 다양한 문학작품을 읽고 토론, 글쓰기, 그림 그리기 등의 구체적 활동과 상호작용을 통해 자신의 적응과 성장 및 당면 문제를 해결하는 데 도움을 얻는 것을 뜻한다. 이는 문학작품 자체에 대한 토론이나 문학작품의 의미와 가치에 중점을 두는 문학 교육과도 다르고, 내담자의 심리적 문제에 초점을 두고 문제를 해결하려는 심리치료와도 차별화된다. 즉, 독서치료는 사실상 책을 통해 내담자의 문제 상황을 극복하고자 하며, 올바른 자아 성장을 통해 삶의 질을 변화시키고 가벼운 심리 정서적 문제나 부적응 문제를 해결한다는 점에서 독서심리상담(Biblio-counseling)을 의미한다. 따라서 이 책에서는 상담의 여러 유형 중 하나인 독서치료를 독서심리상담으로 규정하고, 그림책을 상담의 도구로 활용하는 그림책 독서심리상담에 대해 다루고자 한다.

(2) 독서심리상담의 목적

독서심리상담은 어린아이부터 노인에 이르기까지 다양한 연령층에 걸쳐 실시할 수 있고, 내담자의 다양한 발달적 과제와 임상적 문제에 모두 효과적이어서 적용 범위가 매우 넓다. 또한, 내담자의 문제가 심각해지기 전에 과도한 심리적 부담이나 저항감 없이 사전에 문제를 예방할 수 있다는 점에서 더욱 의미가 있다. 돌과 돌(Doll & Doll, 1997)은 독서치료, 즉 독서심리상담의 목적에 대해 다음과 같이 주장하였다.

첫째, 독서에 대한 흥미와 심미적 경험이 주는 기쁨은 독서의 가장 기본적인 목적이다. 독서심리상담은 기본적으로 책을 읽는 것을 바탕으로 하기 때문에 책을 읽는다는 독서 고유의 즐거움을 누릴 수 있다.

둘째, 독서심리상담은 책을 읽는 내담자가 자신의 내면을 깊이 탐색할 수 있도록 돕는다. 책을 읽고 책에 대해 상담자와 나누는 치료적 대화를 통해 내담자는 자기 자신을 더욱 잘 이해할 수 있게 된다.

셋째, 독서심리상담을 통해 내담자는 책 속의 등장인물을 자신과 동일시하여 심리적·정서적 긴장감을 완화하고 감정을 정화하는 카타르시스를 경험하게 됨으로써 자신의 문제해결에 도움을 얻을 수 있다.

넷째, 내담자는 책을 통해 다양한 문제 상황을 접하고, 문제에 대해 고민하고 탐색하며 실제 상황과 연결해 봄으로써 실생활의 문제에 대한 해결책을 얻을 수 있다.

다섯째, 독서심리상담을 통해 내담자는 타인과 상호작용하는 방식이나 태도 등을 익히고, 타인과 효율적이고 만족스러운 관계를 맺게 됨으로써 사회적 소속감과 유대감을 얻을 수 있다.

그 외에도 독서심리상담은 내담자가 특정한 문제 상황에 부딪혔을 때 독서를 통한 새로운 정보를 제공함으로써 문제를 해결하는 데 도움을 줄 수 있다.

독서심리상담의 원리와 단계[3]

(1) 독서심리상담의 원리

책을 읽는다는 것이 무엇인지, 책을 읽는 동안 독자의 내면에서 무슨 일이 일어나고 있는지에 대해 알기 위해서는 독서심리상담의 원리를 이해하는 것이 필수적이다. 독서심리상담의 원리는 크게 독서 행위론적 관점, 정신분석학적 관점, 서사적(narrative) 관점 등으로 설명할 수 있다.

먼저 독서 행위론적 관점에서 책을 읽는다는 것은 독자가 자신의 경험을 바탕으로 책 속의 글을 분석하고 종합하며, 추론과 판단을 하는 주체적인 과정을 의미한다. 인간은 책을 통해 수많은 지식과 정보를 받아들인 후 이에 대해 생각하고 표현하는 과정을 통해 성숙해진다. 따라서 독서심리상담은 그러한 독서의 과정에 관심을 갖고 문제 영역에 개입하여 효과를 거둘 수 있다.

다음으로 정신분석학적 관점에서 보면 독서심리상담은 동일시, 카타르

---

3 김현희 외(2004). 독서치료. 학지사.

시스, 통찰의 원리를 바탕으로 한다. 동일시란 책 속 등장인물의 성격이나 행동 등을 마치 자기 자신의 체험인 것처럼 느끼고 받아들여 그와 같이 생각하고 행동하는 무의식적인 과정을 말한다. 책을 읽을 때 내담자는 자신이 읽은 책에 등장하는 인물의 성격이나 감정, 행동 등을 마음속으로 받아들여 동일시의 상황을 만든다. 즉, 내담자가 책을 읽는 과정에서 등장인물에 공감하여 자신과 등장인물을 비슷하다고 느끼게 되는 것이다.

카타르시스는 감정의 정화, 즉 내담자의 마음속 깊이 억압되어 있는 욕구 불만이나 심리적 갈등을 말이나 행동으로 드러냄으로써 감정을 발산시키는 것을 말한다. 이는 무의식 속에 감추어진 부정적인 사건과 그에 얽힌 감정을 의식 수준으로 끌어올려 표현하는 과정이다. 독서심리상담의 과정에서는 내담자가 책 속 등장인물의 감정, 사고, 성격 등에 대해 자신의 느낌이나 생각을 드러내는 과정에서 억압된 감정을 발산함으로써 카타르시스가 일어난다. 일반적으로 다른 심리치료나 상담에서는 내담자가 자신을 솔직하게 드러내는 것에 심리적 저항을 느끼기 때문에 억압된 욕구나 갈등을 표현하는 것을 어려워한다. 하지만 책 속 등장인물에 대한 감상을 표현할 때는 내담자 자신이 직접적으로 드러나지 않는다. 따라서 내담자는 심리적 저항 없이 등장인물에 대해 말하게 되고, 그 과정에서 실제로는 내담자 자신의 마음을 드러내게 된다. 이러한 카타르시스를 통해 내담자는 분노나 불안, 우울 등의 부정적 감정에서 해방되면서 통찰이 가능해진다.

통찰은 카타르시스를 통해 부정적인 감정에서 벗어나 내담자 자신의 문제에 대해 올바르고 객관적인 인식을 하게 되는 것이다. 독서심리상담에서 내담자는 지속적인 상담을 통해 자신과 비슷한 문제를 가진 책 속 등장인물이 문제를 원만히 해결해 가는 것을 보며 자신의 문제를 해결하는 방법을 스스로 깨닫게 되는데, 이를 통찰이라 한다.

또한, 서사적 관점에서 보면 인간은 이야기를 듣거나 자신의 이야기를 들려주기를 좋아하는 서사적 존재이다. 따라서 이야기를 담고 있는 매체인 책은 치료적인 힘을 갖고 있다. 서사의 치료적 효과를 발견하고 적용하려는 분야가 바로 이야기 치료 또는 독서심리상담이다.

(2) 독서심리상담의 단계

독서심리상담은 내담자가 스스로 문학작품을 읽고 반응하는 과정을 경험하고, 상담자와 상호작용을 하는 과정에서 이루어진다. 돌과 돌(Doll & Doll, 1997)의 견해를 참고한 독서심리상담의 단계는 다음과 같다.

첫째, 준비 단계이다. 내담자와 신뢰 관계를 형성하고, 내담자의 문제 상황을 파악한 뒤 상담의 구체적인 계획을 세운다.

둘째, 자료 선택 단계이다. 준비 단계에서 드러난 내담자의 특성이나 문제 상황 등을 고려하여 관심을 유발할 수 있는 책을 선택한다. 특히 내담자의 심리 정서적 문제를 해결하는 데 도움이 되고, 발달단계와 읽기 준비도를 고려한 책을 선택하되 책에 대한 부담이나 부정적인 반응은 없는지를 잘 살펴야 한다.

셋째, 자료 제시 단계이다. 내담자의 흥미를 유발시키는 방법으로 책을 제시하되, 잠시 읽기를 중지하고 내담자의 이해를 돕기 위한 활동을 중간에 끼워 넣을 수도 있고, 책에 대해 부정적으로 반응하는 경우 적절한 방법을 찾아 대응할 수 있다.

넷째, 이해를 돕는 단계이다. 가장 중요한 단계로 내담자가 책 속 등장인물의 문제를 파악하고 행동의 동기나 해결책 등에 대해 이해할 수 있도록 한다. 이때, 동일시, 카타르시스, 통찰이 일어나도록 적절한 질문을 사용하여 내담자가 자신의 문제를 직시할 수 있도록 한다.

　다섯째, 후속 조치와 평가 단계이다. 내담자가 얻은 깨달음을 실천할 수 있도록 격려하고, 합리적인 계획을 세워 더욱 발전할 수 있도록 돕는다. 또한, 결심한 대로 꾸준히 잘 실천하고 있는지를 모니터링하고 향후 계획이나 방법 등에 대해 꾸준히 피드백한다.

새 학기를 준비하는
교사의 마음

새 학기를 맞는 어느 교사의 독백

새 학기가 시작될 때면 교사로서 마음속에 다양한 감정이 교차한다. 긴 겨울방학 동안 잠시 떠나 있었던 교실에 다시 들어설 생각을 하면 낯설면서도 익숙한 감정이 밀려온다. 교실에 가득 찰 아이들의 웃음소리, 책상에 앉아 있을 작은 몸짓들, 그리고 새로운 학기를 시작하는 설렘과 약간의 긴장이 공존하는 순간들이 머릿속을 스쳐 간다.

교실을 정리하고 수업 계획을 세우면서도 마음 한편에는 어떤 아이들이 나를 기다리고 있을까 하는 궁금증이 생긴다. 그들은 어떤 이야기를 가지고 있을까? 그들의 눈에 비친 나는 어떤 모습일까? 이런 상상을 하다 보면 자연스럽게 아이들과 함께 보낼 시간이 기대된다. 아이들의 성장을 지켜보고, 그들이 스스로 배워 나가는 과정에 내가 작은 힘이 될 수 있다는 사실은 여전히 나를 설레게 한다.

하지만 동시에 약간의 부담감도 함께 따른다. 한 해 동안 나는 이 아이들에게 무엇을 줄 수 있을까? 그들의 마음에 어떤 흔적을 남길 수 있을까? 교사로서 매년 반복되는 이 질문은 새로울 것 없는 질문 같지만 매번 새롭게 나를 이끌어 간다.

사실 나는 교사가 되고 나서 지금까지 아이들에게 지식을 전달하는 좋은 교사이자, 아이들의 마음에 깊이 다다를 수 있는 좋은 상담자이고 싶다는 오랜 꿈을 가지고 있었다. 하지만 상담은 내게 넘어야 할 큰 산처럼 느껴지곤 했다. 아이들의 고민을 제대로 들어주고 싶었지만, 그들의 마음을 진정으로 이해하는 데 한계가 있다고 느낄 때가 많았다. 마음처럼 아이들에게 잘 닿을 수 없을 때면 교사로서의 부족한 자질을 탓하기도 했다. 그래서 많은 연수를 기웃거렸고, 아이들의 심리를 이해하기 위한 심리학 책도 뒤적이곤 했다. 그럼에도 불구하고 상담은 여전히 쉽지 않았다.

그러던 중 지난 학기에 우연히 '그림책사랑교사모임'을 만나게 되었다. 그곳에서 나는 그림책의 세계에 눈을 뜨게 되었고, 많은 교사들이 이미 수업에 그림책을 활용하고 있다는 사실을 알게 되었다. 그림책은 단순한 이야기책을 넘어 아이들의 마음을 열 수 있는 중요한 도구였다. 짧지만 강렬한 이미지와 간결한 문장 속에 아이들의 감정과 고민이 자연스럽게 녹아있었고, 그것을 통해 아이들과 대화할 수 있다는 것을 깨달았다. 그 순간 나는 그림책이야말로 내가 그토록 어려워하던 상담의 장벽을 넘어설 수 있는 방법이라는 생각이 들었다.

그림책은 단순히 아이들을 위한 이야기책이 아니다. 그 안에는 우리가 말로 다 표현하지 못하는 감정과 상황이 담겨 있다. 특히 말로 표현하기 어려운 심리 정서적 어려움을 겪고 있는 아이들에게는 그림책이 하나의 대화 창구가 될 수 있다.

그동안 많은 아이들을 만나면서 그들이 심리적·정서적·행동적으로 어려움을 겪을 때 제대로 도와주지 못했던 순간들이 있었다. 그들의 마음속 상처와 고민을 헤아리고, 함께 해결책을 찾아가고 싶었지만 어떻게 시작해야 할지 몰라서 난감했던 시간들이 많았다.

이제 나는 그림책 속 인물들의 이야기를 통해 아이들이 자신을 투영하고 그들의 감정을 표현할 수 있는 시간을 만들어 주고 싶다. 그림책은 아이들이 자신의 감정을 발견하고 표현할 수 있는 공간이 되어 줄 것이다. 나는 그 공간에서 아이들이 겪고 있는 어려움을 함께 나누고, 그들의 상처에 공감하며 그들과 함께 해결책을 찾아가는 여정을 시작하려 한다. 그림책으로 시작하는 이 작은 시도가 아이들에게도, 나에게도 새로운 변화를 가져올 수 있기를 바란다.

새 학기 교사와 학생을 위한 그림책과 활동

(1) 교사를 위한 그림책

『곰씨의 의자』
노인경 글·그림, 문학동네

『곰씨의 의자』는 관계가 깊어짐에 따라 생기는 소소한 불편이 커다란 갈등이 되는 과정, 힘겹지만 반드시 필요한 자기 내면의 직시와 인정, 그리고 관계의 어려움을 풀어 나가는 용기를 담은 그림책이다.

곰씨는 탐험가 토끼와 무용가 토끼가 자신의 의자에서 쉴 수 있도록 친절히 자리를 내어 주었다. 두 토끼는 곰씨의 의자에서 함께 시간을 보내며 사랑을 키워 결혼을 하고, 곧 아이들까지 태어나 커다란 토끼 가족이 되었다. 시간이 지나자 토끼 가족은 곰씨의 의자에 자주 찾아오며 머물렀고, 곰씨는 더 이상 마음 편히 의자에서 차를 마실 수 없게 되었다. 하지만 곰씨는 정작 하고 싶은 말을 꺼내지 못한 채, 의자에 누워 보거나 페인트를 칠해 보고, 새로 만들어 보기도 하며 다양한 시도를 해 보았지만 아무 소용이 없었다. 심지어 똥을 누어 보았으나 토끼 가족은 여전히 그를 찾아왔다. 결국 곰씨는 지쳐 감기에 걸리고 말았고, 그제야 토끼 가족은 곰씨를 간호하며 그의 마음을 돌보았다. 며칠이 지나고 나서야 곰씨는 천천히 자신의 속마음을 털어놓으며 토끼 가족과 진정한 대화를 나누게 된다.

새 학기는 교사에게 새로운 도전과 설렘을 안겨 주는 시간이지만 동시에 예기치 못한 부담과 고민이 스며드는 순간도 많다. 그동안 학생들에게 최선을 다하려고 노력해 왔지만, 마음 한편에는 나 자신을 돌보는 일에는 소홀했다는 아쉬움이 남는다. 교실 안팎에서 쏟아지는 요구와 기대 속에서 교사로서의 역할과 내 마음 사이의 균형을 찾는 일은 결코 쉽지 않다. 이런 상황 속에서 우리는 자신도 모르게 곰씨처럼 "괜찮아."라고 말하며 무리하고, 때로는 마음을 돌보지 못한 채 지쳐 가곤 한다.

그림책 『곰씨의 의자』의 내용을 바탕으로 교사들이 자신의 마음을 살피고, 새 학기 준비 과정에서 느끼는 감정과 상황을 성찰할 수 있도록 돕기 위해 다음의 활동을 설계해 보았다. 곰씨가 자신의 마음을 돌보고 솔직하게 표현하는 여정을 교사의 입장에서 반추하며, 자신의 내면과 균형을 찾는 시간을 만들어 보자.

(2) 교사, 자신에게 묻기

그림책 『곰씨의 의자』를 읽고 다음의 질문에 대한 답을 적어 보면서 새 학기를 맞는 설레임과 두려움을 마주해 보자.

질문	생각해 볼 거리
"내 의자는 무엇일까요?"	곰씨에게 의자는 자신의 공간과 휴식의 상징이었습니다. 교사로서 나만의 '의자'는 무엇인지 생각해 보세요. 지금 그 공간에서 충분히 휴식하고 있나요?
"나는 내 의자에 누군가를 너무 자주 초대하고 있지는 않은가요?"	교사로서 학생들과 동료를 도우려는 마음이 커서 나 자신의 시간과 에너지를 잃고 있진 않나요? 필요한 순간, 나의 경계를 설정하고 지켜야 할 부분은 무엇인가요?
"토끼 가족처럼 예상치 못한 일들이 나를 부담스럽게 할 때가 있나요?"	교실 안팎에서 생기는 다양한 상황이 종종 나에게 부담을 주기도 합니다. 나는 지금 그런 부담 속에서 무엇을 느끼고 있으며, 어떻게 이 감정을 해결하고 싶은가요?
"곰씨처럼 '괜찮아'라고만 말하며 참아 오진 않았나요?"	곰씨는 하고 싶은 말을 쉽게 꺼내지 못했습니다. 교사로서 나 역시 표현하지 못하고 참아 온 감정이나 어려움은 무엇인가요? 그것을 천천히 꺼내어 보려면 어떤 준비가 필요할까요?
"의자에 새로운 색을 칠하듯, 나의 삶에 작은 변화를 줄 수 있는 부분은 무엇일까요?"	곰씨는 의자에 페인트를 칠하며 변화를 시도했습니다. 나의 일상에 작은 변화를 줄 수 있는 부분은 무엇인가요? 새 학기에는 어떤 새로운 시도를 해 보고 싶은가요?
"곰씨처럼 몸과 마음이 지쳐 감기에 걸리기 전에, 나 자신을 돌볼 방법은 무엇일까요?"	곰씨가 감기에 걸린 후에야 토끼 가족이 그의 상태를 알아차렸습니다. 나는 내 몸과 마음이 지치기 전에 어떻게 돌볼 수 있을까요? 나를 돌보기 위해 어떤 실천이 필요할까요?
"곰씨가 속마음을 표현했을 때 어떤 변화가 일어났나요?"	곰씨는 감정을 천천히 표현하며 토끼 가족과의 관계를 회복했습니다. 나는 나의 속마음을 누구에게 어떻게 표현할 수 있을까요? 어려움을 털어놓았을 때 어떤 변화를 기대할 수 있을까요?

(3) 학생을 위한 그림책

『선생님은 몬스터!』
피터 브라운 글·그림, 사계절

새 학기를 맞는 교사와 아이들의 마음은 설렘과 긴장, 기대와 불안이 복잡하게 얽혀 있다. 『선생님은 몬스터!』는 이러한 감정을 따뜻하게 풀어낸 그림책이다. 주인공 바비는 종이비행기를 좋아하는 예민한 초등학생이다. 하지만 바비에게 학교는 편안한 공간은 아니다. 그 이유는 바로 교실을 울리는 단호한 목소리의 커비 선생님 때문이다. 규칙을 어기거나 종이비행기를 날리는 바비에게 벌을 주는 커비 선생님은 바비의 눈에 무서운 '몬스터'로 비춰진다.

어느 주말, 바비는 피하고 싶던 커비 선생님을 공원에서 우연히 마주치게 된다. 도망가고 싶었지만 그럴 수 없는 상황에서 두 사람은 어색하게 서로를 마주한다. 그런데 갑작스레 바람에 날아간 선생님의 모자를 바비가 찾아 주면서 두 사람 사이에 작은 변화가 생기기 시작한다. 바비는 커비 선생님이 학교에서 보인 단호한 모습과는 또 다른 면을 발견하게 된다. 공원의 오리들에게 먹이를 주며 웃는 선생님, 할머니가 선물한 모자를 소중하게 간직하는 선생님을 보며 바비는 커비 선생님이 무서운 몬스터가 아닐 수도 있다는 생각을 한다.

공원에서의 만남은 바비의 마음속 두려움을 서서히 녹여 내는 계기가 된다. 선생님도 다양한 감정을 가진 한 사람이라는 사실을 깨닫게 되자, 몬스터처럼 보였던 커비 선생님의 초록빛 피부는 부드러운 살구색으로 바뀌고, 뾰족했던 인상도 따뜻하게 변한다. 바비가 마음을 열자 커비 선생님의 모습도 점차 친근하게 다가온다. 학교에서 다시 만난 바비 선생님은 여전히 쿵 쿵 걷고 큰 목소리로 수업을 진행한다. 그러나 이번에는 바비가 그를 바라보는 시선이 다르다. 커비 선생님이 더 이상 무서운 몬스터가 아니라는 것을 깨닫게 된 것이다.

교사와 학생 모두가 관계를 형성하는 데 시간이 필요함을 일깨워 주는 이 그림책은 아이들이 새 학기, 새로운 교실에서 느끼는 감정을 풀어내는 데 도움을 준다. 새로운 교실, 낯선 친구들 그리고 처음 만나는 선생님까지, 이 모든 것은 아이들에게 기대와 동시에 작은 부담이 되기도 한다. 『선생님은 몬스터!』는 이런 아이들의 마음을 다독이며, 교실에서 일어나는 다양한 감정을 탐구할 수 있는 그림책이다. 이 이야기를 통해 아이들은 자신이 느끼는 불편한 감정이 자연스러운 것임을 깨닫고, 선생님 역시 완벽하지 않은 사람임을 이해하게 된다.

동시에 교사는 이 책을 통해 엄격함과 따뜻함 사이의 균형을 어떻게 맞출지 고민해 볼 수 있다. 교실이라는 공간이 처음에는 어색하고 무섭게 느껴질 수 있지만, 시간이 흐르면 서로를 이해하고 가까워지는 따뜻한 여정이 시작됨을 이 책은 조용하면서도 깊이 있게 전해 준다. 이 그림책을 함께 읽으며, 아이들은 새 학기 교실에서 보다 긍정적이고 열린 마음으로 관계를 시작할 준비를 할 수 있을 것이다.

(4) 학생들을 위한 새 학기 그림책 활동

그림책 『선생님은 몬스터!』를 읽고 다음의 질문에 대해 아이들과 함께 생각을 나눠 보자.

질문	생각해 볼 거리
"바비가 처음에 커비 선생님을 몬스터로 보았던 이유는 무엇일까요?"	새 학기 첫날 누군가를 겉모습이나 첫인상만으로 판단했던 적이 있나요? 그때 어떤 느낌이 들었나요?
"바비가 공원에서 커비 선생님과 시간을 보내며 어떤 마음의 변화를 경험했을까요?"	새 학기 친구들이나 선생님과 지내며 생각이 바뀌었던 경험이 있나요? 그때 어떤 일이 있었나요?
"바비는 커비 선생님의 어떤 모습을 보고 선생님이 몬스터가 아닐지도 모른다고 생각하게 되었나요?"	누군가의 예상하지 못한 좋은 면을 발견한 적이 있나요? 그 경험이 나와 그 사람의 관계에 어떤 변화를 가져왔나요?
"새 학기를 맞아 내가 새롭게 만들어 가고 싶은 관계는 어떤 모습일까요?"	이번 학기 친구들과 선생님과의 관계에서 기대하는 것, 또는 실천해 보고 싶은 것이 있다면 무엇인가요?
"바비가 커비 선생님과의 관계를 변화시킨 것처럼 새 학기에 작은 변화를 시도해 본다면 어떤 변화가 좋을까요?"	이번 학기 도전해 보고 싶은 작은 변화나 목표는 무엇인가요? 그 변화를 통해 어떤 기분을 느끼고 싶나요?

다음의 활동지도 함께 완성해 보아요.

새 학기, 선생님의 첫인상은 어땠나요? 그렇게 느낀 이유는 무엇인가요?	새 학기, 친구들의 첫인상은 어땠나요? 그렇게 느낀 이유는 무엇인가요?
내가 바라는 선생님은 어떤 선생님인가요?	내가 바라는 친구들은 어떤 친구들인가요?
그림으로 표현해 보아요. 글로도 적어 보아요.	그림으로 표현해 보아요. 글로도 적어 보아요.

상담을 마무리하며

　그림책이라는 도구를 통해 아이들과 마음을 나누고, 서로의 감정을 이해하며 성장해 가는 여정을 시작하고자 한다. 교사로서 나는 그들의 이야기 속에 머물며 조용히 지지하고, 그들이 스스로 답을 찾아갈 수 있도록 도울 것이며, 작은 성취와 도전을 통해 함께 성장할 것이다. 그리고, 그림책이 열어 줄 그 작은 창을 통해 우리는 서로를 조금 더 이해하고, 함께 배우는 시간을 만들어 갈 것이다. 교실에서 나눈 이 시간이 아이들에게 오래도록 기억될, 따뜻한 추억으로 남기를 바라본다.

　이제 교실로 들어갈 시간이다. 아이들이 기다리고 있다.

흔들리고 불편한 학생의 마음

　담임교사는 마치 농부와 같다. 농부가 땅을 깊이 파서 흙을 부드럽게 만들고 비료를 주며 비옥한 땅을 준비한 후 작물의 특성에 따라 심고, 잘 자라도록 물을 주고, 잡초나 해충이 작물을 해치지 않도록 보살피는 것은 교사의 역할과 같기 때문이다.

　농부가 두둑과 고랑을 만들고 어떤 작물을 심어 무엇을 할 것인지 목표를 세우듯 담임교사는 3월 첫 만남 시간에 전할 인사말과 학급 규칙, 학급 경영 등을 구상하면서 학급 운영 계획을 세운다. 하지만 작물의 특성에 따라 물을 주는 양, 햇빛 노출 정도, 밭두둑의 높이, 거름의 종류나 양, 수확 시기 등이 달라지는 것처럼 학생 한 명 한 명에 대한 이해와 다양한 관점에서의 파악 또한 매우 중요한 일이다.

상담 이론 : 대상관계이론

　에릭 에릭슨(Erik H. Erikson)은 인간을 환경 속의 존재로 규정하고, 인간의 발달을 8단계로 설명하였다. 각 발달단계에는 일련의 위기가 있고, 이 위기를 극복하는 과정의 경험을 부정적 경험(부적응)과 긍정적 경험(적응)으로 표현하였다. 각 단계를 어떻게 극복하고 통합하느냐에 따라 성격 발달 양상이 결정된다고 보았다. 에릭슨의 심리·사회적 발달단계에서 4단계인 7~12세에 해당하는 초등학생은 근면성 대 열등감의 시기다. 이 시기는 자아 성장의 결정기로 가족의 범주를 벗어나 학업을 시작하면서 원칙과 기술을 습득하는 과정에서 근면성을 획득하게 된다. 그런데 이 시기에 근면성이 발달하지 못하거나 노력한 것에 대해 무시나 거절을 당하면 아이는 자신을 부적절하게 생각하고 열등감을 발달시키게 된다. 5단계인 청소년기는 정체성 대 역할 혼란의 시기다. 이 단계의 중요한 문제는 자신의 정체성을 찾는 일이다. 청소년은 자신의 의문점에 대한 해답을 찾으려고 고민하고 방황하는 시기를 겪게 된다.

이처럼 근면성 대 열등감, 정체성 대 역할 혼란의 양극적인 위치에 있는 학생의 중요한 타자인 부모 또는 주 양육자와 학생 자신에 대한 대상관계이론을 기반으로 한 파악은 학생이 발달단계에서 겪는 어려움과 개인적으로 겪는 어려움을 잘 통합하여 긍정적으로 성장할 수 있도록 도움을 줄 수 있다.

'대상(object)'이라는 용어는 지그문트 프로이트(Sigmund Freud)가 1905년에 처음 만든 용어이다. 주 양육자(어머니, 아버지, 할머니 등 의존과 양육을 통해 관계할 수 있는 사람)를 '대상'이라고 부르며, 인간이 출생 직후부터 갖게 되는 대상과의 관계를 '대상관계'라고 한다. 우리는 생애 초기에 만났던 주 양육자와의 관계에서의 긍정적·부정적인 경험으로 인해 타인이나 외부의 대상을 실제 있는 모습 그대로가 아니라 내가 느끼는 대로 지각하게 된다. 심지어 생애 첫해에 감정적으로 강렬한 '좋은 경험' 과 '나쁜 경험' 은 일생에 영향을 미칠 수도 있다. 만 3세 이전의 주 양육자와의 만족스러운 관계 경험은 긍정적이고 편안하며 적응적으로 다른 사람들과 관계할 수 있게 한다. 반면 충분한 애정과 보살핌을 받지 못하고, 반복적으로 거부당하고 무시당하거나 혹은 처벌받으며 성장한다면 취약한 자아 구조가 형성된다. 그것으로 인해 심리적인 안정감이 부족해져 학교생활이나 교우관계에서 문제의 원인이 된다.

따라서 대상관계이론은 학생이 보이는 행동의 근본적인 원인을 이해할 수 있게 한다. 조부모와 부모의 관계, 부모와 학생의 관계, 학생의 형제 관계 등 그 안에서 어떤 정서, 행동, 무의식적인 피드백을 받으며 자랐는지 살펴보는 것은 학생의 행동이나 언어 사용, 학업성취, 교우관계 등을 이해하는 데 많은 도움이 된다. 또한 현재 학생이 보이는 정서적·행동적 특징을 원가족의 관계적인 맥락에서 살펴 학부모 상담에도 활용할 수 있다.

가족관계를 통해 학생 파악하기

『커다란 포옹』
제롬 뤼예 글·그림, 달그림

『커다란 포옹』은 빨간색, 파란색, 노란색 동그라미로 그려 낸, 가족이 만든 커다랗고 따뜻한 포옹에 관한 이야기다. 요즘은 한부모가족, 조손가족, 이혼 가족, 재혼 가족, 다문화가족 등 다양한 형태의 가족이 점점 늘고 있다. 『커다란 포옹』은 몇 가지의 색과 원 모양의 단순한 그림을 통해 가족의 탄생과 변화, 여러 가지 가족의 모습을 보여 준다. 다양한 가족의 모습을 자연스럽게 이해할 수 있게 되는 그림책이다. 학급 학생들과 같이, 또는 개별적으로 교사와 책을 읽은 후 자기 가족을 그림책과 같이 원 모양으로 표현해 보거나 원 모양 색종이로 붙여 보는 활동을 통해 자연스럽게 학생의 가족에 대해 알게 된다.

(1) 그림책 읽고 이야기 나누기

가족을 원과 색으로 단순하게 표현하는 활동을 통해 가족의 구성, 가족 형태, 가족 간의 심리적 거리를 파악할 수 있다.

(2) 그림책과 관련된 질문

- 표지의 그림과 제목을 보니 어떤 생각이나 느낌이 들었나요?
- 아빠가 엄마와 나를 팔로 따뜻하게 감싸 안았을 때 어떤 느낌이 들었나요?
- 부모님이 함께 살지 않게 되었을 때 어떤 느낌이 들었나요?
- 두 번째 아빠가 엄마, 새로운 동생들과 나를 꼭 안아 주었을 때 어떤 느낌이 든다고 했나요?

(3) 삶과 관련된 질문

- 우리 가족을 색으로 표현해 봅니다. 그렇게 생각한 이유는 무엇인가요?
- 주황색 원이 반으로 쪼개진 모습에서 무엇이 느껴지나요?
- 엄마와 아빠가 사이가 좋지 않아 슬펐거나 무서웠던 적이 있나요?
- 가족을 나타낸 색을 바탕으로 우리 가족이 커다란 포옹을 한 모습을 원으로 그려 보고 이야기해 볼까요? (색연필을 이용해서 그리기, 둥근 원 색종이를 이용해서 자르거나 붙이기)

(4) 상담 대화 예시

교사 : 『커다란 포옹』 그림책을 보니 어떤 생각이 들지?

학생 : 우리 가족이 생각났어요.

교사 : 그림책에 표현된 가족과 같은 점이나 다른 점이 있을까? (가족에 관한 관계 패턴을 그림책과 같이 그려서 표현하는 활동을 통해 파악하기 위한 것이다.)

학생 : 그림책에는 새아빠와 살지만 저는 아빠, 누나와 살고 있고, 가까이 계신 할머니와 할아버지가 아빠가 바쁠 때 돌봐 주러 오세요.

교사 : 그렇구나. 아빠는 형우와 시간을 많이 보내는 편인가?

학생 : 아빠는 쉴 때는 주로 누워 계실 때가 많고, 누나는 방에서 휴대전화만 해서 저도 제 방에 있어요.

교사 : 그렇구나. 가족을 그림책과 같이 원으로 표현하고, 가족에게 맞는 색으로 그릴 수 있을까?

학생 : 네. (학습지를 한다.)

교사 : 어떤 그림인지 이야기할 수 있을까?

학생 : 아빠는 분홍색과 붉은색이 섞인 주황색이고, 제가 필요할 때 병원도 같이 가고 외식도 해요. 엄마는 우리와 떨어져 살고 있고 한 달이나 두 달 간격으로 만나요. 그래서 회색이에요. 누나는 저만 보면 짜증을 내요. 말하기도 싫어요. 아무것도 안 하면서 저만 시켜요. 그래서 까만색이에요.

교사 : 그렇구나. 아빠는 피곤해서 누워 계실 때가 많고, 누나는 너만 보면 "이것 가져와라, 저것 가져와라." 하고 시키기만 하면서 짜증을 내는구나. 같이 이야기를 나눌 수 있는 사람이 없네. 그럴 때 형우는 어떤 마음이 들지?

학생 : (눈을 껌뻑이며) 괜찮아요. 한두 번이 아니라서요. 하지만 외롭긴 해

요. 그럴 때는 엄마에게 전화하는데 요즘에는 바쁘신지 전화를 잘 안 받아요.

교사 : 무엇이 달라지면 네 마음이 좀 편할 것 같아? (불편한 마음 상태가 있는지 점검하고, 불편한 것이 있다면 편안하게 만들기 위한 방법을 이야기해 보려 하는 것이다.)

학생 : 달라질 것이 없어요.

교사 : 그렇구나. 형우가 가족을 살피는 모습이 참 기특해 보였어. 네가 가족의 모습을 원 모양으로 그린 것을 살펴보니 어떤 생각이나 느낌이 들어?

학생 : 그림책의 가족은 부모님이 이혼하고 새아빠와 다시 행복해지는 모습이잖아요. 우리 부모님도 이혼하셨지만 그래도 엄마가 한 달이나 두 달 간격으로 누나와 저를 만나러 오니 그것만으로도 좋아요.

교사 : 그래. 긍정적인 네 태도는 선생님이 배워야겠다.

(5) 상담 활동 : 우리 가족 표현하기

자신의 가족을 원과 색깔로 표현하면서 가족에 대한 생각과 느낌을 알 수 있다. 가족의 모습을 원 모양으로 그린 후 채색하거나 둥근 원 색종이로 붙여서 표현하는 활동을 하면서 가족의 구조, 가족 간의 심리적 거리를 알 수 있다. 또한 가족을 원 모양으로 그린 후 말풍선을 넣어 가족의 심리적인 상황을 구체적으로 파악할 수 있다.

우리 가족을 원으로 표현해 보아요.		학년 반 이름 ( )	
가족 이름	모양을 그리고 색칠하기		그렇게 생각한 이유

1. 우리 가족의 모습을 다양한 원의 모양과 색깔, 크기, 위치로 그립니다.
2. 가족이 어떤 말을 하는지 말풍선을 넣어 적을 수도 있습니다.
3. 둥근 원 색종이를 이용하여 붙여 표현할 수 있습니다.

문제 상황이나 기억나는 사건으로 학생 파악하기

『나는 ( ) 사람이에요』
수전 베르데 글, 피터 H.
레이놀즈 그림
위즈덤하우스

『나는 ( ) 사람이에요』는 내가 누구인지 생각할 수 있는 그림책이다. 학생과 함께 자신의 특별하고 사랑스러운 점, 좋아하는 것, 언제 마음이 아프고 슬픈지, 힘을 내게 될 때는 언제인지 등에 관한 이야기를 나눌 수 있다. "나는 ( ) 사람이에요."의 괄호 안에는 학생이 원하는 모습을 넣어 이야기할 수 있다. 예를 들어, "나는 (사랑 가득한) 사람이에요." "나는 (긍정적인 태도로 세상을 바라보는) 사람이에요." "나는 (호기심이 넘치는) 사람이에요." 등이 있다.

(1) 그림책 읽고 이야기 나누기

주 양육자와의 관계에서 의도하지 않았지만 아이가 받은 지속적인 자극으로 인해 생긴 마음의 상처는 그와 유사한 사건이나 상황을 만나면 자동으로 자신을 보호하기 위해 방어기제가 작동하여 다양한 반응이 신체, 감정, 행동으로 나타나게 된다. 그런 상황에서 자신과 타인을 좋거나 싫거나 양극단으로 보기보다 균형적인 시각으로 볼 수 있도록 그림책을 통해서 이야기를 나누어 본다.

(2) 그림책과 관련된 질문

- 표지를 보면 어떤 이야기일 것 같나요?
- 주인공은 어떤 사람인가요?

- 슬픈 일이 몰려오면 주인공은 어떤 선택을 했나요?
- 하루가 엉망일 때 주인공은 어떻게 행동해서 근사한 날을 만드나요?
- 싸우고 싶은 마음이 들 때는 어떤 행동을 하나요?

(3) 삶과 관련된 질문
- 자신이 어떤 사람인지 생각해 보고 그 이유도 말해 볼까요?
- 태어나서 지금까지 어떻게 지냈나요?
- 실수했던 경험, 다른 사람에게 상처를 줬던 경험, 내 마음이 다쳤던 경험이 있나요?
- 싸우고 싶을 때는 어떻게 하나요?
- 작은 친절을 베풀거나 마음을 달리 먹어서 좋은 선택을 한 적이 있나요?

(4) 상담 대화 예시

교사 : 네가 지금까지 지내 오면서 기억나는 사건이나 장면이 있을까? (학생을 파악하기 위해서는 부모나 주 양육자와의 관계를 파악하는 것이 중요하다. 그것을 알기 위해 기억나는 사건에서 학생 자신과 주 양육자에 대해 어떤 생각이 들었고, 그때 자신과 주 양육자에 대한 감정을 분석하여 학생을 이해할 수 있다.)

학생 : 아빠가 무섭게 야단치셨어요.

교사 : 참 무섭고 슬펐겠구나. 무슨 일이 있었는지 말해 줄 수 있어?

학생 : 제가 공부 안 하고 숙제하지 않아서 큰소리로 야단치셨어요.

교사 : 그랬구나. 그때 너는 아빠가 어떻게 느껴졌어? (사건에서 주 양육자인 아버지에 대한 학생의 생각과 느낌을 알기 위한 질문이다.)

학생 : 소리 질러서 무섭고, 나를 사랑하지 않는다고 느꼈어요.

교사 : 선생님도 아빠가 큰소리로 야단치면 너처럼 느꼈을 것 같아.

학생 : 엄마는 아빠를 말리지 않았어요.

교사 : 아, 그랬구나. 그때 엄마에게는 어떤 느낌이 들었어? (사건에서 주 양육자인 어머니에 대한 학생의 생각과 느낌을 알기 위한 질문이다.)

학생 : 저를 보호해 주지 않는다는 생각이 들고, 제가 엄마에게 소중하지 않다는 생각이 들었어요.

교사 : 그렇구나. 소중한 사람이 아니라고 생각되었구나.

학생 : 제가 잘못해도 엄마가 제 편이 되어 주고, 잘못해도 말로 타일러 주면 좋겠어요.

교사 : 그렇구나.

(5) 상담 활동 : 학생의 발달 시기에 주 양육자와 있었던 일이나 사건 파악하기

대상관계이론은 세상을 실제 있는 그대로 보고 느끼는 것이 아니라 주 양육자와의 관계 패턴에서 학생이 생각하고 느꼈던 것과 양육자에 대해 생각하고 느꼈던 것이 대인(교우)관계 속에서 그대로 재현된다고 본다. 그러므로 상황이나 사건에서 학생의 행동이나 감정을 이해해 줌으로써 학생의 정서적인 안정을 도울 수 있다.

주 양육자와 학생의 대상관계 파악을 위해 학생의 발달 시기별로 있었던 일이나 사건을 떠올려 보게 한다. 기억나는 것이 없다면 적지 않아도 된다. 좋은 일이 있었다면 좋은 기억을 적는다.

- 태어나서 지금까지 있었던 일들을 떠올려 볼까?
- 각 시기의 기억나는 사건, 있었던 일들을 말하거나 적어 볼 수 있을까?

- 만약 생각나는 일이 있는데 알맞은 시기가 없다면 빈칸에 적을 수 있어.

발달 시기	기억나는 일 (자랑스러운, 행복한, 슬픈)
태어났을 때 (아기였을 때)	
유치원 (어린이집 다닐 때)	
초등학교 1~3학년 때	
초등학교 4~6학년 때	

(6) 상담 활동 : 가장 기억에 남는 일이나 사건을 통해 주 양육자와 학생의 대상관계 파악하기

학생의 각 발달 시기에 있었던 일들을 떠올리게 한 후 그중 가장 기억나는 일이 무엇인지 물어보고 그 상황에서 있었던 일을 경청한다. 주 양육자와 학생의 대상관계 파악을 위해 학생의 동의를 구한 후 기록하거나 녹음하여 분석한다.

- 기억나는 일이 있니?
- 구체적인 상황을 선생님과 이야기해 볼 수 있을까?
- 용기를 내줘서 고마워. 네가 이야기할 때 선생님이 네 말을 좀 더 자세히 듣고 이해하기 위해서 종이에 적으면서 이야기해도 될까?

※ 학생이 기억하는 사건이나 상황에 대해 충분히 공감하고 경청하면서 ①상황을 기록(1가지만 적어도 됨)하고 ②상담한 후 ③음영이 칠해진 부분은 담임교사가 분석하여 적는다.

내담자인 학생은 1, 2의 사건, 상황이 발생했을 때 자신을 어떤 사람이라고 생각했을까?	학생이 기억하는 사건이나 상황 (학생의 문제 상황)	내담자인 학생은 1, 2의 사건, 상황에서 부모(엄마, 아빠)를 어떻게 생각했을까?
• 사랑받지 못하는 나 • 잘해야 하는 나 • 존재 자체로 인정받지 못하는 나 • 아빠와 엄마의 눈치 보는 나	1. 사건, 상황 부모님께 거짓말을 하고 뽑기를 하여 부모님께 야단맞음. 2. 사건, 상황 아빠는 공부하지 않으면 큰소리를 지르면서 야단치심.	• 공부를 못하면 인정해 주지 않는 부모님 • 잘못하면 소리를 지르면서 야단치는 무서운 아빠 • 사랑이 없는 무서운 아빠 • 아빠 지시대로만 하는 엄마 • 아빠에게서 나를 보호해 주지 않는 엄마
내담자인 학생이 1, 2의 사건, 상황에서 느낀 자신의 기분(정서, 감정)		내담자인 학생이 1, 2의 사건, 상황에서 본 부모의 기분(정서, 감정)
• 무가치한, 사랑받지 못하는, 인정받지 못하는, 보호받지 못하는, 폭력을 견뎌야 하는, 참는, 화나는, 슬픈, 비참한, 눈치 보는		• 아빠 : 화난, 사랑이 없는, 냉정한, 강압적인 • 엄마 : 무력한, 어쩔 수 없는, 믿을 수 없는

출처 : 장진아(2020). 한눈에 보는 프로이트와 대상관계이론. 경남가족상담연구소.

부모- 자녀 관계에서의 역동 파악하기	학년 반 이름 ( )	

학생이 기억하는 사건이나 상황에 대해 충분히 공감하고 경청하면서 상황을 기록(1가지만 적어도 됨)하고 상담한 후 음영이 칠해진 부분은 담임교사가 분석하여 적는다.

내담자인 학생은 사건, 상황이 발생했을 자신을 어떤 사람이라고 생각했을까?	학생이 기억하는 사건이나 상황 (학생의 문제 상황)	내담자인 학생은 사건, 상황에서 부모(엄마, 아빠)를 어떻게 생각했을까?
내담자인 학생이 사건, 상황에서 느낀 자신의 기분 (정서, 감정)		내담자인 학생이 본 부모의 기분 (정서, 감정)

(7) 상담 활동 : 이 세상에 하나밖에 없는 소중한 나

학생이 슬프고 힘든 일들을 말했다면 충분히 공감해 준다. 힘든 과정을 잘 지나온 학생의 노력과 애쓴 것을 인정해 준다. 그리고 모든 사람이 이 세상에 하나밖에 없는 유일한 소중한 존재임을 그림책 『나는 (　) 사람이에요』를 통해 살펴보는 시간을 가진다.

질문	답변
나는 무엇을 좋아하나요?	
나는 언제 기분이 좋고 행복한가요?	
나는 언제 슬프거나 기분이 나쁜가요?	
나에게 소중한 것은 무엇인가요?	
나는 무엇을 잘하나요?	
나는 무엇을 걱정하거나 무서워하나요?	
나는 무엇을 못하나요?	
나의 꿈은 무엇인가요?	
나에게 해 주고 싶은 말이 있나요?	

상담을 마무리하며

세상을 있는 그대로 객관적으로 보는 사람은 없다. 대상관계이론에 따르면 우리는 주 양육자와의 관계에서 긍정적 혹은 부정적인 피드백을 받은 것이 성격으로 형성되어 그러한 관점에서 보고 느끼고 행동하며 나만의 세상을 살아가고 있다. 따뜻하고 양육적인 부모를 만났다면 삶이 활기차고 긍정적이어서 어려운 일을 만나도 극복하는 힘이 있는 사람으로 사는 행운을 얻는다. 그러나 부모의 따뜻한 양육이 지나쳐 자녀가 할 수 있는 것임에도 힘들까 봐, 또는 그것이 효율적이라고 판단하여 부모가 어려운 것을 대신 해 주면 자녀는 아무것도 할 수 없는 무기력한 사람이 되기도 한다.

반면 양육이 부족했다면 부모와의 관계에서 불편감을 많이 느꼈으므로 다른 사람과의 관계에서도 정서적으로 불편감을 많이 느낄 것이다. 만약 학급의 학생이 지나치게 순응적이거나 적응적이라면 자신의 욕구는 억압하고 부모에게 잘 보이려고 하듯이 교사에게도 잘 보이기 위해 적응적인 행동을 보일 수도 있다. 학급의 학생들은 주 양육자와의 관계에서 경험했던 방식대로 보고 느낀 대로 행동할 뿐이다.

교사도 유년 시절이나 학창 시절에 부모와의 관계에서 받은 영향을 구체적인 사건(부모 자녀 관계에서의 역동 파악하기)으로 살펴보는 것이 필요하고, 부모와의 관계에서 느낀 감정과 생각이 교사의 일상생활과 대인관계에 어떤 영향을 주고 있는지 살펴보는 것이 선행된다면 학급의 아동을 지도할 때 많은 도움이 된다.

이런 관점으로 교사가 학생을 이해하고 연민과 사랑, 감사의 마음으로 바라본다면 문제 행동의 많은 부분이 이해되고 해결점도 보일 것이다.

학교 안에서의
건강한 관계 형성(라포 형성)

　학교는 교육하는 하나의 사회제도이다. 일상생활에서 이루어지는 교육과는 달리 특정한 목표를 가지고 체제를 갖추어 교육하는 단위이다. 교사는 학교라는 체제 아래서 교육과정을 기반으로 수업 활동을 통하여 지식을 전달할 뿐만 아니라, 학생을 보호하고 생활을 지도하는 과정을 통해 교사의 경험과 성품을 전달한다. 또한 교사는 학생들의 학습을 도와주고, 학교 내에서 질서를 유지하며, 교육 환경을 조성한다. 그런 의미에서 교사는 교육 안내자이자 교육과정을 실현해 나가는 중심이기에 교육 주체인 학생들과의 관계 형성이 그들의 학습에 미치는 영향은 매우 크다.
　한편, 학교는 학생들이 또래 관계 속에서 자신에 대한 긍정적인 가치를 형성하여 자존감을 완성하도록 돕는다. 또래와의 사회화 경험을 통해 유능한 사회 구성원으로 성장하는 데 필요한 정서적 균형을 이루는 조절 능력을 키울 수 있다. 그러므로 교사와 학생의 관계 형성과 또래 관계 형성으로 나누어 살펴보겠다.

교사와 학생의 관계 형성

교사와 학생 간의 긍정적인 관계는 단순한 지식 전달을 넘어 학생의 학업 발전, 정서적 행복 그리고 전반적인 발전에 영향을 미친다.

첫째, 학교생활에 학생 참여 및 동기를 부여한다. 학생들이 교실 활동에 적극적으로 참여하고 질문하며, 학생들이 탁월함을 위해 노력하고 진정한 배움의 열정을 개발하도록 동기를 부여한다.

둘째, 사회적·정서적 발달에 상당한 영향을 미친다. 교사가 학생과 자상하고 지지적인 관계를 맺을 때 학생들은 감정을 표현하는 것에 편안함을 느끼게 된다.

셋째, 학업성취에 긍정적인 영향을 미친다. 학생들이 교사와 신뢰 관계를 가질 때, 학습에 참여하고 피드백을 받는 것을 더 편안하게 느낀다.

넷째, 학생들에게 학업 기간을 넘어 지속적인 영향을 미칠 수 있다. 멘토링 관계를 통해 지원·조언·격려를 제공하고, 개인적인 성장을 지원하여 잠재력을 최대한 발휘할 수 있게 한다.

이러한 관계 형성은 학기초가 골든타임이다. 학생들에 대한 이해와 존중을 통해 긍정적인 관계를 형성한다면 학생들이 자기 모습 그대로 받아들여진다고 느낄 수 있다.

또래 관계 형성

또래들과의 긍정적인 관계는 자신감을 키우고 사회적 기술을 발달시키며, 학교생활에 잘 적응할 수 있도록 도와준다. 또래와의 긍정적인 상호작용은 긍정적인 자아상을 형성하는 데 도움을 주고, 다양한 문제해결 방법을 배워 자신감을 높이며, 정서적 안정감을 제공한다. 또한 또래와의 경쟁과 협력은 학습 동기를 높여 주며, 또래와 함께 공부하거나 과제를 수행하는 것은 학습에 대한 흥미를 높이고 성취감을 느끼게 한다.

또래 관계에서 따돌림이나 갈등이 발생하면 정서적 불안과 학업 성취 저하로 이어질 수 있다. 따라서 학생들이 건강한 또래 관계를 형성할 수 있도록 지속적인 관심과 지도를 제공하는 것이 중요하다.

상담 이론 : 현실치료

윌리엄 글래서(William Glasser)는 1958년 전문의 과정을 거치면서 현실치료요법에 대한 아이디어를 처음 생각하였는데 선택이론에 근거를 두고 있다. 글래서에 의해서 체계화된 현실치료 상담은 도움을 필요로 하는 사람이 진정으로 원하는 욕구를 깨닫고, 그것을 효율적으로 충족시키는 방법을 모색하는 상담 방법이다.

글래서는 인간이라면 누구나 삶의 주인으로서 스스로 선택할 수 있어야 행복할 수 있다고 보았다. 즉, 인생에서 중요한 선택을 개인 스스로 할 수 있어야 하며, 또한 선택한 것에 책임을 질 줄 알아야 행복한 사람이라는 것이다. 따라서 인간은 의식이 있는 한 책임 있는 인간이 될 수 있고, 자기 운명의 주인이 되어 스스로 삶을 바꿀 힘을 가지고 있다고 보았다. 개인의 모든 행동은 기본적인 욕구(생존, 사랑, 성취, 자유, 재미)를 지니며, 이 욕구를 충족시킬 수 있는 내면적인 가상 세계인 '좋은 세계'를 발달시킨다.

현실치료는 내담자가 자신의 좋은 세계를 인식하고, 기본적인 욕구를 충족시킬 수 있는 행동을 선택하도록 돕는다. 과거가 아닌 현재에 초점을 두고 상담을 진행한다.

꿈과 진로, 학습성취, 교우관계 등에서 학생이 실제로 바라는 것과 현재 학생이 처해 있는 상황은 어떤 차이가 있는지, 그때 학생은 어떤 감정을 느끼는지, 그래서 학생은 어떻게 행동하고 생각하고 있는지를 살펴서 무엇을 변화시키면 바람직한 감정과 행동, 느낌이 들게 될 것인지 이야기함으로써 적응적인 생활을 하도록 조력해 줄 수 있다.

교사와 학생의 관계 형성하기

『아마도 너라면』
코비 야마다 글, 가브리엘라 버루시 그림, 상상의힘

그림책 『아마도 너라면』은 "네가 왜 여기, 이 세상에 있는지?"라는 질문으로 시작하여 '너 자신'이 얼마나 특별한 존재이며, 무엇이든 할 수 있는 가능성을 지니고 있음을 말해 준다. 자신을 믿고 사랑을 담아 모든 일을 하며, 마음이 이끄는 대로 따라가다 보면 원하는 곳에 도달할 수 있다는 메시지를 전달하며 우리가 가진 무한한 가능성과 잠재력에 대해 이야기한다. 학기초에 학생의 외모, 학업성취 정도, 가정환경, 재능, 인기 등으로 한정 지어진 관점 너머 존재의 관점으로 학생과 대화를 나눌 수 있을 것이다.

(1) 그림책 읽고 이야기 나누기

학생을 능력으로 평가하는 것이 아니라 많은 일을 할 수 있는 잠재력이 풍부한 존재로 바라보고, 힘들고 어려운 일에 부딪혔을 때 세상이 아주 오래전부터 기다려 온 귀한 존재임을 확인시켜 주며, 힘을 주는 글과 그림을 통해 학생과 따뜻한 관계를 형성할 수 있다.

(2) 그림책과 관련된 질문

- 겉표지에서 무엇이 보이나요?
- 내가 세상에 있는 이유는 무엇이라고 했나요?
- '너'가 할 수 있는 일은 무엇이 있나요?
- 내가 원하는 곳에 닿으려면 어떻게 해야 하나요?
- 내가 많이 부족하고 잘하는 것이 없어서 실패하더라도 나는 어떤 사람이라고 했나요?
- 하나만 확실한 것은 무엇인가요?
- 내가 무슨 일이든 가능한 이유는 무엇인가요?
- 이 책에서 가장 인상 깊었던 장면은 무엇인가요? 그 이유는?

(3) 삶과 관련된 질문

- '너라면'이라는 말이 자주 나오는데, 나라면 어떤 일을 할 수 있을 것 같나요?
- 자신이 특별하다고 느낀 적이 있나요? 그 이유는 무엇인가요?
- 책 속의 주인공이 겪는 상황 중에서 비슷한 경험을 한 적이 있나요? 그때 어떻게 해결했나요?

(4) 상담 대화 예시

그림책을 읽고 난 후 학생은 자신의 무한한 잠재성과 욕구를 파악해 자신의 행동이나 사고를 이해하게 된다. 교사는 학생에 대한 이해가 넓어지고, 학생은 자신과 더불어 다른 아이들의 행동이나 말, 생각이 서로 다름을 알게 된다.

교사 : 『아마도 너라면』 그림책 겉표지에서 뭐가 보이지?

학생 : 나비, 밤하늘을 보고 있는 가방을 멘 아이와 아기 돼지, 책 제목, 민들레 홀씨….

교사 : 겉표지에서 느껴지거나 생각나는 것이 있을까?

학생 : '우리 모두가 가진 무한한 가능성을 위하여' 라는 작은 글이 있네요. 그리고 그 외의 작은 글자들을 읽어 보니 나의 꿈과 가능성에 대한 그림책일 것 같아요.

교사 : 그래. 오늘은 선생님과 네 소중함과 특별함, 능력에 대해 이야기해 보자.

학생 : 네.

교사 : 그림책에서 '너' 가 할 수 있는 일은 무엇이 있다고 했지?

학생 : 본 적 없는 것을 만들기, 하늘에 닿을 듯 높은 곳에 집짓기, 사람들이 날마다 아름다운 것 보도록 돕기, 사람들이 나를 응원하게 하기, 오랫동안 어두웠던 곳을 환하게 밝히기, 말 못하는 모든 이를 대신해 목소리 내기, 누군가를 돕기.

교사 : 그럼, 형우는 무엇을 하고 싶어? (그림책과 관련된 질문으로 이야기를 나눈 후 학생의 욕구를 알기 위한 질문을 던져 자연스럽게 욕구강도 프로파일 검사를 하기 위한 것이다.)

학생 : 모르겠어요.

교사 : 그렇구나. 그럼 네가 무엇을 하고 싶어 하는 경향이 많은지 간단하게 알아볼까? '욕구강도 프로파일'에 응답해서 점수가 많이 나오는 항목의 순서대로 네 욕구(하고 싶거나 되고 싶은 마음)가 높다는 것을 알 수 있어.

학생 : (욕구강도 프로파일 체크하기)

교사 : 체크한 결과를 보니 어때?

학생 : 제가 사랑과 소속의 욕구가 높다는 것을 알았어요.

교사 : 그렇구나. 사랑과 소속의 욕구가 높은 것을 알고 나니 알게 된 점이나 느껴지는 것이 있어?

학생 : 친구들과 거리가 느껴질 때 힘든 적이 있었는데, 이 욕구가 높아서 그런 것 같아요.

교사 : 그래. 친구와 불편한 문제가 있을 때 이런 점을 생각해서 네 감정이나 생각을 잘 조절하면 좋겠다.

(5) 상담 활동 : 욕구강도 프로파일과 해석[4]

학생의 욕구를 파악하게 되면 학생의 행동에 대한 이해의 폭이 넓어져 학생이 학교생활에 잘 적응할 수 있도록 도울 수 있다.

---

4 출처 : Robert E. Wubbolding(2014). 현실치료의 적용 1. 한국심리상담연구소. 김현섭의 교육 이야기(티스토리).

욕구강도 프로파일	학년 반 이름 ( )

※ 아래의 A~E 박스 안의 질문에 점수로 답해 보세요.

전혀 그렇지 않다 : 1, 별로 그렇지 않다 : 2, 때때로 그렇다 : 3,
자주 그렇다 : 4, 언제나 그렇다 : 5

	A	나
1	돈이나 물건을 절약하나요?	
2	돈으로 살 수 있는 것에 특별히 만족을 느끼나요?	
3	자신의 건강 유지를 위해 관심을 가지고 있나요?	
4	균형 잡힌 식생활을 하려고 노력하나요?	
5	각자의 성(남자답고 싶다, 여자답고 싶다)에 관심이 있나요?	
6	매사에 규칙을 잘 지키고 바른 행동을 하나요?	
7	돈이 있으면 저축을 하나요?	
8	위험해 보이는 일은 하지 않나요?	
9	외모를 단정하게 가꾸는 데 관심이 있나요?	
10	쓸 수 있는 물건은 버리지 않고 간직하나요?	
	합계	

	B	나
1	나는 사랑과 관심을 많이 필요로 하나요?	
2	다른 사람에 대해 궁금하고 관심이 많나요?	
3	친구가 도움이 필요할 때 잘 돕거나 시간을 낼 수 있나요?	
4	새 학기에 처음 만난 친구에게 말을 거나요?	
5	사람들과 함께 있는 것을 좋아하나요?	

		나
6	아는 사람과는 가깝고 친밀하게 지내나요?	
7	선생님이 내게 관심을 가져 주기 바라나요?	
8	다른 사람이 나를 좋아해 주기 바라나요?	
9	다른 사람들에게 친절하게 대하나요?	
10	다른 사람들이 나의 모든 것을 좋아해 주기 바라나요?	
	합계	

	C	나
1	내가 하는 활동이나 공부에 대해 사람들로부터 인정받고 싶나요?	
2	다른 사람이나 친구에게 충고나 조언을 잘하나요?	
3	다른 사람이나 친구에게 무엇을 하라고 잘 시키나요?	
4	놀거나 뭔가를 결정할 때 내 의견대로 되기를 바라나요?	
5	사람들에게 칭찬 듣는 것을 좋아하나요?	
6	모둠에서 친구가 주어진 과제를 못할 때 짜증이 나나요?	
7	공부나 만들기, 운동 등 내가 하는 일에서 남보다 뛰어난 사람이 되고 싶나요?	
8	학급이나 학교, 학원 등에서 반장이나 리더가 되고 싶나요?	
9	내 주변의 일이나 사람들이 내가 원하는 방향으로 되기 원하나요?	
10	내가 해낸 것과 능력을 자랑스럽게 여기나요?	
	합계	

	D	나
1	사람들이 내게 어떻게 하라고 지시하는 것이 싫은가요?	
2	원하지 않는 일을 하라고 하면 참기 어려운가요?	
3	다른 사람에게 어떻게 하라고 강요하면 안 된다고 생각하나요?	
4	누구나 자기 뜻대로 살 권리가 있다고 생각하나요?	
5	누구나 자유롭게 선택할 수 있도록 존중해 주어야 한다고 생각하나요?	
6	내가 하고 싶은 일을, 하고 싶을 때 하기를 원하나요?	
7	누가 뭐라고 해도 내 방식대로 하고 싶은가요?	
8	계획과 다르게 일이 진행되어도 괜찮은가요?	
9	친구의 의견이 나와 달라도 괜찮은가요?	
10	나는 무엇이든 받아들이고 잘 배우나요?	
	합계	

	E	나
1	큰소리로 웃기 좋아하나요?	
2	유머를 사용하거나 듣는 것이 즐거운가요?	
3	나 자신에 대해서도 웃을 때가 있나요?	
4	뭐든지 유익하고 새로운 것을 배우는 것이 즐거운가요?	
5	흥미 있는 게임이나 놀이를 좋아하나요?	
6	여행을 좋아하나요?	
7	독서를 좋아하나요?	
8	영화 보는 것을 좋아하나요?	

9	호기심이 많은가요?	
10	새로운 방식으로 일하거나 생각해 보는 것이 즐거운가요?	
	합계	

욕구강도 순위 (20 년 월 일)					
순위	욕구	점수	순위	욕구	점수
1			2		
3			4		
5					
A : 생존의 욕구, B : 사랑과 소속의 욕구, C : 힘의 욕구, D : 자유의 욕구, E : 즐거움의 욕구					
매우 높음 : 45점 이상, 높음 : 35~44점, 중간 : 25~34점, 낮음 : 20~24점, 매우 낮음 : 19점 이하					

● 욕구강도 순위표 작성 방법

① A~E까지 체크하여 각각의 점수를 합산한다.

② A~E 중 가장 점수가 높은 항목을 욕구강도 순위표의 1번에 적는다.

③ A~E 각 항목을 합산한 점수의 순위대로 욕구강도 순위표에 기록하여 자신의 욕구강도를 살펴본다.

욕구강도 프로파일 해석하기	
욕구	특징
생존의 욕구 ( )	• 안전하고 예측 가능한 일을 선호함. • 소비보다는 저축을 선호함. • 몸과 건강에 대한 관심이 높음. • 상식과 규칙을 중시함. • 꼼꼼하고 체계적임. • 보수적, 절약적. 잘 버리지 않음. • 위험한 감수하기 싫어함. • 건강, 몸에 관심 많고 식생활에 신경을 씀. • 단정한 외모에 관심이 많음. • 상식을 따르는 경향임. • 이혼 혐오 • 자살 잘 안 함.
사랑과 소속의 욕구 ( )	• 사람을 좋아하고 친하게 잘 지냄. • 다른 사람의 감정과 욕구를 잘 알아차림. • 다른 사람에게 먼저 친절하게 행동함. • 다른 사람에게 사랑과 관심을 받고자 함. • 받는 것보다 주는 것을 좋아함. • 가깝고 친밀한 관계 좋아함. • 얼마나 주고 싶은가로 측정 • 다른 사람을 위해 시간 냄. • 얼마만큼의 사랑을 충분하다고 여기는지 그 강도는 사람마다 다 다름.
힘의 욕구 ( )	• 일을 잘 추진함. • 장애물을 잘 극복함. • 인정받고자 하는 마음이 큼. • 자기 방식대로 일 처리 하는 것을 선호함. • 탁월성과 리더십을 가지고 있음. • 가장 충족 어려운 욕구 • 지시, 충고, 조언을 잘함.

힘의 욕구 ( )	• 내 말이 옳다. • 자신에 대해 자랑스럽고 가치 있게 여김. • 통제형. 사람을 소유하려 함. • 존중으로 욕구가 채워지기도 함.
자유의 욕구 ( )	• 자유를 추구함. • 누군가에게 규제받는 것을 싫어함. • 다른 사람을 통제하려고 하지 않음. • 창의적으로 문제를 해결할 수 있음. • 혼자 있는 것을 선호함. • 오래 지속되는 관계 힘듦. • 소유되는 것 싫음. • 같은 욕구 공유 어려움. • 규칙에 순응이 어려움. • 한 장소나 한 집단에 오래 머무는 것 어려움. • 순응하면 자유의 욕구가 낮은 것임. • 지시, 억지로 시키는 것 싫음. • 상대방의 자유도 구속하고 싶어 하지 않음. • 열린 마음
즐거움의 욕구 ( )	• 재미와 즐거움을 추구함. • 낙관적인 태도를 가짐. • 새로운 것에 대한 호기심이 많음. • 가르치고 배우는 것 자체를 좋아함. • 잘 웃고 유머를 좋아함 • 스스로에게 만족도 높음. • 게임 놀이 좋아함. • 여행, 독서, 영화, 음악 감상 등을 좋아함. • 새로운 방식으로 일하고 싶어 함.

※ 욕구강도 프로파일 해석 활용 방법

① 교사 : (　) 안에 해당하는 욕구강도 프로파일의 점수가 제일 높은 학생의 이름을 적어서 생활지도에 활용할 수 있다.

② 학생 : (　) 안에 해당하는 욕구강도 프로파일의 점수를 적어 자신을 이해하는 데 활용할 수 있다.

욕구강도에 따른 학생과의 관계	
욕구	관계 대처
생존의 욕구 (　　)	이 유형의 학생은 교실과 교사가 안전하다는 신뢰가 필요하다. 다른 사람에게 피해를 주기 싫어하므로 쉽게 문제를 일으키지는 않는다. 과제를 줄 때도 자세하게 설명하는 것이 필요하고, 과제의 구체적인 범위나 예시가 주어지는 것을 좋아한다. 긍정적인 행동에 대해 격려하고, 감사 의미와 가치를 가르치는 것도 필요하다. 칭찬보다는 격려가 효과적이다.
사랑과 소속의 욕구 (　　)	교사와 친구들에게 관심을 끌고 싶어 한다. 때로는 수업에 방해가 되더라도 이상한 행동이나 재미있는 말을 해서 주의를 끌거나, 학급에서 문제를 일으켜서라도 교사나 친구들의 시선을 끌려고 한다. 그 행동이나 강도에 따라서 교사는 관심을 주지 않는 것으로 학생의 행동을 강화하지 않거나, 학생을 개인적으로 불러서 그렇게 하는 것이 오히려 학생에게 도움이 되지 않고 친구들도 좋아하지 않는다는 점을 알리는 것이 좋다. 그리고 적당한 시간에 학생에게 재미있는 행동이나 말을 하는 시간을 주겠다고 제안하는 것이 필요하다. 사랑의 욕구가 높은 학생은 학급에서 적절한 역할을 주거나 교사의 지속적인 관심이 필요하다.

힘의 욕구 ( )	교사도 힘의 욕구가 높고 학생도 힘의 욕구가 높으면 교실에서 충돌이 일어나기가 쉽고, 그러면 교사도 매우 힘들어진다. 힘의 욕구가 높은 학생은 있는 그대로 인정해 주는 것이 필요하다. 힘의 욕구가 높은 학생이 교사나 친구들에게 공격적인 행동을 보였다면 잠시 멈추고 가라앉힌 다음 학급 규칙이나 학칙 등에 따라 분리하는 것이 필요하다. 힘의 욕구가 낮은 교사는 힘의 욕구가 높은 학생이 가장 힘들 수 있다. 힘의 욕구가 높은 학생의 긍정적인 면을 공개적으로 칭찬해 주고, 긍정적인 면을 유도하여 학급에 기여할 수 있는 기회를 주는 방법으로 학생의 힘을 인정해 준다. 힘의 욕구가 높은 학생이 문제를 일으켰다면 문제를 인정하고 사과하게 해서 책임을 선택하도록 하는 것이 좋다. 힘의 욕구가 높은 학생은 존중으로 욕구가 채워지기도 한다.
자유의 욕구 ( )	자유의 욕구가 높은 학생은 공개적으로 지도하는 것보다는 개인적인 만남을 갖는 것이 좋다. 힘으로 억압하면 수동공격적인 행동을 하고, 방임하게 되면 문제 행동이 커질 수 있으므로 교사와 학생의 긍정적인 관계 형성이 중요하다. 이 유형의 학생은 길게 이야기하거나 꼬치꼬치 묻는 상황을 못 견뎌하고 짧게 이야기하는 것을 선호한다. 충분히 공감하되 정답을 제시하거나 지시하기보다 제안하는 것이 좋다. "숙제를 꼭 해 와라."보다는 "숙제를 해 오려면 어떻게 하면 좋을까?" "숙제를 하려면 어떤 어려움이 없어야 할까?" 등의 표현을 하는 것이 좋다. 그리고 문제 행동에 대한 책임을 스스로 선택할 수 있는 기회를 주는 것도 좋다. "만약 내일도 숙제를 해 오지 않으면 어떻게 해야 할까?" "숙제가 어렵다면 어느 부분까지 할 수 있을까?" "부모님께 전화 드려서 숙제를 해 오도록 부탁해야 할까?" 등으로 말할 수 있다. 자유의 욕구가 높은 학생에게는 억압하거나 방임하기보다는 충분히 공감하고 학생이 긍정적인 행동을 할 수 있도록 구체적인 범위나 방법 등을 제안해서 안내해 주는 것이 필요하다.

즐거움의 욕구 ( )	즐거움의 욕구가 높은 학생은 즐거움을 추구하고 고통을 회피하는 경향을 갖고 있어 남에게 피해를 주지 않는다. 하지만 즐거움의 욕구가 높은 학생이 힘의 욕구도 높다면 친구를 놀리는 언행을 지속적으로 할 수가 있다. 이런 행동에 대해서 교사는 단호하게 적정선을 제시하거나 학급 규칙이나 학칙 등으로 지도해야 할 것이다. 즐거움의 욕구가 높은 학생은 재미있는 수업을 선호하므로 재량 시간 등을 활용하여 즐거움의 욕구가 채워지도록 한다. 또한 수업에 방해가 되지 않는다면 학생의 가벼운 말이나 습관적인 행동에 대해 너무 도덕적으로 반응하지 않고 그대로 받아주는 것도 좋다.

● 욕구강도에 따른 학생과의 관계 활용 방법

교사 : ( ) 안에 해당하는 욕구강도 프로파일의 점수가 제일 높은 학생의 이름을 적어서 생활지도에 활용할 수 있다.

또래 관계 형성하기

『나는요,』
김희경 글·그림, 여유당

그림책 『나는요,』는 "세상에는 수많은 나가 있어요."로 첫 페이지가 시작된다. 여러 동물의 행동 특징에 빗대어 자신의 여러 가지 모습을 발견하고, 나뿐 아니라 친구들도 다양한 모습을 지니고 있다는 사실을 받아들이면 마음이 편안해진다. 나에 대한 존중이 나와 다른 타인, 세상의 다양성에 대한 존중으로 이어져 학기초에 또래 관계를 형성하는 데 도움을 줄 수 있다.

(1) 그림책 읽고 이야기 나누기

그림책을 읽고 자신뿐만 아니라 친구들에게도 다양한 모습이 있음을 서로 나누고 발견하는 시간을 통해 서로 이해하고 존중하는 학급 분위기를 형성할 수 있을 것이다.

(2) 그림책과 관련된 질문

- 표지의 그림과 제목을 보니 어떤 생각이나 느낌이 드나요?
- 그림책에서 중 가장 마음에 드는 장면이 있나요?
- 마음에 드는 장면과 마음에 들지 않는 장면에 대해서 이유를 말해 볼까요?
- 그림책의 마지막 페이지에 "모두가 나예요."라는 말에 대해 자기의 생각을 말해 볼까요?

(3) 삶과 관련된 질문

- 어떤 동물이 나와 가장 비슷하다고 생각하나요? 그 이유는 무엇인가요?
- 나는 언제 겁이 나나요?
- 가장 편안하게 느끼는 장소가 있나요?
- 어떤 일에 처음 도전할 때 몸의 느낌이나 감정을 이야기할 수 있을까요?
- 나의 여러 모습 중 마음에 드는 점과 들지 않는 점이 있을까요?
- 친구들과 『나는요.』 그림책 활동을 함께 하면서 느낀 점이나 새롭게 알게 된 점이 있나요?

(4) 상담 대화 예시

교사 : 잘 지냈어? 오늘은 선생님과 어떤 일에 대해 이야기하고 싶어?
(현실치료의 R단계인 관계 탐색 질문으로 학생의 기분이나 생활 등에서 힘든 일이나 즐거웠던 일에 대해 질문한다. 그 후 오늘 교사와 무엇에 대해 이야기하고 싶은지 질문한다. 이 질문은 곧바로 W단계와 이어질 수 있다.)

학생 : 새 학년이 되었지만 저만 같이 놀 친구가 없어요. 친구를 사귀었으면 좋겠어요.

교사 : 친구가 없어서 학교 오기가 힘들고, 새로운 친구를 사귀고 싶구나. 그럼 선생님과 형우가 원하는 친구를 잘 사귀는 것에 대해 이야기할까?

학생 : 네. 다른 아이들은 이미 친해져서 제가 끼어들 자리가 없어요.

교사 : 힘들겠네. 선생님과 친구 관계에 대한 그림책 『나는요.』를 보면서 이야기를 해 보자. 표지에서 무엇이 보이지?

학생 : 표범 같은데 뒤로 돌아서 앉아 있어요. 동물 모양의 구름들이 옆에 있고요.

교사 : 표지의 그림과 제목을 보니 어떤 생각이나 느낌이 들지?

학생 : 표범이 외로워 보여요.

교사 : 그렇구나. 그림책에도 형우와 같은 친구가 있는지 함께 읽어 볼까?

학생 : (그림책을 교사와 함께 읽는다.)

교사 : 형우는 어떤 동물과 가장 비슷하다고 생각하지?

학생 : 사슴이요. 나를 싫어할 것 같아 친구들 눈치를 많이 봐요.

교사 : 형우가 사슴과 비슷하게 행동해서 어떤 일이 생겼지?

학생 : 친구들에게 다가가지 못하고 있어요. 그래서 학교 오기도 싫어요.

교사 : 친구들과 친해지고 싶은데, 그러지 못해서 학교 오기 싫구나. 친구

들이 너를 싫어한다고 생각했을 때 네 몸 상태와 그때의 감정이나 느낌을 말할 수 있을까?

학생 : 온몸이 긴장한 채 자리에 혼자 앉아 있거나 화장실에 가곤 해요. 외로워요.

교사 : 긴장해서 자리에 가만히 있게 되고, 어떻게 해야 할지 몰라 외롭구나.

교사 : 형우가 친구들과 잘 지내고 싶어서 선생님에게 상담을 요청했잖아. 그럼 지금과 무엇을(행동, 말, 생각) 다르게 해야 친구들과 조금이라도 편해질 것 같아?

학생 : 모르겠어요.

교사 : 그림책에 나온 동물 중 사슴이 네 모습 같다고 했잖아. 우리 반 친구들도 그림책에 나온 동물들과 같은 모습을 갖고 있을 거야. 다음 시간에 우리 반 전체가 이 그림책을 읽고 '나'에 대해 소개하는 활동을 할 거야. 친구들은 어떤 모습의 동물일지 같이 살펴보고 선생님과 다시 이야기해 보자.

(5) 상담 활동 : 현실치료 상담 단계

① R(관계 탐색 질문)

학생의 기분이나 생활 등에서 힘든 일이나 즐거웠던 일들에 대해 질문한다. 그 후, 오늘 선생님과 무엇에 대해 이야기하고 싶은지 질문한다.

② W(바람·욕구 탐색 질문)

방금 이야기한 일이 어떻게 되었으면 좋을지, 무엇을 원하는지 묻는다. '진정한 바람'이 무엇인지 알아낼 때 충족시키고자 하는 욕구가 드러난다.

학생이 주위 환경에서 원하는 것과 얻고 있다고 지각하고 있는 것 사이의 간격을 좁혀 나감으로써 충족되지 못한 욕구를 구분해 내도록 돕는다.

③ D(행동 탐색 질문)

학생의 행동과 가고 있는 방향이 원하는 것을 얻기 위해 적절한지 학생이 선택한 행동을 점검한다.

④ E(행동을 선택한 결과)

내담자인 학생의 행동이 원하는 것을 얻는 데 도움이 되었는지 질문을 통해 확인한다.

⑤ P(도움되는 새로운 행동 계획하기)

학생이 원하는 것을 얻기 위해서 행동이나 생각, 말을 다르게 할 수 있는 계획을 세워 보게 한다. 단순하고, 간단하게, 즉시 할 수 있고, 혼자 할 수 있는 것, 구체적인 것, 진지하게, 진실하게 할 수 있는 계획을 세워 본다. 계획을 세운 후 그렇게 했을 때 학생의 몸과 마음, 느껴지는 감정에 대해 이야기를 나눈다.

현실치료 상담 단계[5]

단계	내용(예시)		
R (Relationship) 관계 탐색 질문	• 어떤 일(고민)을 선생님과 이야기하고 싶어?		
W (Want) 바람·욕구 탐색 질문	• 이 일(고민)이 어떻게 되었으면 좋겠어?		
D (Doing) 행동 탐색 질문	행동	• 이 일이 생겼을 때 어떻게 행동(말)했어?	생각	• 어떤 생각이 들었지?
			몸	• 내 몸에서 느껴지는 느낌은?(각 부위의 느낌 살펴보기)
			감정	• 그런 생각이나 행동을 했을 때 어떤 감정이 들었어?
E (Evaluation) 행동을 선택한 결과	• 그런 행동을 했더니 어떻게 되었지? • 네가 한 행동, 말들이 네가 원하는 것을 얻는 데 도움이 되었어?		

---

5 Robert E. Wubolding(2018). 현실치료 상담의 적용 Ⅰ. 김인자 역. 한국심리상담연구소.

P (Plan) 도움되는 새로운 행동 계획하기	• 네가 바라는 대로 되기 위해서 행동이나 말을 다르게 해 본다면 어떻게 하면 좋을까? • 간단한 것인가? • 즉시 할 수 있는 것인가? • 하루, 일주일, 한 달에 몇 번 실행 가능한 구체적인 것인가? • 혼자서 할 수 있는 것인가? • 현실에서 실현 가능한 실제적인 것인가?			
	행 동	• 행동을 다르게 한다면?	생각	• 생각을 다르게 한다면?
			몸	• 생각을 다르게 했을 때 내 몸에서 느껴지는 느낌은? (각 부위의 느낌 살펴보기)
			감정	• 생각이나 행동을 바꾸었을 때 어떤 감정이 들까?

상담을 마무리하며

'살아 있는 생물이 보여 주는 모든 행동에는 목적이 있고, 인간의 행동은 욕구(need)와 바람(want)을 충족하기 위한 것'이라는 점이 현실치료가 마음을 보는 관점이다. 그러므로 인간의 마음은 외부의 자극보다는 내부로부터 유래된다. 교사와 학생의 관계, 또래 관계도 그런 관점으로 본다면 학생의 문제 행동이 어떤 욕구를 실현하기 위해서 한 행동인지 살펴보는 것과 학생의 행동이 교사의 어떤 욕구의 성취를 방해하는지 살펴보는 것을 통해서 조절될 수도 있다는 생각이 든다. 문제라는 것은 없을 수도 있다. 내가 그것을 문제라고 보는 순간 그것이 문제가 되는 것이다.

Part 2

그림책
심리상담 사례

Chapter 1

학교에 적응하지 못하는 아이들

분리불안으로
등교를 거부하는 아이

1. 문제 상황

"학교 가기 싫어요!"

민수는 초등학교 1학년이 된 지 한 달이 지났지만 여전히 학교 가는 걸 힘들어 한다. 매일 아침 엄마 손을 꼭 붙잡고 학교에 오지만, 교실 앞에 서면 눈물이 그렁그렁해진다. 교실 문을 들어서는 순간부터 불안해 하고, 친구들과 어울리기보다는 책상에 조용히 앉아 창밖을 내다보곤 한다.

학교생활이 즐겁지 않은 아이의 눈빛은 교사를 안타깝게 한다. 민수도 다른 아이들처럼 학교가 즐겁고 편안한 곳이 되길 바라는 마음이지만, 지금의 민수에게는 학교에 있는 것 자체가 큰 도전처럼 보인다.

매일 아침 교실 문 앞에서 주저하는 민수의 손을 잡아 주며 교사의 마음도 무거워진다. 지금 이 아이에게 필요한 것은 무엇일까? 어떻게 해야 학교가 두려운 곳이 아닌, 친구들과 어울리며 즐겁게 지낼 수 있는 공간이 될 수 있을까? 민수의 마음을 이해하고 다가가기 위해 무엇을 해야 할지 해답을 찾고 있지만 막막할 때가 많다.

2. 문제 상황 원인 : 새 학기 증후군과 분리불안

'새 학기 증후군(new semester blues)'이란 신나는 방학을 보낸 아이들이 새 학기를 맞아 학교에 갈 시기를 맞이하면 감기에 쉽게 걸리고, 머리나 배에 통증을 느끼거나 이상한 버릇을 반복하는 것을 말한다. 새 학기를 맞이한 아이들이 경험하는 정신적·신체적 스트레스로, 주된 원인 중 하나는 불안(anxiety)이다. 아이들은 새로운 환경과 관계 속에서 불안을 느끼며, 이로 인해 복통과 두통 같은 신체 증상과 반복적인 이상 행동을 보인다. 두려움과 중압감이 커질 경우 스트레스로 작용해 정신 상태와 면역 체계에까지 영향을 줄 수 있다. 특히 초등학교 저학년은 부모와의 분리가 심리적 불안을 가중시키는 분리불안(separation anxiety)으로 이어질 수 있다. 분리불안은 주 양육자로부터 떨어지는 상황에서 극도의 불안을 느끼며 감정 조절이 어려워지는 상태를 말한다.[6]

민수의 사례는 불안의 징후가 두드러진다. 민수는 학교라는 낯선 환경에서 엄마의 부재를 견디지 못하고, 배가 아프다고 신체 증상을 호소하며 초조하게 엄마를 기다린다. 이는 단순한 학교 부적응 문제가 아니라 친구 관계와 학교생활에 대한 두려움이 분리불안을 심화시키는 심리적 불안의 결과이다. 이러한 불안이 지속되면 학교 거부와 학습 부진, 정서적 위축으로 이어질 위험이 있다.

---

6 신의진(2008). 신의진의 초등학생 심리백과. 갤리온.

3. 상담 이론 : 마음챙김

마음챙김(mindfulness)은 현재 이 순간에 집중하며 자신의 감정, 생각, 신체 감각을 판단 없이 있는 그대로 받아들이는 정신적 훈련이다. 과거의 후회나 미래의 불안에서 벗어나 현재의 경험에 몰입함으로써 내면의 평화를 찾고 정서적 균형을 유지할 수 있도록 돕는다. 마음챙김에서는 인간을 감정과 생각의 끊임없는 흐름 속에서도 자기 자신을 관찰하고 조율할 수 있는 존재로 보며, 개인이 자신의 감정을 비판하거나 억압하지 않고 수용하는 과정을 통해 성장과 회복을 경험할 수 있음을 강조한다. 따라서 마음챙김을 통해 정서적 안정을 취할 수 있을 뿐 아니라, 불안이나 스트레스 같은 부정적 감정을 관리할 수 있고, 더 나아가 심리적 안정감을 바탕으로 주체적인 삶을 영위해 나가는 힘을 키울 수 있다.[7]

마음챙김의 뿌리는 불교의 명상에서 비롯되었지만, 현대 심리학에서는 이를 종교적 맥락과 분리해 치료와 교육에 적용하기 시작했다. 특히 1980년대부터 존 카밧진(Jon Kabat-Zinn)이 개발한 마음챙김 기반 스트레스 감소 프로그램(MBSR, Mindfulness-Based Stress Reduction)은 의료와 심리치료 현장에서 본격적으로 활용되기 시작하였다.[8] 이후 마음챙김은 심리치료뿐 아니라 교육과 학교 상담에서도 중요한 도구로 자리 잡으며 불안, 우울, 스트레스 조절에 효과적인 방법으로 인정받기 시작했다.

---

7 Jon Kabat-Zinn(2024). 존 카밧진의 내 인생에 마음챙김이 필요한 순간. 안희영, 김정화 역. 불광출판사.
8 김철호(2016). 마음챙김 명상교육 : 인성 함양과 정서 안정을 위한 학생용 MBSR 8주 코스. 어문학사.

연구에 따르면 마음챙김 훈련을 받은 학생들은 정서 조절 능력과 주의 집중력이 향상되고, 스트레스 상황에서 더 차분하게 대처하는 경향을 보였다. 학교에서도 또래 관계나 교사와의 상호작용에서 긍정적인 변화를 경험하며, 자기 자신에 대한 수용과 신뢰가 높아진다고 한다. 이처럼 마음챙김은 학생들이 자신의 감정을 억압하는 대신 수용하고, 도전적인 상황에서도 주체적으로 성장할 수 있는 기반을 마련해 주며, 단순한 스트레스 관리 도구를 넘어 자신을 이해하고 긍정적으로 변화해 나갈 수 있도록 돕는 중요한 심리적 자원으로 활용될 수 있다.[9]

마음챙김 기법은 불안으로 학교 적응에 어려움을 겪는 학생에게 실질적인 지원을 제공한다. 특히 분리불안이나 새 학기 증후군을 겪는 학생이 자신의 감정을 회피하지 않고 자연스럽게 받아들이고, 감정을 문제로 인식하지 않고 있는 그대로 경험하며 흘려보내는 방법을 배우도록 한다. 또한, 마음챙김 활동은 감정 조절과 회복력을 기르며, 불안한 상황에서 스스로를 돌보는 방법을 익히도록 돕는다.

4. 상담 그림책 분석

『오소리의 시간』은 학교생활에 어려움을 겪는 아이들의 불안을 깊이 이해하고 위로해 주는 그림책이다.

기대를 품고 학교생활을 시작한 핌은 시간이 지날수록 낯선 교실과 시끄

---

9 Daniel Rechtschaffen(2020). 마음챙김 학교교육. 정관용, 김태후, 이영미 역. 서울경제교육.

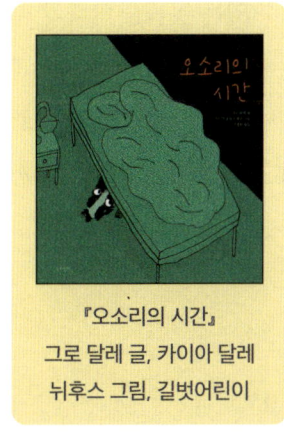

『오소리의 시간』
그로 달레 글, 카이아 달레
뉘후스 그림, 길벗어린이

러운 환경에서 불편함을 느끼기 시작한다. 복통과 두통이 찾아오고, 소란스러운 교실과 운동장의 소음은 핌을 더 위축되게 만든다. 친구들의 시선과 놀림 속에서 핌은 마치 오소리처럼 숨고 싶어 하지만, 주변의 관심과 꾸중은 그의 마음을 더 무겁게 만든다. 엄마의 실망 섞인 말은 핌에게 위로가 되지 못하고, 선생님의 꾸중은 스스로를 잘못된 존재로 느끼게 한다. 하지만 이런 핌에게 아빠가 자신의 어린 시절 학교에 가기 싫었던 경험을 털어놓으며, 핌은 자신이 혼자가 아님을 깨닫는다. 아빠의 공감은 핌에게 큰 위로가 되어 자신의 감정을 솔직하게 표현할 수 있는 용기를 준다.

이 책은 학생에게 찾아오는 불안이 정상적임을 인정하고, 그럴 때일수록 교사와 부모의 진심 어린 관심이 학생에게 큰 힘이 된다는 메시지를 전해 준다. 학생의 어려움을 인정하고, 그 과정에 함께할 때 그들은 스스로 자신만의 성장의 길을 찾아간다. 학교가 무서웠던 핌의 이야기는 학교 적응의 어려움 속에서도 학생이 자신만의 자리를 찾아갈 수 있도록 돕는, 소중한 길잡이 같은 책이라 할 수 있다.

5. 상담 실제

(1) 그림책 읽고 질문 나누기

학교 가는 것이 너무나 힘들었던 핌이지만 아빠의 공감과 격려로 조금씩 자신의 감정을 표현하기 시작하고, 학교에서 할 수 있는 것들을 하나씩 발견해 나간다. 친구들보다 먼저 학교에 가서 조용히 자신만의 시간을 보내며, 도서관에서 같은 마음을 지닌 오소리들과 함께 시간을 보내는 법을 배운다. 핌은 비록 가끔 두려움이 밀려와도 더 이상 혼자가 아니라는 것을 깨달으며, 천천히 학교생활에 적응해 간다.

(2) 그림책과 관련된 질문
- 핌은 왜 학교에 가는 것이 점점 두려워졌을까요?
- 핌은 왜 오소리처럼 자신을 숨기고 싶어 했을까요?
- 핌이 아빠와 이야기를 나누기 전까지는 어떤 마음이었을까요?
- 아빠의 고백이 핌에게 어떤 의미가 되었을까요?
- 만약 핌이 아빠에게 마음을 털어놓지 않았다면 어떻게 되었을까요?
- 핌은 도서관에서 무엇을 느꼈을까요?

(3) 삶과 관련된 질문
- 학교에서 어떤 순간이 가장 불편하게 느껴지나요?
- 마음이 가장 편안해지는 장소(학교에서)는 어디인가요?
- 누군가 내 마음을 알아준다면 어떤 말을 듣고 싶나요?
- 학교에 오기 싫을 때 어떤 마음이 드나요?
- 그 마음이 느껴지면 몸에서는 어떤 것이 느껴지나요?
- 학교가 두려울 때 어떻게 나를 도울 수 있을까요?

(4) 상담 대화 예시
교사 : 민수야, 오늘 학교에 오기 힘들지 않았니?

학생 : 네…. 아침에 배가 또 아팠어요. 그래서 집에 있고 싶었어요.

교사 : 그렇구나. 학교에 오면 제일 힘든 게 뭐야?

학생 : 친구들이 시끄럽게 떠드는 게 너무 싫고, 엄마가 없으니까 불안해요.

교사 : 엄마가 없다는 사실이 너를 많이 불안하게 하는구나. 그럴 때 어떤 생각이 드니?

학생 : 그냥 어디론가 사라지고 싶어요. 아무도 저를 못 보게요.

교사 : 사라지고 싶을 만큼 힘들구나. 그럴 때 책상 밑에 숨어 있는 게 좀 나았어?

학생 : 네. 거기 있으면 마음이 좀 편했어요. 근데 친구들이 자꾸 보고 웃어서 더 창피했어요.

교사 : 그랬구나. 우리가 같이 본 그림책 속의 핌도 책상 밑에 숨으면서 오소리처럼 자신을 숨기고 싶어 했지. 그때 핌은 아빠의 고백을 듣고 조금 나아질 수 있었어. 혹시 너도 그런 말을 들으면 도움이 될까?

학생 : 네. "학교가 싫어도 괜찮아."라는 말을 들으면 좋을 것 같아요.

교사 : 그래, 학교가 싫어도 괜찮다는 말을 듣고 싶구나. 힘들 때 그런 말을 해 줄 사람이 필요하겠어. 우리 힘들 때 어떻게 마음을 편하게 할 수 있을지 연습해 볼래?

학생 : 네, 좋아요.

① 복식호흡 연습

교사 : 그럼, 우리 먼저 복식호흡을 해 보자. 코로 숨을 천천히 들이마시면서 배가 부푸는 걸 느껴 보고, 입으로 천천히 내쉬면서 배가 가라앉는 걸 느껴 보는 거야. 한번 해 볼까?

학생 : (숨을 들이마시고 천천히 내쉰다.)

교사 : 아주 잘했어! 이번에는 숨을 들이마실 때 마음속으로 '괜찮아' 라고 생각해 보고, 내쉴 때는 '나는 편안해' 라고 생각해 볼 거야.

학생 : (조용히) 괜찮아…. (숨을 내쉬며) 나는 편안해….

② 그라운딩 안정화 기법

교사 : 정말 잘했어. 이제 한 가지 더 연습을 해 보자. 이건 '나무 되기' 라는 그라운딩 기법이야. 자, 편하게 앉아 있거나 선 채로 눈을 감아도 괜찮아. 지금 네 몸이 땅에 단단히 닿아 있는 걸 느껴 봐. 발바닥이 바닥에 닿아 있는 감각에 집중해 보자.

학생 : (조용히 발바닥 감각에 집중한다.)

교사 : 좋아. 이제 네가 튼튼한 나무라고 상상해 보자. 발은 땅속 깊이 뻗은 뿌리야. 이 뿌리가 널 단단하게 지탱하고 있어. 뿌리가 땅에 닿아 너에게 힘과 안정감을 주는 걸 느껴 봐. 어떤 느낌이 들어?

학생 : 나무가 된다고 생각하니까 마음이 조금 편한 것 같아요.

교사 : 아주 잘하고 있어. 이제 마치 바람에 흔들리는 나뭇가지처럼 팔과 어깨를 천천히 움직여 볼까? 바람이 불어와도 뿌리는 단단하게 땅에 박혀 있는 걸 느끼는 거야.

학생 : (어깨와 팔을 천천히 움직이며) 네, 뿌리가 저를 붙잡고 있는 것 같아요.

교사 : 아주 잘했어, 민수야. 이제 불안을 느낄 때는 이렇게 복식호흡을 하고, 나무처럼 마음의 뿌리를 내리고, 다섯 가지 감각에 집중해 볼 수 있을 거야. 지금 느낌은 좀 어떤 것 같아?

학생 : 신기하게 지금은 마음이 좀 편해진 것 같아요.

6. 상담 활동

(1) 복식호흡 및 감각 발견하기

마음챙김에서 가장 중요한 기법 중 하나는 호흡 훈련이다. 호흡 훈련은 언제 어디서나 활용할 수 있는 단순하면서도 강력한 도구로, 불안한 감정이 밀려올 때 현재로 돌아오도록 도와준다. 호흡에 집중하면 자율신경계가 안정되고 신체의 긴장이 완화된다. 학생이 긴장하거나 불안을 느낄 때, 천천히 깊게 숨을 들이마시고 내쉬는 연습을 통해 마음을 진정시키는 법을 배울 수 있다.[10]

복식호흡과 감각 발견하기 활동은 현재의 감정과 신체 반응을 알아차리고 차분하게 조절하는 법을 배울 수 있는 활동으로, 학생이 느끼는 실질적인 불안감을 낮추는 데 큰 도움이 될 수 있다. 활동을 시작하기 위한 지시문은 다음과 같다.

복식호흡은 깊고 천천히 숨을 들이마시고 내쉬는 연습을 통해 몸과 마음을 편안하게 만들어 주는 호흡 방법이에요. 불안한 마음이 들 때 천천히 숨을 쉬며 긴장을 풀면 마음이 차분해지고 집중력이 좋아질 수 있어요. 지금부터 우리 함께 복식호흡을 연습해 보아요!

구체적인 활동단계는 다음과 같다.

---

10 Debra Burdick(2024). 아동과 청소년을 위한 마음챙김 워크북. 곽영숙, 권용실, 김완두, 김윤희 외 역. 학지사.

1단계 자세 잡기

의자에 편하게 앉아서 몸의 힘을 뺀다. 두 발은 바닥에 닿게 하고, 손은 배 위에 가볍게 올려놓는다. 눈을 감는 것이 괜찮으면 눈을 감는 것이 좋다. 눈을 감는 것이 불편하면 주변에서 시선을 두고 싶은 한 곳에 시선을 고정한다.

2단계 숨 들이마시기

코로 천천히 숨을 깊이 들이마신다. 배에 놓인 손이 천천히 올라오는 걸 느껴 본다. 배가 풍선처럼 부풀어 오를 것이다.

3단계 숨 내쉬기

이제 입으로 천천히 숨을 내쉰다. 배가 다시 가라앉는 걸 느껴 본다. 공기가 빠져나가듯 배가 편안하게 가라앉을 것이다.

4단계 반복하기

이 과정을 다섯 번 반복한다. 들이마실 때는 '괜찮아'라고 속으로 말하고, 내쉴 때는 '나는 편안해'라고 한다.

복식호흡을 실시하면서 '나비포옹법'을 함께하면 불안감을 줄이고 심리적 안정을 도모하는 데 도움이 된다. 두 팔을 가슴 앞에서 교차시켜 각 손바닥이 반대쪽 어깨를 살짝 감싸도록 하고, 이 자세를 유지하면서 깊고 천천히 복식호흡을 함께 실시하면 더 쉽고 빠르게 안정되는 효과를 볼 수 있다. 이 방법은 실제 트라우마 치료에서도 많이 활용하는 자세로, 복식호흡을 어색하게 느끼는 초등 저학년도 쉽게 따라 할 수 있는 매우 효과적인 활동이다.

호흡하기 활동이 어느 정도 진행되고 나면, 이 순간에 집중해서 다섯 가지 감각을 찾아보는 활동을 함께 실시하면 좋다.

> **감각 인식 활동 : 지금 이 순간에 집중해 보아요!**
>
> 숨을 다섯 번 들이마시고 내쉬었다면 이제 몸과 마음이 조금 편안해졌는지 확인해 볼까요? 이제 눈을 감았던 사람은 조용히 눈을 뜨고 다음 질문에 대답해 보세요.
>
> - 지금 눈으로 보이는 것 세 가지를 이야기해 볼까요?
> - 지금 들리는 소리가 어떤 소리인지 들어 볼까요?
> - 지금 촉감을 느낄 수 있는 것을 찾아서 어떤 촉감이 느껴지는지 볼까요?
> - 지금 주변에서 나는 냄새나 향을 맡아 볼까요?
> - 마지막으로 입에서 느껴지는 맛이 있는지 느껴 볼까요?

(2) 그라운딩 안정화 기법(나무 되기)

그라운딩(grounding) 기법은 심리적 안정감을 회복하는 데 중요한 방법으로, 학생이 불안감에 휩싸였을 때 신체 감각에 집중해 현재로 돌아오는 데 도움을 준다.[11] 이 기법은 발바닥이 바닥에 닿는 감각을 느끼거나, 눈에 보이는 사물 다섯 가지를 관찰하는 식으로 실행할 수 있다. 학생이 학교생활에서 불안을 느낄 때 이러한 단순한 연습을 통해 스스로 마음을 진정시키고 안정감을 찾는 경험을 할 수 있다. 특히 등교 시 불안을 느끼는 학생에게 유용하며, 긴장을 완화시키고 상황을 통제할 수 있는 능력을 키워 줄 수

---

11 Hannah Sherman(2021), 어린이를 위한 마음챙김 워크북. 김문주 역. 불광출판사.

있다.

활동을 위한 지시문은 다음과 같다.

그라운딩은 불안할 때 나의 몸과 마음을 현재 순간에 연결해 안정감을 찾는 연습이에요. '나무 되기'는 땅에 뿌리를 내린 튼튼한 나무가 된다고 상상하며 마음을 차분하게 만드는 방법이에요. 지금부터 우리가 함께 나무처럼 단단하게 뿌리를 내리는 법을 연습해 볼게요.

구체적인 활동 단계는 다음과 같다.

1단계 자세 잡기

편하게 서거나 앉아도 좋다. 발바닥이 바닥에 단단히 닿는 것을 느껴 본다. 손은 편안하게 허벅지 위나 옆에 둔다. 눈을 감거나 바닥을 부드럽게 바라보면 좋다. 눈을 감는 것이 괜찮은 사람은 눈을 감는다. 눈을 감는 것이 불편하면 주변의 한 곳을 바라봐도 좋다.

2단계 뿌리 내리기 상상하기

이제 발바닥에서 뿌리가 땅속 깊이 뻗어나가는 모습을 상상한다. 이 뿌리가 나를 단단히 지탱하고 있다는 걸 느껴 본다.

3단계 나무처럼 흔들리기

바람이 불어와 나뭇가지가 흔들리는 것처럼 천천히 몸을 좌우로 움직여 본다. 몸이 흔들려도 뿌리가 땅에 단단히 박혀 있는 느낌을 상상해 본다. 나는 흔들려도 쓰러지지 않는다.

4단계 숨 쉬며 마음 다듬기

코로 깊이 숨을 들이마시며 배가 부풀어 오르는 걸 느껴 본다. 숨을 내쉴 때는 뿌리가 나를 더 단단히 잡아 주는 느낌을 받는다. 이 호흡을 세 번 반복하며 나무가 된 나를 상상해 본다.

(3) 만다라 그리기(컬러링 활동)

만다라 그리기도 불안을 낮추는 데 도움이 된다. 이 활동이 불안을 낮추는 데 효과적인 이유는 집중과 반복적인 동작을 통해 마음을 차분하게 만들기 때문이다.[12] 색을 칠하는 동안 학생은 현재 순간에 집중하게 되며, 머릿속의 불안한 생각은 자연스럽게 줄어들게 된다. 만다라의 대칭적이고 반복적인 패턴은 시각적 안정감을 제공하고, 색을 선택하고 채워 나가는 과정에서 자기표현과 성취감을 느낄 수 있다. 또한, 색칠하는 동안 규칙적이고 느린 호흡을 유도해 신체적으로도 긴장이 완화되는 효과가 있다. 미리 그림이 그려진 도안을 주고 색칠을 해도 되고, 원이 그려진 종이를 주고 스스로 그 안에 만다라 문양을 그리도록 해도 좋다.

---

12 Susanne F. Fincher(2011). 만다라 미술치료 워크북. 오연주 역. 이음출판사.

7. 상담을 마무리하며

　마음챙김은 현재 이 순간에 집중하는 훈련을 통해 학생이 불안한 감정을 다루고 정서적 균형을 찾도록 돕는다. 복식호흡, 그라운딩 기법, 만다라 그리기 활동은 감정적인 혼란 속에서도 자신을 안정시키고 상황에 긍정적으로 반응할 수 있게 해 준다. 이처럼 학교 상담에 마음챙김을 적용하면 학생들은 스스로 감정을 인식하고 조절하는 방법을 배울 수 있을 뿐 아니라, 학업과 대인관계에서의 스트레스를 줄이고 회복탄력성을 높이는 데도 도움을 받을 수 있다.

무기력으로 등교에
어려움을 겪는 아이

1. 문제 상황

초등학교 6학년인 민석이는 매일 아침 일어나지 못해서 학교에 지각을 하거나 결석을 하는 일이 많다. 민석이는 현재 엄마, 누나와 함께 살고 있다. 민석이가 초등학교 2학년 때 부모님은 이혼을 하고 아빠는 지방에서 혼자 살고 계신다. 아빠와는 생일에만 만나는데, 생일에는 민석이가 좋아하는 선물을 사 주신다고 한다. 부모님은 이혼하기 전에도 자주 다투곤 했는데, 그때마다 민석이는 방에서 혼자 숨죽이며 불안해 하곤 했다.

부모님이 이혼을 하고 나서 민석이는 학교를 마치면 여러 학원을 들러 밤 10시가 넘어야 돌아오는 일상이 반복되었다. 처음에는 엄마를 기쁘게 해 드리고 싶은 마음에 나름 열심히 학원 숙제도 하며 학원 공부를 따라가려 애썼지만, 시간이 갈수록 공부해야 하는 내용이 어려워졌다. 숙제는 버거웠고, 시험 점수는 떨어져 갔다. 엄마는 민석이에게 왜 자꾸 성적이 떨어지냐며 다그쳤고, 민석이는 점점 더 지쳐 가기 시작했다.

그러던 어느 날부터 수업에 열중해야 할 시간이면 참을 수 없는 졸음이 밀려왔다. 민석이는 자신도 모르는 사이 수업 시간마다 깊은 잠에 빠지고 말았다. 그러자 학교 성적은 점점 더 떨어졌고, 민석이의 무기력증은 더 심해졌다. 매일 하루 종일 침대에 누워 있거나 멍하니 천장만 바라보는 일이 늘어났고, 이제는 아침에도 일어나지 못해 학교에 가지 못하는 날이 많아지게 되었다.

2. 문제 상황 원인 : 학습된 무기력

학습된 무기력(learned helplessness)이란 자신의 행동이 결과에 끼치는 영향을 통제할 수 없다고 인식하는 심리적 상태로 정의된다. 마틴 셀리그만(Martin Seligman)과 스티브 마이어(Steve Maier)에 의해 처음 도입되고 실험적 연구를 통해 검증된 이 개념은 개가 피할 수 없는 전기 충격에 반복적으로 노출된 후, 충격을 피할 수 있는 새로운 상황에서도 시도조차 하지 않는 현상이 관찰됨으로써 발견되었다. 이러한 현상은 인간에게도 적용되며, 스트레스나 실패를 통제할 수 없다고 느끼는 상황에 반복적으로 노출될 때 발생한다. 과도한 스트레스, 우울증, 학습 문제 같은 부정적인 심리적 결과를 초래할 수 있다.

학습된 무기력 이론은 개인이 자신의 능력을 저하시키고, 도전적인 상황에서 적극적으로 대처하는 능력을 상실하게 만드는 인지적·정서적·행동적 반응의 복합체를 설명한다. 이는 인간의 행동과 정서에 대한 깊은 이해를 제공하며, 교육학과 심리학 연구에 중요한 시사점을 제공해 왔다.[13]

---

13 Martin E. P. Seligman(1996). 무기력의 심리. 윤진, 조긍호 역. 탐구당.

3. 상담 이론 : 긍정심리학

긍정심리학은 인간은 내재된 강점과 잠재력을 통해 성장할 수 있는 존재임을 강조하는 심리학적 접근이다. 전통적인 심리학이 주로 결핍이나 병리적 문제를 해결하는 데 초점을 맞추는 것과 달리, 인간의 삶에 내재된 긍정적인 측면을 발견하고 이를 통해 행복과 의미를 추구할 수 있음을 강조한다. 셀리그만은 이러한 긍정적 인간을 바탕으로 PERMA 모델을 제안하였다. 이 모델은 긍정 정서(Positive emotion), 몰입(Engagement), 관계(Relationship), 의미(Meaning), 성취(Accomplishment)를 인간의 심리적 번영(flourishing)을 이루는 핵심 요소로 제시하며, 이 다섯 가지 영역이 균형을 이룰 때 개인은 더 행복하고 만족스러운 삶을 살 수 있다고 보았다.[14]

학교 상담에서 긍정심리학적 접근은 특히 학습된 무기력 상태에 빠져 등교에 어려움을 겪는 학생을 지원하는 데 효과적이다. 학습된 무기력은 반복된 실패와 부정적인 경험으로 인해 학생이 어떤 시도도 자신의 상황을 바꿀 수 없다는 무력감을 느끼게 되는 상태를 말한다. 이러한 무기력 상태에 빠진 학생은 노력의 의미를 상실하고, 실패가 반복될 것을 우려하여 시도 자체를 포기하는 경우가 많다. 이는 학교생활과 학업에 대한 흥미 상실로 이어지며, 등교 거부와 같은 문제를 초래하기도 한다. 긍정심리학적 접근은 이러한 학생에게 자신이 가진 강점을 재발견하도록 돕고, 작은 성취 경험을 통해 자아 효능감을 회복할 수 있는 기회를 제공한다. 이를 통해 학생은 다시 학교생활에 대한 동기와 자신감을 되찾고, 미래에 대한 긍정적인 시각을 형성하게 된다.

---

14 우문식 편저(2021). 마틴 셀리그만의 팔머스 중심 긍정심리학. 학지사.

4. 상담 그림책 분석

『달려도 될까?』
오하나 글·그림, 노란상상

『달려도 될까?』는 학습된 무기력에 빠진 아이들에게 용기와 희망을 주는 이야기다. 익숙한 환경에 안주하며 새로운 도전을 주저하는 아이들에게 작은 용기가 커다란 변화를 가져올 수 있음을 보여 준다.

그림책 속 코끼리는 동물원에서 주어지는 편안한 일상에 익숙해져 더 나은 곳으로 나아갈 생각을 하지 않는다. 그러던 어느 날, 동물원에 큰 불이 나며 모든 것이 흔들리기 시작한다. 동물들은 혼란 속에서 도망치지만, 코끼리는 여전히 가만히 서서 누군가가 와서 이 상황을 해결해 주기를 기다린다. 하지만 불길이 점점 다가오고, 코끼리는 더 이상 물러설 곳이 없어지자 결국 본능적으로 울타리를 뛰어넘는다. 그 순간 코끼리는 자신이 울타리 밖으로 나갈 수 있었다는 사실을 깨닫는다. 작은 용기 하나가 자신을 가로막던 두려움의 울타리를 넘게 할 수 있으며, 그 순간 비로소 스스로의 힘을 발견하게 되는 것이다.

이 그림책은 교사와 아이들이 무기력에 대해 이야기하고, 도전의 필요성을 함께 생각해 보는 데 유용하다. 코끼리가 울타리를 뛰어넘은 것처럼 아이들도 언젠가 자신만의 울타리를 뛰어넘는 순간을 경험하게 될 것이며, 그 도전을 통해 자신이 얼마나 강한 존재인지 깨닫게 될 것이다. 교사는 아이들에게 실패가 끝이 아니라 성장의 시작임을 알려 주며, 그들의 도전을 응원하고 기다려 줄 필요가 있다. 『달려도 될까?』는 두려움 너머의 세상을 경험하도록 이끄는 따뜻한 그림책으로, 한 걸음의 용기가 가져다줄 큰 변화를 일깨워 주는 소중한 이야기라 할 수 있다.

5. 상담 실제

(1) 그림책 읽고 질문 나누기

그림책 속 코끼리는 오랫동안 동물원에 갇혀 지내는 생활에 익숙해지다 보니 동물원에 불이 난 상황에서도 스스로 울타리를 뛰어넘지 못하고, 누군가 자신을 구해 주기를 바라는 무기력한 모습을 보여 준다. 민석이와 함께 그림책을 읽으며 코끼리가 느꼈을 두려움과 그 속에서도 용기를 낼 수 있었던 이유를 생각해 보고, 코끼리의 이야기를 자신의 삶에도 적용해 볼 수 있도록 편안한 분위기에서 질문하고 이야기를 나눈다.

(2) 그림책과 관련된 질문

- 코끼리가 동물원 생활에서 좋아했던 것은 무엇이었나요? 그것은 코끼리에게 어떤 의미를 가졌을까요?
- 동물원에 불이 난 상황에서 코끼리는 처음에 어떤 반응을 보였나요? 코끼리가 그렇게 반응한 이유는 무엇인가요?
- 코끼리가 울타리를 뛰어넘기로 결정한 순간, 그에게 무슨 변화가 일어났나요?
- 코끼리가 울타리를 뛰어넘은 후에 마주한 새로운 상황은 무엇이었나요? 그 상황이 코끼리에게 어떤 새로운 인식이나 감정을 일으켰나요?
- 만약 이야기가 계속된다면 코끼리는 어떤 모험을 더 경험하게 될까요? 코끼리에게 상상하는 미래는 어떤 모습인가요?

(3) 삶과 관련된 질문

- 그림책 속 코끼리가 처음에는 동물원 생활에 만족했지만, 결국 자신의 울타리를 뛰어넘어 변화를 선택한 것에 대해 어떻게 생각하나요?
- 코끼리가 마주한 어려움과 내가 현재 마주하고 있는 어려움 사이에는 어떤 공통점이 있나요?
- 내가 만약 코끼리였다면 울타리를 뛰어넘기 위해 어떤 용기가 필요했을까요?
- 코끼리가 불길을 피해 울타리를 뛰어넘는 것처럼 나의 '울타리'를 넘어서고 싶은 것이 있다면 무엇인가요?
- 그림책에서 가장 인상 깊었던 부분은 무엇인가요? 그 이유는?
- 이 그림책이 나에게 전해 주는 메시지는 무엇일까요? 그 메시지를 내 삶에 어떻게 적용해 볼 수 있을까요?

(4) 상담 대화 예시

교사 : 그림책 속 코끼리가 동물원에 갇혀 있는 상황에 익숙해져서 불이 났을 때 어떻게 반응했는지 기억나니?

학생 : 네, 불이 났는데도 누군가 자신을 구해 줄 거라고 생각하고 기다리기만 했어요.

교사 : 맞아. 바로 앞에 있는 나무에 불이 붙어 떨어질 때까지도 코끼리는 울타리를 뛰어넘을 용기를 내지 못했지. 그 모습을 보면서 어떤 생각이 들었니?

학생 : 조금 답답했어요. 그림책을 보면 울타리가 그리 높지도 않은데, 왜 넘지 못하고 가만히 있는 건지.

교사 : 그러게. 코끼리가 마음만 먹으면 훌쩍 넘을 수도 있을 만한 높이의

울타리인데, 코끼리는 왜 울타리를 넘지 못했을까?

학생 : 아마 오랫동안 갇혀 있어서 자신이 울타리를 넘을 수 있다는 사실을 몰랐나 봐요.

교사 : 그러게. 한 번도 시도해 본 적이 없으니 그랬을 수도 있겠다. 하지만 결국 코끼리는 울타리를 뛰어넘는 용기를 냈잖아. 그 부분을 읽으면서는 어떤 생각이 들었어? (그림책과 관련된 질문으로 시작하여 그림책 속 코끼리의 모습을 통해 자신의 모습을 돌아보고, 변화를 바라는 마음이 들도록 자연스럽게 이끈다.)

학생 : 다행이라는 생각도 들고, 무언가 시원한 느낌이 들었어요. 결국 용기를 냈으니까. 가만히 있었다면 불에 타서 죽었을지도 모르잖아요.

교사 : 그러게. 정말 다행히 코끼리는 마지막 순간에 용기를 낼 수 있었어. 민석이에게도 이렇게 넘어야 하는데 넘지 못하고 있는 울타리가 있을까? 어떤 울타리가 있는지 한번 생각해 볼래?

학생 : 생각해 보니까, 저는 아침에 일어나는 것도 힘들고, 학교에 오기도 싫고…. 그래서 매일 눈을 떠도 그냥 침대 속에 있다가 겨우 일어나는데, 학교에 오기 힘든 것도 저의 울타리일까요?

교사 : 맞아. 지금 민석이가 느끼는 학교에 오기 싫은 마음도 어쩌면 코끼리가 넘어설 수 있었지만 쉽게 넘지 못했던 울타리일지도 모르겠다. 민석이도 코끼리처럼 그 울타리를 훌쩍 넘어 보면 어떨까?

학생 : 음… 저도 코끼리처럼 울타리를 넘고 싶어요. 하지만 어떻게 해야 할지 모르겠어요.

교사 : 그렇다면 우리가 함께 민석이의 '울타리'를 찾아보고, 어떻게 하면 넘을 수 있을지 생각해 보자. 민석이는 무엇을 할 때 가장 기분

이 좋고 편안해? (자신이 가장 좋아하고 편안한 활동을 찾을 수 있도록 질문한다. 질문에 답하기 어려워하는 경우, 천천히 다양한 방법으로 질문하면서 자신이 잘하고 좋아하는 것을 찾을 수 있도록 안내한다.)

학생 : 저는 그림 그릴 때가 좋아요.

교사 : 그렇구나. 그럼 민석이가 좋아하는 그림 그리기처럼 너를 행복하게 만들고, 네 강점이 될 수 있는 것으로부터 울타리 넘기를 시작해 보는 거야.

학생 : 그림을 그리면서요?

교사 : 그래, 네가 좋아하는 활동을 통해 긍정적인 에너지를 얻고, 그 에너지로 네 앞에 있는 울타리 넘기에 도전해 보자. 그림 그리는 걸 통해 네 감정을 표현하고, 그 과정에서 얻은 자신감으로 학교생활에 대한 네 생각을 조금씩 바꿔 보는 거야.

학생 : 그렇게 하면 저도 학교생활이 쉬워질까요? 학교에 오고 싶어지면 좋겠어요.

교사 : 그럼, 민석이가 원하는 변화를 만들기 위해 작은 목표를 하나씩 세우고 달성해 보는 건 어때? 예를 들어, 매일 아침 그림 한 장을 그리고, 그 그림을 가지고 학교에 오는 거야.

학생 : 그게 도움이 될까요?

교사 : 분명히 도움이 될 거야. 작은 성공을 통해 네 자신감을 높이고, 점점 더 큰 도전에도 맞서 볼 수 있게 될 거야. 코끼리처럼 너도 네 안의 용기를 발견할 수 있을 거야. (학생이 스스로 자신이 좋아하는 일을 반복적으로 해 보면서 성공 경험을 쌓아 가며 자신감을 높이고, 점차 무기력한 생활에서 벗어날 수 있도록 격려한다.)

6. 상담 활동

학습된 무기력을 겪는 학생을 돕기 위해 '나의 강점 자원 찾기'와 '성장 마인드셋 연습하기'라는 두 가지 주요 활동을 제안한다.

(1) 나의 강점 자원 찾기

무기력에 빠져 있는 학생이 그 상황에서 빠져나올 수 있도록 자신을 도와줄 수 있는 자원을 찾아보도록 하는 활동이다. 내가 만약 웅덩이에 빠져 있다면 나를 도와줄 수 있는 것은 무엇일지 생각해 봄으로써 무기력한 상황에서 도움받을 수 있는 자원을 스스로 찾아보도록 한다. 예를 들어, 만약 학생이 어려움을 겪을 때도 친구를 배려하는 강점을 가지고 있다면, 이 강점이 문제해결에 어떻게 활용될 수 있는지 구체적으로 탐구한다. 이처럼 강점 자원 찾기 활동은 학생에게 '내 안에도 문제를 해결할 힘이 있다.'는 긍정적인 자기 인식을 형성하게 하며, 일상에서 자신의 강점 자원을 찾아 활용하도록 이끌 수 있다.

① 실시 방법

U자 모양의 웅덩이 속에 빠진 자신을 그려 보게 한다. 웅덩이 밖으로 나오기 위해 학생에게 무엇을 할 수 있는지 묻고, 자신을 웅덩이 밖으로 나갈 수 있게 도와줄 수 있는 것에는 무엇이 있을지 생각해 보는 시간을 갖는다. 그리고 떠오른 것을 모두 그리고 표현해 보도록 한다.

도화지에 U자 모양의 웅덩이를 그려 보아요. 그리고 그 웅덩이 속에 빠진 내 모습을 상상하여 그려 보아요. 웅덩이에 빠진 나는 어떤 모습을 하고 있나요? 나는 그 속에서 나오기 위해 무엇을 해야 할까요? 또 나를 도와줄 수 있는 것에는 무엇이 있는지 떠올리고, 그것을 그림으로 표현해 보아요.

② 질문
- 웅덩이에 빠진 나는 무슨 생각을 할까요?
- 웅덩이에 빠진 나의 감정은 어떤가요?
- 내가 빠진 웅덩이의 깊이는 어떤가요?
- 내가 웅덩이에서 나올 수 있게 도와줄 수 있는 것에는 어떤 것이 있나요?
- 내가 웅덩이에서 나오는 데 도움을 줄 수 있는 나의 강점(장점)은 무엇인가요?

③ 강점 예시
창의성, 호기심, 용기, 친절, 리더십, 정직, 자제력, 감사, 사랑, 낙관주의, 열정, 배려, 신뢰성, 공정성, 사려 깊음, 용서, 유머 감각, 인내, 협력, 겸손, 정의감, 자기계발, 책임감, 문제해결 능력

(2) 성장 마인드셋 연습하기

캐롤 드웩(Carol S. Dweck)의 연구에 따르면 성장 마인드셋은 인간의 능력은 고정된 것이 아니라 노력과 경험을 통해 발전할 수 있다는 믿음에 기반한다.[15] 성장 마인드셋 연습 활동은 학습된 무기력으로 인해 등교에 거부감

---

15 Carol S. Dweck(2017). 마인드셋 : 스탠퍼드 인간 성장 프로젝트. 김준수 역. 스몰빅 라이프.

을 가진 학생이 학교생활의 긍정적인 면을 발견하고, 등교 동기를 갖게 하는 목적으로 활용될 수 있다.

성장 마인드셋의 각 단계에 대한 설명은 다음과 같다.

첫째, 인식과 수용 단계로 자신의 현재 능력과 한계를 솔직하게 인식하고 수용하는 것이다. 이 단계에서 중요한 것은 실패와 실수를 성장의 일부로 받아들이는 태도이며, 여기서 학생은 '지금은 잘 못하지만 연습하면 나아질 수 있어.'라는 마음가짐을 갖게 된다. 따라서 교사는 이 단계에서 학생에게 실패가 학습 과정의 자연스러운 일부임을 지속적으로 강조해야 한다.

둘째, 도전 수용 및 목표 설정 단계로 새로운 도전과 기회를 적극적으로 수용하고 구체적인 목표를 설정하는 단계이다. 이때 목표는 성취 가능하면서도 개인의 성장을 이끌어 낼 수 있는 도전적인 수준이어야 한다. 성장 마인드셋을 가진 사람은 일반적으로 목표 달성 과정에서 겪을 어려움을 예상하고, 그 어려움이 자신을 더 강하게 만들어 줄 것임을 알기에 이러한 어려움을 성장의 기회로 받아들이게 된다.

셋째, 노력과 전략 실행의 단계이다. 이 단계에서는 목표를 달성하기 위해 구체적인 전략을 세우고 지속적인 노력을 기울이는 과정이 이루어진다. 한 가지 방법으로 문제해결에 실패했을 때 다른 전략을 시도해 보며 해결책을 찾아가는 과정을 통해 성장을 경험하게 되며, 이 과정에서 실패와 좌절을 반복하면서도 포기하지 않는 법을 배우고, 노력의 가치를 깨닫게 된다.

넷째, 피드백 수용 및 자기 성찰 단계이다. 성장 마인드셋의 핵심 중 하나는 피드백을 성장의 자양분으로 활용하는 태도라 할 수 있다. 이 단계에서 학생은 교사나 주변 사람들로부터 받은 피드백을 열린 마음으로 받아들이고, 이를 바탕으로 자신의 문제해결 방법을 조정할 수 있다.

다섯째, 성취와 성장을 경험하는 단계이다. 이 단계에서는 이전보다 나아진 자신의 모습을 확인하고 성취감을 느끼게 되며, 이때 얻은 성취감은 자기 자신에 대한 신뢰와 자존감을 형성하는 중요한 요소가 된다. 이를 통해 자신에 대해 '성장할 수 있는 사람'이라는 믿음을 갖게 되며, 더 큰 목표에도 도전할 수 있는 용기를 얻게 된다.

여섯째, 새로운 도전과 반복의 단계이다. 성장 마인드셋은 한 번의 성취로 끝나는 것이 아니라 지속적인 성장의 반복 과정이다. 한 가지 목표를 달성한 뒤에는 새로운 도전이 주어지고, 다시 처음 단계로 돌아가 인식과 수용, 목표 설정, 전략 실행을 반복하게 된다.

이처럼 성장 마인드셋은 변화와 도전에 대한 긍정적인 태도를 바탕으로 한다. 이 사고방식은 학습 과정에서 겪는 실패와 어려움을 자연스럽게 받아들이고, 지속적인 노력과 성찰을 통해 성장해 나가도록 돕는다. 따라서 교사는 학생이 이러한 단계를 경험하며 자신만의 성장 과정을 즐길 수 있도록 지지하고 격려하는 역할을 해야 한다.

성장 마인드셋 연습 활동은 다음과 같다.

1단계 실패 경험 떠올리기
최근에 내가 실패했던 경험을 떠올려 보세요. 어떤 일이었나요?

2단계 그때 느낀 생각과 느낌 적어 보기
그때 내가 어떤 생각을 했고, 어떤 감정을 느꼈는지 적어 보세요.

3단계 성장 마인드셋을 적용한 생각으로 수정하기

이 경험을 성장의 기회로 본다면 나는 무엇을 배웠나요? 또는 앞으로 어떻게 더 나아질 수 있을까요? 새롭게 배운 점이나 다짐을 적어 보세요.

4단계 대안적 사고 훈련하기

실패했던 상황을 다시 마주한다면 이번에는 어떻게 다르게 행동할 것인지 생각해 보세요. 구체적인 행동 계획을 적어 보세요.

5단계 새로운 목표 설정하기

이제 성장 마인드셋을 바탕으로 내가 앞으로 도전하고 싶은 목표를 설정해 보세요. 이 목표를 달성하기 위해 무엇을 할 수 있을지도 적어 보세요.

6단계 다짐과 결심

마지막으로 나의 다짐이나 목표를 다시 떠올리며 내가 할 수 있는 일에 대해 긍정적인 생각을 적어 보세요. 이 활동을 통해 어떻게 더 성장할 수 있을지 생각해 보세요.

7. 상담을 마무리하며

긍정심리학적 상담의 장점은 개인의 문제나 결핍을 넘어서 그들의 강점과 잠재력에 초점을 맞춘다는 것이다. 이러한 접근법은 자신감을 키우고, 긍정적인 감정을 더 많이 경험하며, 자기 효능감을 증진시킬 수 있도록 돕는다. 또한, 긍정적인 관계 구축과 사회적 지지 네트워크의 중요성을 강조함으로써 사회에서 더 의미 있고 충족감 있는 삶을 영위할 수 있도록 한다.

학교 현장에서 긍정심리학적 상담을 활용하면 학생들이 자신의 강점을 인식하고 학업 및 사회적 상황에서 이를 활용하도록 격려할 수 있다. 이는 학생들의 학업 성취감, 학교에 대한 긍정적인 태도, 그리고 또래와의 관계 개선에 기여한다. 또한, 학생들의 자기 인식과 자기 조절 능력, 스트레스와 부정적인 감정을 효과적으로 관리하는 힘을 향상시킬 수 있다. 이와 같은 긍정심리학적 접근을 통해 학교는 학생들이 자신의 잠재력을 발견하고 긍정적인 미래를 계획하는 데 필요한 지원을 제공하는 장소가 될 수 있다.

낯선 곳을
두려워하는 아이

1. 문제 상황

　초등학교 2학년 아림이는 피부가 하얗고 통통한 아이다. 또래보다는 키가 매우 커서 5, 6학년이냐는 말을 자주 듣는다고 한다. 아이는 외동이며 부모와 떨어져 혼자 있는 것을 매우 싫어한다. 엄마와 자주 다니던 마을의 작은도서관 행사도 엄마와 함께하지 않으면 도서관 문을 넘지 못하고 밖에서 30분을 울다가 집으로 돌아간다. 학교 교실도 엄마가 밖에서 10여 분 정도를 기다려야 한다. 아림이가 밖을 쳐다봤을 때 엄마가 보이지 않으면 뛰쳐나가 엄마를 찾으며 운다. 어느 날은 교실에서 소리도 내지 않고 울다가 짝꿍이 선생님에게 알려 결국엔 엄마가 다시 학교로 와야 했다.

　1학년 때는 학교가 처음이니 그럴 수도 있다는 생각에 별일 아니라고 넘겼는데, 2학년에 올라와서는 학기초부터 지속적으로 문제가 발생했다. 그러니 엄마가 하루 종일 학교 근처에서 대기 상태로 있다는 것이다. 친구들과의 사이가 좋기는 하지만 자주 이런 일이 있다 보니 이렇게 커서 운다고 놀리는 아이들도 생겨나고, 엄마도 감정이 격해질 때면 아이를 혼낸다고 한다. 어디든 엄마가 반드시 함께 가야 하고, 아빠가 있어도 엄마를 찾으니 아빠도 어떻게 해야 할지 모르겠다고 한다.

2. 상담 이론 : 대상관계이론

인간의 심리적 탄생은 유아가 엄마와 분리됨으로써 하나의 개인이 되거나 개별화되는 과정을 말한다. 이런 분리와 개별화 과정은 대개 4~5개월부터 30~36개월 사이에 이루어진다. 마가렛 말러(Margaret S. Mahler)는 유아와 엄마의 분리 개별화 과정의 4단계 발생을 입증하고, 각 단계별로 나타나는 엄마와 유아의 상호작용 유형, 유아의 발달 유형 등을 밝혀 인간의 심리적 탄생 과정을 보여 주었다.

말러의 발달단계에는 정상적 자폐 단계, 공생 단계, 분리 개별화 단계가 있다. 정상적 자폐와 공생이 잘 이루어졌다면 분리 개별화 과정은 매우 정상적일 것이다. 그런데 분리와 개별화는 동시에 존재하지만 두 갈래 발달을 거친다. 하나는 '개별화'라는 발달로 심리 내적 자율성을 말한다. 다른 하나는 '분리'라는 것으로 심리적 분화, 거리두기 그리고 엄마로부터의 떨어짐을 말한다. 분리 개별화 과정은 아이가 엄마의 존재 앞에서, 엄마를 감정적으로 이용할 수 있는 상황에서 엄마로부터 분리를 이루는 것을 말한다. 분리된 활동을 통해 아이가 얻게 되는 기쁨은 이 새로운 분리적 활동 단계부터 일어날 수 있는 분리불안을 극복할 수 있게 해 준다.

분리 개별화는 네 가지 하부 단계가 있다.

첫째는 일명 '부화기'다. 분리 개별화의 시작을 알리는 행동을 시작한다.

둘째는 연습의 단계이다. 연습은 아이가 똑바로 걸을 수 있을 때 시작되며 점차 과감해진다. 아이는 자신의 행동에 집중하며 엄마의 존재를 잊어버리다가도 주기적으로 엄마에게로 돌아와서 감정적 접촉을 통한 정서적 재충전을 한다. 이 시기가 매우 중요하다. 세상에 대한 탐험과 넘어져도 끄떡없는 것을 자기애를 부여하여 이겨 내는 것이다. 엄마와의 공생 단계를 벗어나 개별화되는 과정이 일어나기 때문이다.

셋째는 재접근이다. 이제 아이는 엄마로부터 자신이 분리되었다는 것과 엄마가 없이는 혼자 있을 수 없다는 것을 깨닫게 된다. 오히려 아이의 전능감은 감소하고 의존감은 더욱 상승하게 되는 이때 엄마에게 의존하는 것을 완전한 의존으로 경험해야 아이의 개별화가 잘될 수 있다.

넷째는 정서적 대상 항상성 및 개별성이다. 긍정적인 내적 이미지를 형성하여 엄마가 없어도 아이가 안정감을 가지며, 아이가 엄마를 떠나 서로 생활할 수 있게 되는 것이다(Mahler, 1975).

대상관계이론을 통한 치료의 본질은 학생이 가진 관계 양식이 새로운 방식, 즉 교사와 학생이 연결되는 것이 중요하다. 학생이 교사에게서 엄마를 상징하는 초기 대상 경험을 할 수 있으므로 학생에게 일시적인 퇴행이 일어날 수 있다. 이때의 퇴행은 위험할 수는 있지만 위기를 넘기면 건강한 분리를 경험하게 된다. 인지적 경험 변화를 넘기고 정서적 퇴행 변화의 재경험과 재구조화가 치료의 핵심이 된다. 교사는 역전이를 느낄 수 있으며 대리 외상과 부정적 자기 경험이 나타날 수 있지만 이런 혼란은 치료를 위한 필수적 과정이라는 것이다. 교사와 학생은 상담 과정을 통하여 무의식적 환상과 갈등, 두려움을 이해하고 통찰할 수 있게 된다. 이러한 일련의 상담이 분열된 대상관계를 회복하고, 학생이 느끼던 불안을 직면하면서 새로운 애착 관계를 만들어 가도록 한다.

3. 상담 그림책 분석

『빨강 캥거루』
에릭 바튀 글·그림, 북극곰

『빨강 캥거루』는 호기심 많은 캥거루 빨강을 통해 진정한 용기와 사랑과 희망을 이야기하는 그림책이다.

아기 캥거루 빨강이 엄마 주머니에서 벗어나 세상을 향해 나가길 시도한다. 세상을 처음 만난 빨강은 무서울 때마다 엄마의 주머니로 돌아온다. 빨강은 더욱 자라 세상이 무서워도 이제 다시 엄마의 주머니 속으로 들어갈 수가 없게 된다. 그래도 빨강은 엄마의 곁에서 머물다가 다시 용기 내어 세상으로 나간다. 친구들이 아무리 겁쟁이라고 놀려도 빨강은 엄마의 주머니에 코만 들여놓고도 엄마에게서 재충전되어 다시 세상으로 나간다. 엄마는 언제나 그 자리에 있다. 그 어떤 캥거루도 어디서 오는지 모르는 무지개를 용감하고 지혜로운 캥거루가 찾을 것이라 말해 주며 빨강을 응원한다. 빨강은 엄마의 응원에 힘입어 더욱 멀리 세상을 향해 나아간다. 그리고 새로운 세상을 만나게 된다.

엄마는 항상 같은 자리에서 아이가 성장하기를 돕는 중요한 대상이다. 아림이와 그림책을 읽으며 빨강처럼 세상을 경험하고 용기 있고 지혜롭게 나아갈 수 있게 이끈다.

4. 상담 실제

(1) 그림책 읽고 질문 나누기

그림책 『빨강 캥거루』는 말러가 말하는 개인의 심리적 탄생, 즉 분리 개별화가 이루어지는 과정을 잘 드러내고 있다. 빨강이 처음 엄마의 주머니에서 나오는 것으로 시작하여 독립해 나가는 과정은 아름이가 분리 개별화를 통해 심리적으로 독립하는 건강한 단계로 나아가는 데 도움이 될 것이다.

(2) 그림책과 관련된 질문

- 빨강이 주머니 밖으로 나갈 때 기분은 어떨까요?
- 빨강이 돌아와 엄마의 주머니 속으로 들어갈 때 마음은 어떨까요?
- 엄마의 주머니에 들어가지 못하는 빨강의 마음은 어떨까요?
- 친구들에게 겁쟁이라고 놀림을 받은 빨강의 마음은 어떨까요?
- 다시 돌아왔을 때 엄마가 없었다면 빨강은 어땠을까요?
- 무지개를 찾았을 때 빨강의 마음은 어떠했나요?
- 파랑을 만난 소감은 어떠했나요?
- 빨강이 파랑과 함께 있다면 왜 아무것도 무섭지 않다고 했을까요?
- 빨강이 파랑과 떠났다는 것을 알았을 때 엄마의 마음은 어땠을까요?
- 이 책 이후의 이야기는 어떻게 될까요?

(3) 삶과 관련된 질문

- 용기는 어떻게 생겨날까요?
- 내가 겁을 냈던 일은 무엇인가요?

- 내가 용기 내었던 일은 무엇인가요?
- 나의 무지개 끝엔 무엇이 있을까요?
- 나를 항상 안전하게 만들어 주는 것은 무엇인가요?
- 누구와 함께라면 아무것도 무섭지 않을까요?

(4) 상담 대화 예시

교사 : 빨강처럼 엄마와 떨어지는 것이 무서웠던 기억이 있을까?

학생 : 엄마가 저만 교실에 두고 그냥 갔어요.

교사 : 엄마가 학교에 아림이를 그냥 두고 갔다는 생각이 들었구나!

학생 : 네.

교사 : 그렇다면 아림이는 엄마가 어떻게 해야 한다고 생각해?

학생 : 엄마가 제 옆에 있으면 좋겠어요.

교사 : 아이고, 아림이가 엄마랑 떨어지고 싶지 않구나. 엄마도 그렇게 생각하실까?

학생 : 아니요. 엄마는 제가 학교에 혼자 있기를 바래요.

교사 : 엄마는 아림이가 학교에서 친구들하고 재미있게 잘 지내고 즐겁게 공부하길 바라시는 거구나?

학생 : 그런 것 같아요.

교사 : 그럼 아림이와 사이좋게 놀아 주고, 아림이의 마음을 잘 알아주는 친구가 있으면 좋겠다. 아림이 생각은 어때? (활동을 자연스럽게 할 수 있도록 한다.)

학생 : 어떻게요?

교사 : 아림이가 친구를 만들면 되지?

학생 : 제가요?

교사 : 선생님이 도와줄게. 우리가 함께 만들어 보자!

학생 : 네, 좋아요.

교사 : 아림이의 마음 친구는 언제 아림이를 도와주길 바래?

학생 : 엄마가 없을 때요. 엄마가 학교에 저를 두고 가면 자꾸 눈물이 날 때요.

교사 : 좋다. 엄마가 보고 싶어서 눈물이 나려고 할 때 마음 친구가 곁에 있으면 되겠다.

학생 : 네.

교사 : 마음 친구의 이름을 만들어 주자.

학생 : 음… 빵빵이요!

교사 : 매우 훌륭한 생각이네! 아림이의 마음을 빵빵하게 채워 줄 친구가 되겠다. 빵빵이를 만들면 아림이 마음은 어떻게 될까? (마음 친구 인형 말고도 학교에서 아림이의 마음을 받아 줄 친구를 찾을 수 있도록 격려한다.)

학생 : 기분이 좋을 것 같아요!

5. 상담 활동

(1) 그림책 독후 질문으로 활동하기

말러가 말하는 정서적 대상 항상성은 엄마에 대한 긍정적인 내적 이미지 수립에 달려 있다. 아림이가 엄마와 떨어져 있을 때도 엄마는 아림이를 위한 일을 하고 있으며, 엄마도 아림이가 학교생활을 잘하고 있을 거라고 믿고 있다는 것을 알게 한다.

(2) 아림이의 마음 친구(빵빵이) 만들기

　대상관계이론에서 말하는 중간 대상(transitional object)은 엄마와의 점진적인 분리를 관리하는 데 도움을 주는 대상을 의미하는 것으로, 주로 인형이나 담요 같은 물건이 될 수 있다. 학생에게 안정감을 제공하고, 주 양육자 부재중에도 엄마의 존재감을 상징적으로 유지시켜 준다. 즉, 중간 대상은 외부 대상과 내부 대상의 중간 영역에 위치하면서 애착 관계를 형성하는 독특한 의미를 부여한다. 걱정 인형을 활용해서 아림이가 아직 불안을 느끼는 그 순간을 달래 줄 마음 친구 인형을 만들어 보기로 한다.

　① 준비물 : 반제품 인형(걱정 인형)을 준비하여 만들 수 있다.

　② 아림이의 마음 친구가 되어 줄 빵빵이는 어떻게 생겼으면 좋겠는지 그림으로 그려 본다.

③ 시판하고 있는 걱정 인형 중 아림이가 생각했던 것과 비슷한 인형으로 준비하여 아림이의 마음 친구(빵빵이)를 만들어 본다.
④ 아림이가 원하는 색과 디자인을 고려하여 교사와 함께 만들어 본다.
⑤ 빵빵이는 아림이를 위해 무엇을 해 줄 수 있을까를 질문하고 아림이가 대답할 수 있도록 이끌어 준다.

(3) PCIT 아이 주도 놀이

PCIT(Parent-Child Interacrion Therapy)는 부모 자녀 상호작용 놀이치료법이다. 대상관계에서 애착은 너무나 중요한 부분이며, 특히나 안정 애착은 아이의 성장 발달에 매우 중요한 부분으로 작용한다. 교사와 학생이 안정 애착을 가지고 상담을 진행해야 하므로 아이의 주도성과 함께 좋은 대상관계를 만들어 가기 위한 활동을 진행한다. 또 가정에서도 실시할 수 있도록 부모에게도 놀이 코칭할 수 있도록 한다. PCIT는 부모와 아동의 관계를 긍정적으로 만들어 주고 아이의 행동을 수정하는 데 효과적인 방법이다. 일상이나 상담 시간에도 아이의 자존감을 향상시키고 주도성 있는 아이로 자랄 수 있도록 칭찬과 격려가 필요하다.

① 자존감을 높여 주는 칭찬

"좋은 결정을 내렸네."
"좋은 선택을 했구나."
"행동으로 옮긴 거 잘했어."
"약속을 잘 지켰구나."
"책임감 있게 끝까지 잘했네."
"힘들었을 텐데 잘 참았네."

"선생님 말을 들어줘서 고마워."

"선생님을 잘 도와줘서 고마워."

② 주도성을 높여 주는 칭찬

"혼자서 잘 해결했구나."

"끝까지 열심히 하네."

"다양한 방법을 잘 생각하네."

"문제를 잘 해결하네."

"어려운 건데 열심히 했구나."

③ 사회성을 높여 주는 칭찬

"친구와 재미있게 잘 노는구나."

"친구에게 잘 빌려주네."

"친구에게 양보하는 거 멋지다."

"친구를 생각해 주는 마음이 너무 멋지다."

"나눠 줘서 고마워."

"고맙다고 말해 줘서 고마워."

"너는 참 멋진 친구구나."

아동 주도적인 상호작용(CDI) 기술 예시

1. 아동의 적절한 행동을 구체적으로 칭찬하기(Praise)
   예) 장난감을 참 잘 치웠네!

2. 반영하기
   예) 학생 : 엄마가 없어서 무서웠어요!
       교사 : 아림이가 엄마가 없어서 무서웠구나.

3. 행동 모방하기
   예) 학생 : 빵빵이의 얼굴을 그렸어요!
       교사 : 선생님도 빵빵이 얼굴을 웃는 모습으로 그렸어!

4. 학생이 하고 있는 것을 묘사해 주기
   예) 아림이가 옷을 색칠하고 있었네.

5. 열정적으로 하기
   예) 학생 : (마음 친구 인형을 차분히 만들고 있다.)
       교사 : 아림이가 정말 침착하게 잘 만든다.

6. 지시하지 않기
   예) 직접 지시 : 이제 색칠 그만해!
       간접 지시 : 인형은 다음에 또 만들자!

7. 질문하지 않기
   예) 무슨 색으로 할래? 몇 개나 만들래?

8. 비판적인 말을 하지 않기
   예) 그건 틀렸어! 또 울어?

9. 부정적인 행동은 무시하기(위험하거나 파괴적이지만 않다면)
   예) 학생 : (선생님에게 건방지게 하면서 재료를 만진다.)
       교사 : (건방지게 하는 것은 무시하고 재료를 만진 것만 칭찬한다.)

10. 공격적이고 파괴적인 행동(때리기, 물기, 장난감 짓밟기) 때문에 프로그램 시간 중단
   예) 학생 : (교사에게 함부로 한다. 파괴적 행동을 보인다.)
       교사 : (행동은 무시될 수 없다. CDI를 마친다.)
       학생 : 선생님 잘못했어요! 다시는 안 그럴게요!
       교사 : 이제 프로그램 시간은 끝났어! 다음 시간에 기분 좋게 놀 수 있을 거야!

6. 상담을 마무리하며

아이는 낯선 곳을 두려워하는 것이 아니다. 분리 개별화의 연습 단계가 조금 아쉬운 것일 뿐. 모든 아이들은 스스로 독립이 가능할 때까지 온전히 자신만을 위한 엄마를 통해 배워 간다. 때로는 상담이 우리가 원하는 행복한 결과를 도출하지 못할 때가 있다. 결국 엄마는 아이가 원하는 대로 다시 되돌아가 버리고, 아이는 퇴행을 멈추지 못한 경우도 있다. 부모는 자신이 자라오며 경험한 대로 자녀를 양육한다. 그것이 옳다고 믿기 때문인데, 부모의 모든 양육이 옳지 않을 수 있다는 것을 잊지 말자.

우리는 끊임없이 긴장하며 육아를 해야 한다. 한 인간을 키우는 일은 결코 쉬울 수 없으며, 긴장을 놓을 수 없는 일이다. 우리는 신이 아니다. 그렇지만 신의 자리에 있다. 자녀를 양육하는 그 시기에 부모는 신이 된다. 정말 신이라면 내 자녀를 내 마음대로 키울 수 있을까. 우리의 양육 태도를 다시 한번 깊이 숙고해야 할 것이다.

별일이 아닌데
자주 우는 아이

1. 문제 상황

한 아이가 운다. 정말 대성통곡을 한다. 보통 수업 시간에 선생님이 질문을 하면 다수의 학생들이 손을 들어 정답을 맞추겠다고 아우성이다. 키도 크고 체격도 눈에 띄는 아이가 손도 제일 먼저 들길래 답을 들어 보자고 하는 그 순간, 다짜고짜 우는 것이다. 맨 앞줄에 앉은 초등학교 1학년 주완이는 일어서도 눈에 띄는 키가 아니어서 잘 놓친다. 본인이 대답하고 싶은데 선생님이 다른 아이를 시키니 무조건 울어 버리는 것이다. 주완이가 너무 울어 버리니 수업은 더 이상 진행되질 않는다.

겨우 달래도 다시 똑같은 경우가 허다하고, 선생님의 심부름도 다른 친구가 하면 운다. 무엇이든지 자기가 우선이 되어야 하는데, 사람들이 자기를 배려하지 않는다는 것이다. 학기초에는 학급 아이들이 주완이를 위해 무엇이든 양보해 주곤 했는데, 시간이 지날수록 아이들은 주완이를 외면한다. 학급 아이들도 주완이의 울음에 지친 듯하다.

2. 상담 이론 : 개인구념이론

조지 켈리(George A. Kelly)의 개인구념이론(PCT, Personal Constructs Theory)에서 '구념'이란 개인이 자신의 세계를 보는 유형이나 현실을 지각하고 해석하는 일관된 양식을 말한다. 즉 개인이 다른 사람과 사물을 지각하고 해석하는 유형이다. 켈리는 각 개인이 고유하게 사상을 범주화하고 집단화하는 방법을 가리켜 '구념'이라 했다. 인간은 자신의 세계를 명백한 유형이나 판형을 통해 보는데, 이 유형이나 판형을 그 자신이 창조하여 세계를 구성하고 있는 현실에 맞추어 보고 있다는 것이다. 이런 의미에서 구념은 일종의 통제 수단이 되어 우리의 행동을 일정한 방법으로 제한하고 통제하며, 구념의 실체가 사실적 요소의 실체와 다를지라도 개인은 사실적 요소가 아니라 개인의 구념에 의해서 행동한다.

구념의 유형에는 선매적 구념(preemptive), 성좌적 구념(constellatory), 명제적 구념(propositional)있다.

선매적 구념은 다양한 가능의 시각을 배재하고 이분적으로 통합하는 극히 융통성 없는 구념이다. 전형적인 흑백의 이분법적 사고방식이 이러한 구념의 형태이다. 자신을 재해석하고 세상을 새로운 관점에서 바라볼 수 있게 하는 확장과 성장의 가능성을 배제하는 폐쇄적 구념이다.

성좌적 구념은 스테레오타이핑(stereotyping)처럼 타인을 평가할 때 경직된 편향을 가지고 그가 속한 사회적 집단에 따라 판단해 버리는 오류를 범하는 것을 말한다. 예를 들어, 형사는 거칠고 싸움을 잘하고 민첩할 것이라고 판단하는 것처럼 말이다.

명제적 구념은 그 요소들이 다른 모든 대안 구념에 개방되어 있음으로 융통성이 있는 구념이다. 명제적 사고를 하는 사람은 새로운 경험에 개방되어 있고, 자기주장만을 고집하기보다 논리적 기초에 의한 새로운 관점을 수용하며 객관성을 유지하려 한다. 구념이 명제적일수록 그 사람이 바라보는 세상은 다양하고 풍요로우며, 사고와 관점의 경직성에서 오는 갈등도 최소화된다. 하지만 명제적 관점만이 바람직한 것은 아니다. 만약 어떤 사람이 오직 명제적 구념만을 사용한다면 그는 모든 가능성에 개방되어 어떤 결정도 내릴 수 없게 되면서 선택과 결정의 효율성이 흐트러지게 된다. 따라서 선매적, 성좌적, 명제적 사고의 유형은 사상을 구념하는 데 있어 모두 필요하다.

3. 상담 그림책 분석

『마음이 너무 아파!』
헬렌 레스터 글,
린 먼싱어 그림, 보물창고

『마음이 너무 아파!』는 마음의 상처를 잘 입는 아이들을 토닥여 주는 그림책이다. 튼튼한 하마순은 무엇이든지 최고다. 힘도 세고, 시합도 늘 일등이며, 들판의 풀도 우적우적 잘 먹고, 발가락이 돌부리에 걸려 채여도 절대로 울지 않는 씩씩하고 용기 있는 하마이다. 그런데 친구가 멋지다고 하거나, 튼튼하다고 칭찬하는 것도 자신의 구념과 맞지 않기에 울어 버린다. 그렇게 시도 때도 없이 울어 대는 통에 다른 친구들은 더 이상 하마순에게 말을 걸지 않는다. 그러던 어느 날, 하마순이 코끼리 삐딱코를 펑펑 울게 만들어 버리는 일이 생긴다. 삐딱코가 얄밉기도 하고 미안하기도 하지만 하마순은 마냥 울어 대는 삐딱코를 어찌해야 할 줄을 모른다. 삐딱코의 눈물을 멈추게 하고 싶은 하마순은 삐딱코를 위로하는 과정에서 삐딱코의 마음도 알게 되고, 다른 친구들의 마음도 알게 된다. 주완이가 그림책을 읽고 '하마순이 막무가내로 울어 버릴 때 친구들은 어땠을까?' 하고 생각하는 계기를 마련해 줄 수 있는 책이다.

4. 상담 실제

(1) 그림책 읽고 질문 나누기

『마음이 너무 아파!』는 다양한 장면을 통해 칭찬으로 받아들이면 되는 일에 대해서도 울어 버리는 하마순을 담고 있다. 하마순이 가지고 있는 구념이 다른 친구들을 배려하지 않은 모습으로 잘 보여지고 있다. 그림책을 읽으며 주완이가 갖고 있는 구념이 다른 친구들에게는 어떻게 이해되고 비춰지는지에 대해 이야기할 수 있으며, 다양한 시선에 대해서도 생각해 볼 수 있다.

(2) 그림책과 관련된 질문

- 하마순은 어떤 성격인가요?
- 돌부리에 발가락이 채여도 울지 않던 하마순이 다른 친구들 말에는 왜 울었을까요?
- 친구들이 아무 말도 걸지 않고 하마순의 곁을 떠났을 때 하마순의 마음은 어땠을까요?

- 삐딱코는 왜 하마순에게만 나쁜 말을 했을까요?
- 계속 울기만 하던 하마순이 삐딱코에게 하고 싶었던 말을 꺼낼 때 마음이 어땠을까요?
- 하마순은 울고 있는 삐딱코를 왜 위로했을까요?

(3) 삶과 관련된 질문
- 목 놓아 울어 본 경험이 있나요?
- 눈물 나게 만드는 일들은 무엇인가요?
- 슬픔을 치료하는 나만의 방법은 무엇인가요?
- 나의 눈물을 위로해 주는 친구가 있나요?
- 받고 싶은 위로는 무엇인가요?
- 친구의 슬픔을 어떻게 위로하나요?

(4) 상담 대화 예시

교사 : 주완이는 교실에서 가장 슬플 때가 언제일까?

학생 : 제가 손을 들었는데 선생님이 저를 안 볼 때요!

교사 : 주완이네 반 친구들이 많으면 선생님이 못 보실 수도 있지 않을까?

학생 : 선생님이 저를 안 좋아하는 것 같아요. 친구들만 시켜요. (학생은 자신을 주목하지 않는 것은 선생님이 자신을 싫어하기 때문이라는 구념을 가진 것일 수 있다.)

교사 : 그럼 선생님이 주완이만 쳐다보고 있으면 좋겠어?

학생 : 네!

교사 : 선생님이 친구들만 시킨다고 생각할 때 주완이 마음은 어떤 거야?

학생 : 나도 잘할 수 있는데 저를 안 시키니 마음이 너무 아파요. 눈물이

계속 나요.

교사 : 그렇다면 다른 친구들은 울고 있는 주완이를 어떻게 생각할까?

학생 : (대답 없이 소개를 숙인다. 눈물이 글썽거린다.)

교사 : 주완이가 하고 싶은 만큼 다른 친구들도 하고 싶지 않을까?

학생 : 몰라요. (학생이 대답을 회피하는 것으로 보아 자신도 알고 있다는 것을 눈치 챌 수 있다.)

교사 : 주완이만 시키면 다른 친구들도 마음 아프고 엄청 슬프겠다.

학생 : 네.

교사 : 주완이는 친구들이 마음 아픈 것도 슬퍼하네! 주완이는 마음이 참 따뜻한 아이구나! (아이의 긍정적 자원을 드러내도록 한다.)

교사 : 그런데 혹시 주완이가 대답할 때 다른 친구들이 우는 것을 본 적이 있니?

학생 : 아니요.

교사 : 친구들은 왜 울지 않을까?

학생 : (대답이 없다.)

교사 : 선생님은 주완이가 용기 있는 아이 같은데…. 혹시 친구들이 더 용기 있는 걸까?

학생 : 저도 용기 많아요. (아이가 가지고 있는 용기 자원으로 다른 활동을 할 수 있도록 돕는다.)

5. 상담 활동

(1) 고정역할치료

켈리의 개인구념이론에 근거하여 발전된 새로운 치료법으로, 개인의 구념이 현실 세계에 효과적으로 사용되지 못하는데도 불구하고 계속 사용해서 문제 행동이 발생한다고 보고, 개인의 구념 체계를 효과적으로 발전시키고자 하는 상담 기법이다. 이 기법은 현실에서 있을 법하면서도 학생의 구념과는 대조적인 역할을 설정하여 학생으로 하여금 그 역할을 해 보게 하는 것이다. 학생이 하나의 가정적인 인물 역할을 수주일 동안 시연해 내는 방법을 통해 구념 체제의 변화, 즉 인성의 변화를 가져오게 한다.

(2) 고정역할치료의 단계

① 자기 성격 묘사

학생이 자기를 아주 잘 아는 다른 사람의 관점에서 자기 자신에 대한 성격 묘사를 하게 한다.

② 자기 성격 묘사의 분석

교사는 학생이 자신을 묘사한 것을 꼼꼼히 분석하게 한다. 어려워한다면 그림책의 주인공을 동일시시켜서 설명하게 한다. 왜 울고 있는지에 대하여, 칭찬의 말에 우는 이유와 칭찬을 왜곡하여 듣게 되는 이유 등 동일시시킨 하마순이나 학생 자신이 그렇게 생각하는 이유를 자세히 설명하되 학생의 나이를 감안하여 쉽게 분석하는 것이 중요하다. (멋지다는 칭찬에 멋진 것은 컵케이크. 컵케이크는 흐물흐물. 내가 흐물흐물하다니…)

③ 고정역할의 진술

고정역할이란 학생, 즉 주완이와 그림책 속 하마순을 교사가 고정으로 역할을 하며 심리 프로그램을 진행하는 것이다. 상담하는 동안 중간에 바뀜 없이 지속적으로 교사가 고정으로 역할을 맡고 학생이 주변 역할을 함으로써 타인의 입장에서 자신을 바라보게 하는 것이다. 앞의 분석 내용을 근거로 바람직한 구념을 가진 가상적 인물을 학생이 담당하게 한다.

④ 고정역할의 시연

역할을 행한다는 것은 치료에서 매우 어려운 시간이다. 많은 학생이 멋쩍어 하고, 때로는 바보스럽다고 느끼기도 하기 때문이다. 이 때문에 교사가 고정역할을 시작하고 학생이 실제 생활에서 선생님이나 친구들의 역할을 하는 것이 좋다. 교사와 학생은 고정역할 연기에 가능하면 많은 시간을 보내도록 노력해야 하며, 상대가 역할을 잘할 수 있도록 도와주고 새로운 경험에 대해 이야기하는 데도 시간을 할애해야 한다.

- 교사는 고정역할(하마순=주완)이 되어 하마순처럼 울고 하마순처럼 대화한다. (그림책 속의 주인공과 주완이를 동일시시켜 막무가내로 우는 연기를 한다.)
- 학생이 다른 동물 친구들의 역할을 수행하여 고정역할(교사=하마순=주완)에게 하고 싶은 말을 하게 한다. ("기린은 뭐라고 말할까?" "코끼리는 뭐라고 말할까?" "주완이가 선생님이라면…" 등 등장하는 동물들과 선생님, 엄마, 아빠를 모두 출연시킨다.)
- 교사는 상담 시 역할(교사=하마순=주완)을 고정으로 유지한다.
- 학생에게는 그림책에서 친구들이 하마순을 외면하는 다른 장면이나 실제 수업 시간에 일어나는 일을 지속적으로 제시한다.

- 학생에게 다른 등장인물을 통해서 자신의 모습을 바라보게 하는 연습을 한다.

(3) 슬픔 치료 처방전 만들기

『슬픔을 치료해 주는 비밀 책』
캐린 케이츠 글, 웬디 앤더슨
햅퍼린 그림, 봄봄출판사

그림책『슬픔을 치료해 주는 비밀 책』은 아이의 슬픔을 존중하고 스스로 치유할 수 있도록 돕는 책이다.

주인공 롤리가 엄마를 떠나 한 달 동안 이모네 집에서 지내게 되는데 시간이 지날수록 엄마가 보고 싶다. 이모는 여러 가지 방법을 통해 롤리의 마음을 위로하며, 롤리에게 슬픔을 치료하는 방법을 가르쳐 준다. 슬픔을 이겨 내는 여러 활동을 통해 누구나 슬픈 일이 있을 수 있다는 것을 알고, 슬플 때마다 모두가 울지 않고 스스로 슬픔을 달래거나 멈출 수 있는 방법을 생각해 볼 수 있는 활동 시간을 갖는다.

그림책『슬픔을 치료해 주는 비밀 책』을 읽고 나만의 슬픔을 치료하는 비밀을 작성해 본다.

(4) 슬픔 처방 레시피

고정역할 분석에서 알게 된 하마순의 슬픈 이유에 맞도록 처방 약을 만들어 본다.

① 준비물 : 약포지, 약으로 사용할 사탕류, 처방전, 약포지 실링기

② 하마순의 슬픔에 대한 증상 알아보기 : 하마순이 언제 울고, 왜 우는지 말해 본다.

③ 하마순에게 필요한 약을 만들어 보자. 어떨 때 약을 먹어야 할지를 학생이 결정하도록 한다. (예 : 삐딱코가 상처 주는 말을 할 때 등)

④ 주완이가 약이 필요할 때는 언제인지 말해 본다. (예 : 선생님이 주완이를 지목하지 않을 때, 다른 친구한테 심부름을 시킬 때 등)

⑤ 슬픔을 치료해 주는 약이 필요한 친구들도 있는지 알아보고, 다른 친구들에게도 나눠 줄 약을 만들어 본다.

⑥ 처방전에 기록해 본다.

⑦ 약포지에 실제로 사탕류를 담는다. 실링기로 마무리한다.

⑧ 약이 없을 때는 어떻게 할지에 대해 말해 본다. (약이 없어도 울지 않을 수 있는 용기를 갖자.)

6. 상담을 마무리하며

아이에게 부모는 신과 같은 존재이다. 그리하여 아이는 부모를 거울 삼아 배우고 커 간다. 따라서 한 아이의 구념은 모두 부모를 통해 만들어지는 것이다. 오랜 시간 아이에게 만들어진 삶의 여러 형태를 바꾸어 간다는 것은 어려운 일이다. 특히나 어린 나이에 학교라는 사회생활을 통해 개인의 구념을 변형시킨다는 것은 더욱 힘들 것이다. 그러나 한 아이가 세상의 일원으로 살아가는 데 매우 많은 삶의 양식이 필요하다는 것을 잊지 말자. 그렇기에 부모의 교육관은 일관성이 필요하고, 도덕과 윤리적인 올바른 사고가 필요하다.

발표를
어려워하는 아이

1. 문제 상황

 지원이는 초등학교 4학년 여자아이다. 또래 아이들보다 몸집이 왜소한 편이고, 목소리도 매우 작다. 차분하게 책을 잘 읽고, 오래된 친구와 사이좋게 잘 지내고, 여러 가지 학습활동이나 과제 수행도 우수한 편이다. 그런데 친구들 앞에 나와서 발표하는 것을 무척 어려워한다. 자리에서 일어나 발표할 때도 목소리가 거의 들리지 않게 아주 작은 소리로 중얼거리다가 제대로 말끝을 맺지 못하고 자리에 앉는 경우가 많다. 늘 말없이 앉아서 할 일만 하는 탓에 학교 친구들조차 지원이의 큰 목소리를 들어 본 적이 없다. 하지만 지원이 엄마의 말에 따르면 집에서는 동생과도 큰소리로 잘 이야기하고 수다스러울 정도로 말이 많은 편이라고 했다.
 지원이의 부모님과 상담한 결과 학습 면이나 기타 다른 부분에서는 특별한 문제가 발견되지 않았고, 정서적으로도 안정되어 있는 편이다. 다만, 어렸을 때부터 부끄러움이 많고 내향적인 성격이어서 다른 사람들의 시선을 받는 것을 불편해 했고, 수업 시간에 일어나서 말하는 것에 대한 두려움과 부담감이 매우 컸다.

지원이가 발표하기 어려워하는 것은 내재된 정서불안이 근본적인 원인일 수도 있겠지만, 가정환경이나 다른 정서적인 부분에서 별다른 문제 없이 안정적이어서 복잡한 내면의 심리 탐색이나 심리치료 없이도 직접적인 행동 변화가 가능할 것으로 판단되었다. 따라서 행동주의 상담을 통해 지원이가 발표 불안을 이겨 내고 학습활동에 적극적으로 참여할 수 있도록 돕고자 하였다.

2. 상담 이론 : 행동주의 상담

행동주의 상담[16]은 파블로프와 왓슨, 스키너, 반두라 등의 학자들이 발견한 학습이론을 응용하여 인간의 문제 행동이나 부적응적인 습관을 바람직한 행동으로 변화시키는 것을 목적으로 한다. 따라서, 많은 부적응 행동이 환경과의 상호작용 속에서 학습된 것이므로 이를 수정하여 보다 긍정적인 행동을 학습하도록 돕는 것이 상담의 과정이라고 본다. 또한, 인간의 행동은 학습되는 것이므로, 선행자극에 대한 반응, 행동 이후에 따르는 강화와 벌, 또는 타인의 행동과 그에 대한 강화와 벌을 관찰하여 모델링함으로써 새로운 행동이 학습될 수 있다고 주장한다.

이에 따라 행동주의 상담에서는 강화와 벌을 강조하고 있는데, 강화는 어떤 바람직한 행동이 더 자주 나타나도록 하거나 그 강도를 높이기 위한 방법을 의미한다. 학생이 바람직한 행동을 했을 때, 학생이 원하는 보상(칭찬,

---

16 양명숙 외(2014). 상담 이론과 실제. 학지사. pp.278-281.

관심, 선물, 음식 등)을 제공하거나 학생이 싫어하는 것(과제, 벌, 꾸중 등)을 제거하여 바람직한 행동을 증가시키는 방법이다. 벌은 어떤 바람직하지 않은 행동이 나타나지 않게 하거나 줄어들게 하기 위한 방법으로 좋아하는 TV 프로그램의 시청 금지, 체벌 등이 이에 해당된다. 발표 불안을 줄이기 위한 행동주의 상담 기법으로는 체계적 둔감화, 행동 계약, 상표 제도, 타임아웃, 모델링 등이 있다.

(1) 체계적 둔감화

조셉 월피(Joseph Wolpe)에 의해 소개되어 정리된 체계적 둔감화는 특별한 상황, 사람, 사물에 대해 공포나 불안을 가진 내담자를 치료하기 위해 고안되었다. 월피는 자신의 우리에서 불안감을 일으키는 자극에 노출되었던 동물이 다른 장소에서는 비교적 낮은 불안 반응을 보이는 것에 착안하여 학습된 불안 반응을 제거하였다. 불안 반응을 보이지 않는 다른 장소에서부터 시작하여 점차 불안도가 높은 원래의 장소로 바꾸어 가면서 불안 반응을 보이지 않을 때까지 체계적·점진적으로 변화시키는 것이다.

(2) 행동 계약

행동 계약이란 상담자와 내담자 간의 말이나 문서에 의한 합의를 말한다. 행동 계약서는 목표 달성을 위해 필요한 내용을 담아야 하며, 구체적인 내용은 행동 계약의 목적과 상황에 따라 달라질 수 있다. 일반적인 내용은 다음과 같다.

① 목적(목표) : 계약의 목적이 명확하게 정의되어야 하며, 구체적이고 측정 가능해야 한다.

② 기간 : 목표를 달성하기 위해 약속한 시간을 반영하여 계약의 시작일, 종료일을 포함할 수 있다.
③ 실천할 행동 : 목표를 달성하기 위해 필요한 구체적인 행동, 활동, 역할, 책임 등을 설명한다.
④ 평가 및 보상 : 목표 달성 여부를 평가하고 보상하는 방법을 정의한다. 목표를 달성했을 때의 보상은 무엇인지, 달성 여부를 평가하는 기준은 무엇인지에 대해 명시한다.

그 외에도 목표 달성을 위해 학생이 가져야 할 의무와 책임을 명확히 정의하여 학생의 역할, 협력과 분담에 관한 내용을 포함할 수 있다.

(3) 상표 제도

위와 같은 행동 계약과 함께 스티커, 플라스틱 조각, 점수 등의 물건, 즉 상표(token)를 사용하는 행동 변화 기법인 상표 제도를 병행한다. 상표는 간식이나 학용품 등 다른 물품으로 교환이 가능하고, 목표 행동을 달성했을 때 즉시 제공할 수 있어서 학생의 행동 강화에 대한 즉각적인 보상이 될 수 있으며, 학생의 목표 달성에 대한 의욕을 높일 수 있다.

3. 상담 그림책 분석

『나의 수줍음에게』는 수줍음이 많은 아이가 스스로 자신의 틀을 깨고 나와 극복하는 과정을 유쾌하게 그려 낸 감정 그림책이다.

발표할 때나 어른들이 질문할 때면 머릿속이 하얘져서 횡설수설하거나

『나의 수줍음에게』
세브린 비달 글, 마리 레지마
그림, 책연어린이

꿀 먹은 벙어리가 되는 주인공이 친구들 앞에 나가서 시를 발표해야 한다. '수줍음'이라는 작은 괴물 때문에 괴로워하는 소녀가 자신의 감정을 들여다보고, 수줍음을 길들이기로 결심하는 이야기를 통해 발표에 대한 두려움을 극복할 수 있는 힘은 결국 '나'에 대한 자신감, 그리고 굳은 의지와 노력이라는 것을 말하고 있다.

이 책에서 주인공의 발표 불안 극복에 큰 역할을 하는 것은 구체적인 연습과 노력이다. 이는 행동주의 상담 기법 중 체계적 둔감화를 통한 공포와 불안 제거에 해당된다. 주인공이 자신의 발표 불안을 이겨 내기 위해 단계적인 연습과 훈련 등으로 노력할 것을 다짐하는 모습에서 발표 불안을 극복하고자 하는 의지를 배울 수 있을 것이다.

4. 상담 실제

(1) 그림책 읽고 질문 나누기

그림책의 주인공은 지원이처럼 발표를 몹시 두려워한다. 잔뜩 긴장해서 발표하지 못하는 주인공의 모습에서 지원이는 책 속 주인공도 자신과 같은 어려움을 겪고 있다는 사실에 위로를 받고 공감하게 된다. 지원이가 자연스럽게 마음을 열고 누구나 발표에 대한 두려움이 있으며, 충분히 극복할 수 있다는 자신감과 도전 의욕을 갖도록 편안한 분위기에서 질문한다.

(2) 그림책과 관련된 질문

- 주인공이 입을 열려고 하면 수줍음 괴물은 어떻게 하나요?
- 수줍음 괴물은 주인공에게 어떤 말들을 했나요?
- 수줍음 괴물이 나타나면 주인공은 어떻게 되나요?
- 주인공은 수줍음과 두려움을 극복하기 위해 어떻게 했나요?

(3) 삶과 관련된 질문

- 주인공처럼 발표를 앞두었을 때 어떤 마음이 드나요?
- 마음속 수줍음 괴물은 어떤 모습일까요?
- 수줍음 괴물이 나타나면 어떻게 해야 할까요?
- 수줍음 괴물이 하는 말을 듣지 않으려면 어떻게 해야 할까요?
- 수줍음 괴물을 길들이는 방법은 무엇일까요?
- 수줍음 괴물에게 무슨 말을 하고 싶나요?
- 두려움(수줍음)을 극복하기 위해 앞으로 어떤 노력이 필요할까요?

(4) 상담 대화 예시

교사 : 지원아, 그림책에서 친구들 앞에서 발표를 앞두고 걱정하던 아이가 어떻게 했지?

학생 : 수줍음 괴물을 길들이기로 결심하고 노력했어요.

교사 : 그렇지. 주인공은 마음을 굳게 먹고 수줍음 괴물을 길들이기 위해 노력하고 있지? 지원이도 친구들 앞에서 발표하는 것을 어려워하던데, 어떻게 하면 발표가 어렵지 않아질까?

학생 : 저도 주인공처럼 노력해야겠지요.

교사 : 그렇지. 그럼 선생님과 함께 무엇을 노력할지 생각해 보자. 먼저,

지원이의 목표를 정해 볼까? 지원이가 바라는 건 뭐지? (그림책과 관련된 질문으로 이야기를 나눈 후 학생이 무엇을 원하는지 알아보고, 스스로의 노력을 이끌어 내기 위해서는 자발적인 목표를 세우는 것이 좋다.)

학생 : 친구들 앞에서 발표를 잘했으면 좋겠어요.

교사 : 좋아. 그런데 발표를 어떻게 하는 것이 잘하는 걸까? 좀 더 구체적으로 목표를 정해 보자. 예를 들어, '운동을 열심히 한다.'라는 말보다는 '한 시간 동안 줄넘기를 300개 한다.' 이렇게 하는 것이 더 구체적이지. (객관적으로 확인이 가능한 목표를 설정할 수 있도록 안내함으로써 구체적이고 실제적인 행동 변화를 측정할 수 있도록 해야 한다.)

학생 : 맨 뒤에 앉아 있는 친구들이 들을 수 있게 큰소리로 말할 수 있으면 좋겠어요.

교사 : 그럼, 함께 지원이가 원하는 목표를 쓰고, 어떤 행동을 실천할지 생각해 보자.

학생 : 네, 좋아요. (교사가 일방적으로 목표를 제시하기보다는 학생의 생각과 의견이 충분히 반영되어야 능동적인 행동 수정이 가능하다. 따라서 학생이 주도적으로 행동 계약에 대한 구체적인 내용을 제시할 수 있도록 충분히 공감하며 자발성을 유도한다.)

5. 상담 활동

(1) 자기주장 훈련

자신의 감정이나 생각, 신념 등을 표현하는 데 어려움을 겪는 학생이 자신의 주장을 원활히 할 수 있도록 훈련하는 행동 수정의 접근 방법이다. 심리적 불안이 있거나 감정 표현 방법이나 기술 등에 대한 이해가 부족한 경우 자기주장 훈련은 큰 도움이 된다. 자기주장 훈련을 통해 억제된 생각이나 감정을 적절한 방식으로 표현해 봄으로써, 발표에 대한 부담감을 줄이고 적극적인 발표 태도와 방법을 배울 수 있다. 자기주장 훈련의 기술은 시범의 관찰, 역할 연기, 행동 연습 등이 있다.

그중 역할 연기는 발표를 해야 하는 상황을 설정하고 친구들과 함께 발표자와 수줍음 괴물로 역할을 나누어 발표를 연습할 수 있는 놀이다. 학생은 주어진 역할에 맞게 대사를 연습하여 역할 연기를 해 본다. 이를 통해 수줍음 괴물에 대한 대처 방법을 익힐 수 있으며, 더 나아가 발표에 대한 자신감을 키우고 자연스럽게 말하는 능력을 향상시킬 수 있다.

아이 : 열심히 연습했으니까 잘할 수 있을 거야.
수줍음 괴물 : 넌 좀 멍청한 것 같아. 옆에 앉은 시아는 너보다 훨씬 잘할 텐데.
아이 : 천만에! 나도 잘할 수 있어. 오늘은 꼭 동시를 발표할 거야. 두렵고 떨리고 우물쭈물하는 것도 이젠 지쳤다고.
수줍음 괴물 : 아니야. 너는 발표할 때마다 목소리가 너무 작아. 바보 같다고!
아이 : 너 자꾸 그런 식으로 말하면 내가 너를 혼내 줄 거야! 먼지처럼 작게 만들어서 후 날려 버릴 거야. 난 얼마든지 너를 길들일 수 있고, 발표도 잘할 수 있어!

(2) 수줍음 괴물에게 편지 쓰기

수줍음 괴물이나 책 속 주인공에게 편지를 써 본다. 이 활동을 통해 수줍음 괴물을 두려워하지 않고, 발표 상황에 대처하는 자세를 배울 수 있을 것이다. 또한, 책 속 주인공에게 공감하는 마음과 응원을 담아 편지를 쓰는 것도 좋다. 발표를 두려워하는 주인공의 입장을 충분히 이해하고 있으므로 주인공에게 편지 쓰기를 통해 위로와 용기를 얻을 수 있다.

(3) 행동 계약서 작성

학생의 발표 불안을 줄이기 위해서는 먼저 학생과의 진지한 상담이 필요하다. 발표를 두려워하는 학생들은 대부분 자신의 문제를 잘 알고 있다. 지나친 긴장이나 불안 등으로 발표를 꺼리는 상황을 줄이고 다른 아이들 앞에서 자신 있게 발표하고 싶어 한다. 따라서 상담 중에는 허용적인 분위기를 조성해 학생의 문제 상황에 대해 충분히 공감해 주어야 한다. 또한, 꾸준한 연습을 통해 발표 불안을 없애고 당당하게 발표할 수 있다는 자신감을 갖도록 따뜻하게 격려해 준다. 무엇보다도 학생이 행동치료 기법을 통한 발표력 강화 훈련에 적극적으로 도전하고 싶은 의욕을 갖게 하는 것이 가장 중요하다.

먼저, 학생에게 행동 계약에 대해 설명하고 계약 기간, 목표 행동을 정한다. 이때 수행의 수준을 매우 구체적으로 명확하게 해야 한다. 다음으로는 목표 행동을 달성했을 때의 보상을 선택한다. 보상을 정할 때는 학생이 원하는 것을 고려하여 조금씩 자주 보상을 받을 수 있도록 한다.

행동 계약서를 작성한 뒤 학생, 교사, 학부모가 함께 서명한다. 계약서는 교사가 칠판이나 벽 등에 부착하고, 복사한 다른 1장은 학생의 알림장 등 매일 사용하는 곳에 잘 붙여 둔다. 학생은 과제를 일정 기간 동안 수행하고 교사는 이를 확인하여 학생이 과제를 잘 수행했을 때는 약속한 보상을 즉시 지급한다.

행동 계약서

1. 목표 : 학급 친구들이 모두 들을 수 있는 목소리로 주제 발표하기
2. 기간 : 4월 3일~4월 28일
    - 1단계 : 4월 3일~4월 7일
    - 2단계 : 4월 10일~4월 14일
    - 3단계 : 4월 17일~4월 28일
3. 실천할 행동 : 매일 큰소리로 발표 연습하기
    - 1단계 : 선생님이나 친구 1명에게 좋아하는 동시나 그림책 읽어 주기 5회
    - 2단계 : 학급 친구들 앞에서 좋아하는 동시를 소개하고, 동시 낭송하기 5회
    - 3단계 : 학급 친구들 앞에서 주제를 정해 내 생각 발표하기(1분 말하기) 10회
4. 평가 및 보상 방법
    - 매일 실천 행동을 했을 때 스티커와 함께 초콜릿이나 젤리 사탕을 받는다.

매우 잘함	잘함	보통
스티커 3개	스티커 2개	스티커 1개
(초콜릿 젤리 3개)	(초콜릿 젤리 3개)	(초콜릿 젤리 3개)

   - 각 단계가 끝날 때마다 다음과 같은 선물을 받는다.
     • 1단계 완료(스티커 10개 이상) 보상 : 좋아하는 간식 꾸러미 세트
     • 2단계 완료(스티커 20개 이상) 보상 : 좋아하는 인형
     • 3단계 완료(스티커 45개 이상) 보상 : 다이어리와 꾸미기 세트

위 내용에 동의하며 목표 달성을 위해
최선을 다해 노력할 것을 약속합니다.

20○○년 ○월 ○일

학생 :   (인)
학부모 :   (인)
교사 :   (인)

6. 상담을 마무리하며

행동주의 상담은 바람직한 행동 변화에 중점을 두고, 긍정적 강화와 점진적인 훈련을 통해 성공감을 경험하게 하여 긍정적인 발표 습관이 형성될 수 있도록 돕는다. 또한, 겉으로 드러나는 구체적인 행동 변화를 상담 목표로 두기 때문에 객관적 평가가 가능하다. 다만, 교사와 학생 사이의 관계나 문제의 근원보다는 특정 기법 또는 일시적 해결에 초점을 맞춘다는 한계점을 갖고 있다. 따라서 학생이 정서적으로 안정감을 느낄 수 있도록 충분한 공감과 지지가 필요하고, 문제의 근본적인 원인이나 감정적 변화 등에 대해서도 꾸준한 관심을 갖고 상담에 임해야 한다.

발표 불안과 관련이 있는 다양한 그림책을 학생과 함께 읽고 이야기를 나누는 것은 편안하고 허용적인 분위기 조성에 매우 효과적이며 행동주의 상담의 단점을 보완하는 데도 도움이 된다. 특히, 자신과 비슷한 문제로 고민하는 주인공이 연습을 통해 문제를 극복하는 내용의 그림책은 학생에게 좋은 본보기가 되며, 발표 불안 극복에 대한 실천 의지를 강화할 수 있다는 점에서 행동주의 상담에도 매우 효과적이다.

Chapter 2

심리 정서적
어려움이 있는 아이들

불안과 걱정이
심한 아이

1. 문제 상황

다영이는 초등학교 1학년 때부터 툭하면 학교에 나오지 않았던 아이다. 4학년이 되어 상황이 조금 나아지긴 했지만, 뭔가 걱정되는 일이 있으면 지각하거나 꾀병을 부리고 조퇴를 했다. 하루는 학급의 학생들이 모두 강당으로 이동해서 체육 수업을 하는 날이었다. 다영이가 수업 도중에 갑자기 사라졌다. 깜짝 놀라 강당과 화장실 등 온 학교를 돌아다니며 다영이를 찾았다. 한참을 찾아도 보이지 않았던 다영이는 체육 시간이 지나서야 슬며시 교실로 들어왔다. 자초지종을 물어보니 체육 시간의 매트 운동이 너무 무섭고 걱정되어 화장실에 숨어 있었다는 것이다. 그 이후에도 다영이는 뜀틀이나 평균대 같은 부담스러운 활동이 있는 경우에는 어김없이 불안해하고 어쩔 줄 몰라하며 그 자리를 피하려는 모습을 보였다.

다영이는 학습 이해도는 다소 낮은 편이지만 그림 그리기나 종이접기 등을 좋아하고, 자신의 생각을 글로 잘 표현하는 아이다. 친구들과의 관계 역시 대체로 원만했고, 온순하고 차분한 성격으로 학교생활의 다른 부분에서는 특별한 문제를 보이지 않았다. 다만, 특정 상황에서 어려움이 있을 때 그와 관련된 불안과 공포를 해결하는 것에 미숙함을 보였다. 다영이의 불안과 걱정을 덜고, 심리적 문제를 해결하기 위해 인지정서행동치료(REBT)를 시작하게 되었다.

2. 상담 이론 : 인지정서행동치료(REBT)[17]

1950년대 앨버트 엘리스(Albert Ellis)는 인간의 감정이나 행동에 영향을 미치는 것은 사건 자체가 아니라 사건에 대해 사람이 갖고 있는 견해와 신념이라는 가정하에 인지정서행동치료(REBT, Rational Emotive Behavior Therapy)를 주장하였다. REBT는 정서적·행동적 혼란을 일으키는 것은 사건에 대한 개인의 생각이라고 규정짓고, 감정 및 행동 문제를 가져오게 하는 비합리적 신념을 식별하여 이를 합리적 신념으로 바꾸는 데 중점을 둔다.

REBT는 ABC 이론을 사용하여 신념이 정서적·행동적 반응을 일으키는 과정을 설명하고 있는데, A는 한 사람에게 의미 있게 활성화된 사건(activating event), B는 사건에 대한 그의 신념 체계(belief sysem), C는 신념 체계에서 비롯되는 정서적·행동적 결과(consequences)를 말한다. REBT는 개인에게 일어난 중요한 사건(A)과 정서적·행동적 결과(C)를 중재하는 신념 체계가 중요하며, 비합리적 신념 체계를 합리적 신념 체계로 바꾸게 함으로써 문제를 해결할 수 있다고 본다.

엘리스는 비합리적 신념을 확인하고 반박하여 합리적 신념으로 수정하

17　노인영(2014). 상담심리학의 이론과 실제. 학지사. pp.351-357.

기까지의 일련의 과정을 6단계로 보여 주는 것을 'ABCDEF 모델'이라 하여 다음과 같이 설명한다. 즉, 활성화된 사건(activating event)에 대한 개인의 신념(belief system)에 따라 정서적·행동적 결과(consequences)가 나타나므로, 비합리적 결과를 초래한 비합리적 신념을 논박(Disputing)하여 비합리적 신념을 합리적 신념(Effective New Beliefs)으로 바꾸어야 한다. 이렇게 바꾼 신념은 새롭게 변화된 감정이나 행동(New Feelings and Behaviors)으로 나타나게 된다.

REBT의 핵심은 비합리적 신념을 합리적 신념으로 바꾸는 것이며, 이를 위해 크게 인지기법, 정서기법, 행동기법을 활용한다.

(1) 인지기법

학생의 생각 중 비합리적인 생각과 언어를 찾아서 이를 합리적인 생각과 언어로 바꾸는 것을 인지기법이라 하며, 주로 '논박'이 많이 사용된다. 논박이란 학생이 가진 비합리적인 신념과 그 신념을 표현한 말에 대해 이야기를 나누며, 그것이 합리적인가를 묻고 답하는 과정이다. 이를 통해 학생의 비합리적인 생각과 언어를 좀 더 합리적이고 유용한 신념과 언어로 대체한다. 이때 교사는 학생의 생각이나 언어가 비합리적인 이유를 알려주고, 이를 합리적인 생각과 언어로 바꿀 수 있도록 도와주어야 한다.

(2) 정서기법

① 합리적 정서 상상하기

습관적으로 부적절하게 느껴지는 장면을 생생하게 상상한 다음, 부적절한 느낌을 적절한 느낌으로 바꾸어 상상해 보는 것이다. 이러한 상상을 통해 비합리적인 생각을 바꿀 수 있는 계기를 마련할 수 있다.

② 수치 공격 연습

다른 사람들이 자신을 어떻게 생각할지에 대한 두려움 때문에 실천하지 못하던 행동을 실제로 해 보게 함으로써 사람들이 생각보다 그 행동에 관심이 없음을 알게 한다.

③ 역할 연기

역할 연기의 장면과 관련된 상황에 대해 학생이 갖고 있는 비합리적인 생각을 알도록 한다.

(3) 행동기법

REBT는 인지적 행동치료의 한 형태이기 때문에 조작적 조건화, 자기표현 훈련, 체계적 둔감화 등의 행동주의 기법이 거의 그대로 사용된다.

① 조작적 조건화

바람직한 행동을 장려하기 위해 칭찬이나 보상을 주고, 바람직하지 않은 행동을 억제하기 위해 부정적 강화(불쾌한 자극 제거) 또는 처벌(타임아웃 등)을 사용하는 것을 말한다.

② 자기표현 훈련

역할 연습을 통해 주로 이루어지며, 부당한 불안을 느끼지 않고 자신의 솔직한 감정을 표현하는 것을 연습한다.

③ 체계적 둔감화

근육 이완 훈련과 함께 학생이 불안을 느끼는 장면을 상상하게 하고, 두려워하는 대상이나 상황에 점진적으로 노출시켜서 불안이 높은 장면을 상상해도 불안을 느끼지 않도록 한다.

3. 상담 그림책 분석

『문 밖에 사자가 있다』
윤아해 글, 조원희 그림,
뜨인돌어린이

『문 밖에 사자가 있다』는 누구나 공감할 두려움과 용기에 대한 이야기다. 커다랗고 무서운 사자가 문 밖에 있는 상황에서 노랑 아이와 파랑 아이는 각기 다른 생각을 한다. 배고픈 사자에게 잡아먹힐까 봐 불안하고 두려운 노랑 아이와 배고픈 사자를 극복하고 밖으로 나가려는 파랑 아이. 같은 상황에 놓인 두 주인공은 정반대의 생각과 행동으로 전혀 다른 결과를 맞이한다. 노랑 아이는 위험하거나 두려운 일이 있으면 그 일을 몹시 걱정하고, 그 일이 일어날 가능성만을 생각하는 비합리적 신념을 갖고 있다. 그에 따라 방 안에서 꼼짝도 하지 않고 벌벌 떨고만 있다. 그에 반해 파랑 아이는 두려움을 극복할 수 있다는 합리적 신념을 갖고 구체적인 계획을 세워 문제를 해결한다. 다양한 문제 상황 속에서 심리적 불안과 걱정으로 움츠러드는 아이들에게, 이 그림책은 용기를 내어 두려움을 극복할 수 있는 지혜와 깨달음을 줄 것이다.

4. 상담의 실제

(1) 그림책 읽고 질문 나누기

선명하게 대비되는 노란색과 파란색을 배경으로 노랑 아이와 파랑 아이가 각기 다른 생각과 행동을 보여 준다. 그림책을 보면서 두 주인공의 생각과 행동을 그대로 따라가며 질문할 수 있다. 같은 조건에서 전혀 다른 주인공의 생각을 비교해 보고, 그 생각이 결국 상반된 행동과 결과를 초래하게 됨을 학생이 스스로 깨닫게 하는 것이 필요하다. 또한 주인공의 입장이 되어 자신의 생각과 행동을 선택해 볼 수 있도록 질문한다.

(2) 그림책과 관련된 질문
- 두 주인공은 어떤 상황에 처해 있나요?
- 두 주인공의 모습에서 비슷한 점과 다른 점은 무엇인가요?
- 두 주인공의 생각에서 같은 점, 다른 점은 무엇인가요?
- 배고픈 사자를 보고 두 주인공은 어떻게 행동했나요?
- 두 주인공의 행동은 나중에 어떤 결과로 나타났나요?
- 두 주인공의 생각과 행동에 대해 어떻게 생각하나요?

(3) 삶과 관련된 질문
- 특별히 무서워하는 게 있다면 무엇인가요? 그 이유는?
- 만일 내가 그림책의 주인공이라면 어떻게 행동했을까요?
- 노랑 아이처럼 무서워서 포기했던 일이 있나요?
- 파랑 아이처럼 무섭지만 용기 내어 도전했던 일이 있나요?
- 두려움에 대처하는 좋은 방법은 무엇일까요?

(4) 상담 대화 예시

교사 : 다영아, 지난번 체육 시간에 갑자기 사라져서 선생님과 친구들이 많이 걱정했어. 그때 왜 그랬는지 얘기해 줄 수 있을까?

학생 : 죄송해요. 매트 운동을 잘 못할까 봐 걱정이 되었어요.

교사 : 왜 매트 운동을 잘해야만 한다고 생각했지?

학생 : 제가 잘못하면 애들이 다 웃고 놀릴 거예요.

교사 : 지금까지 매트에서 구르기를 잘하지 못한 친구들이 많았는데, 그 중에 반 아이들에게 놀림을 당한 친구가 있었니? (이때 학생이 교사의 말을 비난이나 질책으로 느끼지 않고 편안하게 대화할 수 있도록 수용과 공감의 태도를 갖고 질문한다. 이를 통해 학생이 갖고 있는 비합리적 신념을 찾아낼 수 있다. 학생의 비합리적 신념은 '매트 운동을 잘해야만 한다. 매트 운동을 잘하지 못하면 친구들이 나를 비웃고 놀릴 것이다.' 라는 생각이다.)

학생 : 아뇨. 그런 친구는 없었어요.

교사 : 지난번 뜀틀 운동에서 원석이가 실수했을 때 반 아이들이 어떻게 했지?

학생 : 잘 기억이 안 나요. 원석이가 실수를 했었나요? 별일 아니라서 잊고 있었어요.

교사 : 그래. 다영이처럼 다른 아이들도 누군가의 실수에 큰 관심이 없어. 실수를 해도 나중엔 기억도 못하는 게 대부분이야.

학생 : 네, 그렇긴 해요.

교사 : 체육 시간에 실수를 했던 친구들에게 무슨 일이 일어났는지 생각해 볼까?

학생 : 음, 원석이랑 미주는 지난번엔 매트에서 넘어졌지만 아무 일도 없었어요. 미주는 여러 번 실수하면서 연습을 많이 해서 나중엔 잘하

게 되었어요.

교사 : 그렇지. (소크라테스식 질문에 의한 논박을 통해 학생이 가진 비합리적 신념에 이의를 제기한다. '매트 운동을 꼭 잘해야만 하며, 잘못했을 경우 아이들이 분명히 놀릴 것이다.'라는 생각은 사실이 아님을 깨닫게 한다. '매트 운동을 반드시 잘해야 하는 것은 아니다. 못한다고 해서 혼나거나 놀림을 당하지도 않는다.'는 것을 받아들이는 과정이다.)

교사 : 그럼, 다영이가 갖고 있는 잘못된 생각 때문에 나중에 어떤 일이 일어났는지 생각해 볼까?

학생 : 친구들이 놀릴까 봐 걱정되어서 체육 시간에 화장실에 숨어 있었어요.

교사 : 그래. 다영이가 갖고 있는 잘못된 생각이 걱정과 불안한 마음을 가져왔고, 결국 좋지 않은 결과를 만들었구나. 그럼, 다영이가 체육 시간에 참여하는 데 도움이 되는 생각은 뭘까?

학생 : 매트 운동을 못해도 괜찮고, 잘못해도 친구들은 별로 관심이 없어서 금방 잊어 버린다는 거죠.

교사 : 그렇게 생각하면 어떤 기분이 드니?

학생 : 아직 잘 믿어지지는 않지만, 조금 덜 불안해요.

교사 : 그래, 다영이의 잘못된 생각을 바꾸고 연습을 꾸준히 하면 체육 시간이 무섭지 않아질 거야. 함께 노력해서 다음엔 친구들과 함께 매트 운동에 도전해 보자. (학생이 자신의 비합리적 신념으로 인해 체육 시간에 화장실에 숨는 비합리적 결과가 초래되었다는 사실을 받아들이게 한다. 비합리적 신념이 비합리적 결과를 가져왔음을 인정하게 되면 '매트 운동을 잘해야만 한다. 그렇지 않으면 친구들은 반드시 나를 놀릴 것이다.'라는 비합리적 신념을 도움이 되는 합리적인 신념과 언어로 교체해 보게 한다. 이러한 과정을 통해 유연하고 긍

정적인 생각을 갖는 연습을 꾸준히 하고 일상생활에 적용할 수 있도록 격려한다.)

학생 : 네, 알겠습니다.

5. 상담 활동

(1) 노랑 아이와 파랑 아이

그림책을 읽고 책 속 주인공인 노랑 아이와 파랑 아이의 생각을 비교해 보면서, 비합리적 신념과 합리적 신념의 차이, 그로 인한 행동의 결과가 어떻게 달라지는지를 깨닫게 한다. 비합리적 신념을 합리적 신념으로 바꾸어 보는 활동을 통해 학생이 가진 비합리적 신념에 대해 스스로 알아차리고 바꾸고자 하는 의지를 갖게 할 수 있다.

① 문 밖의 사자를 본 노랑 아이와 파랑 아이의 생각을 비교해 봅시다.

노랑 아이	파랑 아이
문 밖에 사자가 있어. 그래서 나는 ( ) 이유는 ( )	문 밖에 사자가 있어. 그래도 나는 ( ) 이유는 ( )
왜 저렇게 어슬렁거리는 거야? 나를 ( )	왜 저렇게 어슬렁거리는 거야? 나를 ( )
어떡하지? (덜덜덜)	맛있는 냄새야 솔솔 풍겨라~! (치이이-) 이거 먹어라! (휙!)

② 노랑 아이와 파랑 아이의 생각에 따라 어떤 결과가 있었는지 비교해 봅시다

노랑 아이	파랑 아이

③ 노랑 아이와 파랑 아이를 보며 어떤 생각이 들었나요?

(2) 파랑 아이가 되어요

　비합리적인 신념은 종종 불안, 분노, 우울증 같은 부정적인 감정으로 이어진다. 다영이의 경우처럼 '나는 매트 운동을 잘해야 해. 그렇지 않으면 친구들이 나를 놀릴 테고, 그건 참을 수 없어.'라는 비합리적 신념은 실패에 대한 두려움으로 체육 시간을 회피하게 만들 수 있다. 따라서 학생이 갖고 있는 비합리적 신념을 합리적 신념으로 대체하는 연습이 꾸준히 이루어져야 한다. 합리적 신념을 가져야만 건강하고 유연한 사고로 문제를 효율적으로 해결할 수 있기 때문이다. 이를 위해 다음과 같이 비합리적 신념을 가진 노랑 아이의 생각을 합리적 신념을 가진 파랑 아이의 생각으로 바꾸어 보는 활동이 필요하다.

① 나는 무엇이든 다 잘해서 항상 칭찬을 받아야 해.
  ⇒

② 친구들은 항상 나를 놀리고 비웃으려고 해.
  ⇒

③ 모든 일이 내가 원하는 대로 되어야만 해. 그렇지 않으면 참을 수 없어.
  ⇒

④ 어렵고 힘든 일은 피하는 게 당연해.
  ⇒

⑤ 내가 운동을 못하면 친구들이 나를 싫어할 게 분명해.
  ⇒

(3) ABCDEF 모델 적용하기

　노랑 아이와 파랑 아이의 이야기를 통해 비합리적 신념을 합리적 신념으로 바꾸어야 함을 깨닫게 되면, 이를 학생의 삶에 직접 적용해 보는 과정이 필요하다. 먼저, 학생과의 상담을 통해 학생에게 일어난 일을 바탕으로 학생이 가진 비합리적 신념과 그에 따른 행동의 결과를 구체적으로 탐색해 본다. 이후 학생의 비합리적 신념을 논박하여 이를 대체하는 합리적 신념으로 바꾸는 과정으로 진행한다. 보다 유연한 합리적 신념을 갖게 되면 걱정과 불안을 느끼는 대신 실수를 해도 괜찮다는 것을 알고 체육 시간을 피하기보다는 열심히 연습해서 다음엔 더 잘해 보겠다는 결심으로 이어질 수 있다.

> 활성화 사건(A) 식별 → 학생의 신념 탐구(B) → 결과 이해(C) → 비합리적 신념 논박하기(D) → 효과적인 새로운 신념 찾기(E) → 새로운 감정(F)이나 행동 실천

A. 걱정되거나 불안한 일은 무엇인가요?

B. 그 일에 대해 어떤 생각이나 느낌이 드나요?

C. 그 생각이나 느낌으로 어떤 일이 일어났나요?

D. 자신의 생각에 대한 증거를 찾아봅시다.

나의 생각	이유나 증거	타당성 확인하기

E. 자신의 생각을 어떻게 바꿀 수 있을까요?

나의 생각	새로운 생각

F. 새로운 생각에 대하여 느낀 점이나 앞으로의 계획을 말해 봅시다.

6. 상담을 마무리하며

　본 상담에서는 REBT의 상담 기법인 인지, 정서, 행동 기법 중 가장 핵심이 되는 인지기법을 주로 활용하였다. 학생이 가진 비합리적 신념을 깨닫고, 이를 합리적 신념으로 바꾸도록 논박하는 과정이 매우 중요하기 때문이다. 학생의 비합리적 신념은 오랜 시간 동안 당연하게 여겨져서 내면화되어 있기 때문에 그 생각을 논박하는 것은 그리 쉬운 일은 아니다. 따라서 교사는 학생의 발달단계와 심리적·정서적 요인 등을 고려하여 학생의 비합리적 신념이 가져온 비합리적 결과를 끈기 있게 논박할 수 있어야 한다.

　그리고 인지기법 외에 정서기법과 행동기법을 병행하는 것도 필요하다. 학생이 불안을 느끼는 상황을 생생하게 상상하게 한 후 그러한 불안을 편안한 느낌으로 바꾸는 상상을 해 볼 수 있다. 그 외에도 체계적 둔감화를 위해 불안을 느끼는 상황에 점진적으로 반복 노출시켜서 점차 불안도를 낮추는 것도 좋은 방법이다.

열등감이
심한 아이

1. 문제 상황

　현수는 다른 아이들보다 작은 키에 왜소한 체형으로 학급 친구들과 대화도 거의 하지 않고 늘 조용하게 지낸다. 저학년 때 발달 지연으로 상담을 받은 적이 있었는데, 지금도 학습을 따라가는 게 쉽지 않다. 학년이 올라갈수록 아이들이 자신을 무시하고 상대해 주지 않는다는 느낌을 받았고, 아이들한테 놀림당했던 기억이 많아서 학급 친구들과 어울리는 게 불편하다. 다른 아이들에게 무시당하고 싶지 않아서 최근에는 몸집을 키우기 위해 많이 먹고 근력 운동도 하며 노력하고 있지만, 타고난 체질 때문인지 몸집을 키우는 것도 생각만큼 잘되지 않아서 고민이다.
　대화할 때도 긴장해서 자꾸 말을 더듬게 되고, 상대방이 답답해 하는 듯한 느낌이 들면 위축되어 자기 의견을 표현하는 게 쉽지 않았다. 그러다 보니 점차 다른 사람들이 자신을 이상하게 보지 않는지 눈치를 많이 보게 되고, 또래 아이들과는 친해지기 어렵다고 생각하여 관계 맺기를 피하고 있다. 교우관계를 학교생활 적응 척도로 생각하는 현수로서는 학교에 적응을 못하는 자신의 모습이 한심하고 우울감을 많이 느끼고 있다.

현수가 신체 발달이나 인지발달 측면에서 다른 아이들에 비해 뒤떨어진다는 느낌을 많이 받고 있어서 심리적으로 위축되어 있고, 사회적 상황에서 소극적으로 대처하는 양상을 보인다. 이는 열등감에 사로잡혀 건강한 심리적 발달을 저해하고 있는 상황으로 보인다. 현수가 열등감에 사로잡혀 좌절하기보다는 자신의 부족한 부분은 인정하면서 성장 동기로 삼고 노력하는 자세를 갖도록 격려하고, 유용한 생활양식을 형성하여 사회적 상황에서도 잘 대처해 나갈 수 있도록 도움을 주고자 한다.

2. 상담 이론 : 개인심리학

알프레드 아들러(Alfred Adler)의 개인심리학[18]은 사람은 사회적 관계에 의해서 동기화된다고 보았다. 사람은 사회적 존재로서 타인과의 관계 속에서 자신의 가치를 부여하기 때문에 가족적·사회적·문화적 맥락 안에서 총체적으로 이해하는 것이 중요하다고 강조한다. 아들러에 의하면 모든 사람은 어릴 때부터 열등감을 느끼게 되는데, 이를 극복하고 우월감과 자기 완성을 추구하기 위해 가상의 삶의 목표를 세우며, 개인이 세운 목표를 달성하기 위한 꾸준한 노력과 행동들이 모여서 개인만의 독특한 생활양식을 결정한다고 말한다. 아들러는 생활양식을 사회적 관심과 활동 수준에 따라 네 가지로 범주화하여 지배형, 기생형, 회피형, 사회적 유용형으로 구분하였다. 이중 사회적 관심과 활동 수준이 모두 높은 사회적 유용형만이 적응적

---

18 Gerald Corey(2012). 심리상담과 치료의 이론과 실제. Cengage Learning.

이고 건강한 사람으로 보았다.

아들러는 내담자를 정신적으로 병이 들었거나 치료가 필요한 환자라고 보지 않고, 낙담한 사람이라고 보았다. 그래서 상담 과정은 내담자가 자신의 행동 방식을 이해하고 생활양식을 변화시켜서 사회에 기여하는 구성원이 되도록 돕는 것이다. 자신과 타인, 세상을 어떻게 바라보는지 개인의 신념을 통해 파악하고, 개인이 지닌 신념 중에서 잘못된 가정과 믿음을 찾아내서 재교육하게 된다. 재교육 과정에서는 용기를 잃고 낙담한 내담자에게 '사회적 관심'과 '상식', '용기'를 불어넣어 주는 격려를 강조했다. 격려를 통해 내담자는 중요한 삶의 문제를 다룰 수 있는 능력이 자신에게 충분히 있음을 깨닫고, 용기를 얻어 자신과 타인, 세상과 연결되고 건강한 삶을 살아갈 수 있게 된다.

격려의 과정은 자기 패배적 인지에 대한 대안을 만들고, 자신이 지닌 강점과 자원을 알아차리고, 삶에 대한 선택권과 책임이 자신에게 있기 때문에 얼마든지 새로운 선택을 할 수 있다는 인식을 갖도록 돕는 것이다. 변화를 위한 새로운 가능성을 탐색하는 과정에서 자신의 모습을 있는 그대로 파악하여 부적응적 행동을 방지하는 '자기 모습 파악하기', 자신이 원하는 모습으로 행동하는 '마치 ~인 것처럼 행동하기', 일상생활에서 새로운 행동을 적용해 볼 수 있는 '과제 주기' 등 다양한 기법을 활용할 수 있다.

(1) 자기 모습 파악하기

특정한 상황에서 느끼는 감정이나 행동을 깊이 탐구할 수 있는 질문을 통해 자신의 무의식적인 신념이나 생각을 알아차리고, 그것이 행동에 어떤 영향을 미치는지 파악하는 것이다. 이 과정을 통해 자신을 이해할 수 있게 되고 새로운 행동 패턴을 만들어 나갈 수 있다.

(2) 마치 ~인 것처럼 행동하기

자신이 원하는 상태나 되고자 하는 모습을 미리 연기해 봄으로써 새로운 행동 방식을 시도하는 것이다. 이 기법은 행동의 변화가 감정이나 사고를 변화시킬 수 있다는 전제에 기반을 둔다. 즉, 새로운 방식으로 행동을 시도하고, 그 행동을 반복하면서 긍정적인 경험을 하게 되면 새로운 사고방식이 내면화된다고 보는 것이다.

(3) 과제 주기

작은 단계의 과제를 주어 일상생활에서 실천하도록 장려하는 기법으로, 내담자가 겪는 문제나 목표에 따라 조정된다. 과제를 부여함으로써 실질적인 행동 변화를 촉진하여 성취감을 맛보게 하고, 점진적으로 자기 효능감을 높이도록 돕는다.

아들러의 개인심리학은 다양한 기법을 활용하는 것이 특징이지만, 무엇보다도 이 모든 과정에서 내담자가 용기를 낼 수 있도록 지속적으로 지지와 격려를 제공하는 것이 중요함을 기억해야 한다.

3. 상담 그림책 분석

『아나톨의 작은 냄비』는 단점, 콤플렉스, 육체적 장애, 정신적 장애 등 아나톨을 남들과 다른 사람으로 만드는 '작은 차이점'에 대해 이야기하는 그림책이다.

어느 날 갑자기 머리 위로 떨어진 작은 냄비를 돌돌돌 끌고 다니는

『아나톨의 작은 냄비』
이자벨 카리에 글·그림,
씨드북

아나톨. 잘하는 것도 많은 아나톨이지만 사람들의 시선은 냄비에만 머물고, 무엇을 하든 냄비는 아나톨에게 걸림돌이 될 뿐이다. 냄비는 아나톨에게 열등감을 느끼게 만든다. 아나톨은 열등감을 극복하기 위해 평범한 아이처럼 되려고 노력하지만 잘되지 않고, 지친 아나톨은 숨어 버리는 걸로 문제를 회피하고자 한다. 그때 아나톨에게 관심을 갖고 다가오는 사람이 있다. 그 사람은 아나톨의 마음을 알아주고, 강점을 찾아 주고, 냄비를 가지고 살아가는 방법도 알려 준다. 아나톨은 사회적 관심(을 실천한 사람)을 통해 다시 명랑함도 되찾고, 이전보다 수월하게 적응하며 살아간다.

이 책을 통해 개인이 지닌 열등감과 사회적 관심에 대해 생각해 볼 수 있다. 작가는 누구나 저마다의 냄비를 하나씩 갖고 있을 거라고 이야기한다. 그 냄비는 장애일 수도 있고, 사회적 지위나 환경일 수도, 상처받은 경험과 심리적 상실감일 수도 있다. 책을 함께 읽은 후 자신의 냄비는 무엇인지 생각해 보고, 냄비를 어떻게 다루어야 하는지 생각을 나누는 시간을 갖는다면 열등감을 건강하게 다루는 바람직한 방법도 찾아가면서 공감과 수용 같은 사회적 관심을 경험해 볼 수 있을 것이다.

4. 상담 실제

(1) 그림책 읽고 질문 나누기

아나톨은 평범한 아이가 되기 위해 남들보다 두 배나 노력하지만 사람들의 시선은 아나톨에게 붙어 있는 냄비에만 머문다. 질문을 통해 개인의 열등감과 열등감을 긍정적으로 다루는 태도, 사회적 관심을 통해 적응적이고 건강하게 살아갈 수 있는 방법을 찾아가도록 안내한다.

(2) 그림책과 관련된 질문
- 아나톨은 어떤 아이인가요?
- 사람들은 왜 자꾸 냄비만 쳐다볼까요?
- 아나톨이 아무것도 할 수 없어서 숨어 버리기로 했을 때 어떤 심정이었을까요?
- 아나톨이 만난 평범하지 않은 사람은 어떤 사람인가요? 다른 사람들과 어떤 점이 달랐나요?
- 그 사람에게 아나톨은 어떤 것을 배웠을까요?
- 아나톨의 생각대로 숨어 버린 채 아무도 만나지 못했다면 어떻게 되었을까요?
- 아나톨의 작은 냄비는 무엇을 의미할까요?

(3) 삶과 관련된 질문
- 작가는 우리 모두 냄비를 하나씩 갖고 있을 거라고 말해요. 나를 힘들게 하는 냄비가 있나요?
- 다른 사람을 보면서 냄비가 먼저 보인 적이 있나요? 그럴 때 어떻게 했나요?
- 사람들이 나를 볼 때, 나의 어떤 부분을 알아봐 주면 좋겠나요?
- 아나톨이 만난 아주머니처럼 나에게 도움을 준 사람이 있나요?
- 어떤 도움을 받았나요? 혹은 어떤 도움을 받고 싶나요?

- 아나톨이 작은 냄비를 가방에 넣고 다니게 된 것처럼 앞으로 나아가는 데 걸림돌이라고 생각했던 것을 잘 다루게 된 경험이 있나요?
- 내가 가진 냄비를 어떻게 관리하면 좋을까요? 구체적으로 생각해 볼까요?

(4) 상담 대화 예시

교사 : 우리가 같이 본 그림책에서 주인공 아나톨은 어떤 아이였지?

학생 : 빨간색 냄비를 끌고 다녀서 힘들어 했어요.

교사 : 맞아. 사람들도 냄비만 쳐다보고 아나톨을 평가하기도 했지. 하지만 아나톨이 가진 냄비만으로 아나톨이 어떤 사람이라고 이야기하긴 어렵지 않을까?

학생 : 그렇긴 하죠.

교사 : 그럼 아나톨은 어떤 아이였지?

학생 : 상냥하고, 잘하는 게 많은 아이예요. 생각대로 안 될 때 화를 내기도 하고….

교사 : 힘든 마음을 어떻게 풀어야 할지 좋은 방법을 아직 못 찾기도 했지. 그래서 그냥 피하고 싶은 마음도 들었고.

학생 : 맞아요.

교사 : 아나톨의 마음이 이해가 되는가 보네.

학생 : 저랑 비슷한 부분이 있는 것 같아요.

(중략)

교사 : 요즘에 운동을 열심히 하고 있구나.

학생 : 네. 먹는 것도 더 챙겨먹으면서 키도 좀 크고, 몸을 좀 만들면 자신감도 생기지 않을까 해서요.

교사 : 멋진 생각이네. 누구나 부족하다고 느끼는 부분이 있지만, 더 나은 모습이 되기 위해 노력하는 것 자체가 중요하거든. 그런 생각과 노력을 실천하는 게 네 강점이네. (열등감을 극복하고 우월성을 추구하고자 하는 학생의 바람직한 행동을 격려를 통해서 강화해 준다.)

교사 : 신체적인 부분에서 나아지고 싶은 것처럼 친구들과의 관계도 변화시키고 싶은 마음이 있니?

학생 : 있긴 하지만…. 그건 더 어려울 것 같아요.

교사 : 현수가 원하는 대로 모두 변화되었다면, 지금과는 달리 어떤 모습으로 어떻게 생활할 것 같아?

학생 : 친구들에게 가서 먼저 말도 걸고 장난도 칠 것 같아요. 교실에서 많이 웃을 것 같기도 해요.

교사 : 그렇구나. 현수가 떠올린 모습에 가까워지기 위해 게임처럼 레벨을 나눈다고 하면, 1단계에는 뭘 할 수 있을까?

학생 : 음…. 인사?

교사 : 그래, 인사 좋네. 그럼 1단계를 지금 교실에서 실천해 본다면 누구에게 부담 없이 해 볼 수 있을까?

학생 : 지금 옆자리에 앉은 친구한테는 해 볼 수 있을 것 같아요.

교사 : 좋아. 그럼 우리가 레벨에 맞는 행동을 생각해 보고, 누구에게 어느 정도까지 행동해 볼 수 있는지 구체적으로 고민해 보자. 그리고 단계별로 시도해 보는 건 어때?

학생 : 잘 안 되면 어떻게 하죠?

교사 : 시도해 보지 않고는 결과를 알 수 없잖아. 한번 시도해 보고 결과가 좋지 않았다면 그 이유를 생각해 보고 방법을 바꿔 볼 수도 있지. 현수가 인사를 건넬 친구로 바로 짝꿍을 말한 걸 보면 첫 번째

단계는 충분히 해 볼 수 있을 것 같은데? 어때? (학생의 행동 변화가 일어난다면 어떤 모습일지 생각해 보도록 하고, 현재 시도해 볼 수 있는 가장 쉬운 행동부터 선택하여 시도하도록 격려한다. 성공 시 점진적으로 수정 행동에 도전할 수 있도록 돕는다.)

학생 : 네.

5. 상담 활동

(1) 내 안경은 무슨 색?

사람들은 누구나 자신만의 안경을 통해서 세상을 바라본다. 외부에서 일어난 일을 객관적으로 인식하는 것이 아니라 자신이 쌓아 온 신념을 통해 주관적으로 의미를 부여하고 받아들인다. 아들러는 개인이 느끼는 열등감을 극복하기 위해 보상 행동을 하는데, 이 과정에서 신념이 형성된다고 보았다. 나는 어떤 열등감을 보상하고 싶은 건지, 어떻게 자신과 타인, 세상을 바라보는지 자신의 신념을 파악해 보는 활동이다.

나에게 혹시 이런 안경이 있나요?	구체적인 생각
1. 과잉 일반화 　예) 모든 사람들은 적대적이다.	
2. 불가능한 목표 　예) 나는 모든 사람을 기쁘게 해야 한다.	

3. 인생에 대한 잘못된 지각 　예) 인생은 나에게 쉬는 것을 허락하지 않는다.	
4. 자신의 가치 부인 　예) 나는 사랑받을 만한 자격이 없다.	
5. 그릇된 가치관 　예) 어떻게 해서든 다른 사람보다 높은 위치에 서야 한다.	

(2) 나에게 만능 안경을 선물하기

　자신과 타인, 세상을 어떻게 바라보고, 어떤 삶을 살아갈 것인지에 대한 선택권은 나 자신에게 있음을 깨닫게 하고 새로운 선택을 하도록 도울 수 있는 활동이다. 이는 아들러의 상담 기법 중 '마치~ 인 것처럼 행동하기'에 기반한 것인데, 자신이 원하는 모든 것들을 성취했다고 가정하고 행동하는 것이다. 만약 떠올리기 어려워한다면 닮고 싶은 특성을 가진 유명한 인물을 떠올리는 것도 좋은 방법이다. 자신이 원하는 모든 능력을 가진 특정인을 떠올리고, 그 사람이라면 어떻게 대처할지 상상해 보도록 격려한다.

　① 만능 안경을 쓴 나의 모습을 표현해 보세요.
　② 만능 안경을 쓴 나는 어떤 말을 하고 있을까요?
　③ 만능 안경을 쓴 나는 어떤 행동을 할까요?

(3) 격려 일기 쓰기

아들러의 상담 기법 중 '과제 부여'가 있다. 상담 장면에서 깨닫고 배운 내용을 일상생활에서 적용해 보고 성취감과 자신감을 느낄 수 있도록 특정 과제를 부여하는 것이다. 격려는 용기를 북돋워 주는 행동으로 주변의 누군가에게 받는 것도 필요하지만, 자기 스스로 격려하면서 스트레스 상황에서 견디고 대처할 수 있는 힘을 얻을 수 있다. '격려 일기 쓰기' 과제를 통해 스스로 격려하는 습관을 가질 수 있도록 한다. 이 활동은 개인적 과제로 활동할 수도 있지만, 학급에서 함께 격려의 말을 해 주고 가장 마음에 와닿은 격려 표현을 선택해 고마움을 전하는 활동으로 연결할 수도 있다.

○월 ○일 ○요일	
힘들었던 일은 무엇인가요?	
그 순간 내가 느낀 감정은?	
내가 대처한 방법은? (다음에 적용해 볼 방법은?)	신체 활동/취미에 몰입/주변 사람과 소통/명상/긍정적인 시각으로 바라보기 등
내가 듣고 싶은 격려는?	• 네 노력이 좋은 열매를 맺을 거라고 믿어. • 넌 좋은 _____ 가 될 거야. • 지금 있는 그대로도 충분해. • 시도하는 것만으로도 멋진 발전이야. • 최선을 다한 걸 알고 있어. 잘 버티고 있어. • 누구나 실패할 수 있어. 다음에 기회가 또 올 거야. • 넌 우리에게 소중한 존재야. 난 언제나 네 편이야.

누구에게 어떤 말을 듣고 싶나요?	
내가 나에게 해주고 싶은 격려는?	

6. 상담을 마무리하며

아들러는 인간은 불완전하지만 이를 극복하고 발달시켜 나갈 수 있는 존재로 보았다. 목표를 지향하고 자신이 원하는 삶을 창조하고 선택할 수 있는 힘이 있다는 것이다. 이런 인간관은 내담자를 긍정적으로 바라보고 낙담하지 않도록 끊임없이 격려해 주라고 안내한다. 상담 과정에서 생활양식을 분석하고, 인지적 오류를 발견하고, 다양한 상담 기법을 통해 올바른 정보를 제공하고 교육하는 것도 물론 중요할 것이다.

하지만 아들러 상담에서 무엇보다 중요한 것은 내담자의 강점을 발견하고, 변화를 위한 가능성과 아주 작은 노력에도 진심으로 기뻐하고, 내담자가 지속적으로 용기를 얻고 자신을 격려하는 방법을 배울 수 있도록 옆에서 격려해 주는 것이다.

애정결핍이
있는 아이

1. 문제 상황

준일이는 초등학교 4학년 남자아이다. 신체적 발달은 또래 아이들과 비슷한 편이고, 동그란 얼굴에 짧은 스포츠머리를 하고 있다. 그런데 준일이는 4학년임에도 감정 표현이 매우 서툴렀다. 담임선생님은 학습 및 인지 능력 면에서는 평균 이하 수준으로 교과 내용을 이해하는 것이 느리다고 했다. 대인관계 면에서도 학급 아이들과 관계 맺는 것을 힘들어 하고, 다른 사람과 소통하는 것을 어려워했다.

준일이는 하루에도 몇 번씩 기분이 바뀌고, 관심을 받고 싶어 한 행동(큰소리로 이야기하기, 청개구리처럼 말하기 등)들이 오히려 학급 아이들과 갈등을 일으키는 경우가 많다. 쉬는 시간에 특정 아이에게 다가가서 두 팔로 안거나 팔짱 끼는 등 상대방의 동의를 구하지 않은 신체 접촉으로 인해 다른 아이들과 관계가 불편해지곤 했다. 혼자 있게 되면 급격하게 불안해 하거나 침울해지는 표정을 보인다.

준일이는 부모님의 맞벌이로 인해 영·유아기(초등학교 입학 전까지)에는 할머니가 주 양육자였고, 초등학교에 입학하면서 엄마가 주로 양육을 담당하지만 준일이가 충분히 느낄 수 있는 보살핌과 사랑을 주지 못하고 있다고 했다. 평소 준일이의 문제 행동으로 인해 엄마는 긍정적 피드백보다는 부정적 피드백을 더 많이 한다고 했다.

준일이가 양육 환경으로부터 경험한 열등감을 보상하기 위해 보이는 부적절한 생활양식이 우월성 추구를 하도록 융통성 있게 조정하고, 다양한 방식으로 행동할 수 있는 적절한 생활양식을 발달시키는 것에 초점을 두었다. 따라서 주변 환경이 변화하기보다는 준일이가 먼저 자신의 존재를 가치 있게 여기며, 타인이 아닌 스스로가 자신을 사랑할 수 있도록 도움을 주고자 한다.

2. 상담 이론 : 개인심리학

아들러에 의하면 인간은 환경의 영향을 받지만, 환경을 변화시킬 수 있는 존재 또한 인간이라고 보았다. 우리는 환경의 영향을 받아 왔지만, 현재 처한 환경을 변화시켜 성장할 수 있도록 만드는 것은 각자의 책임이다.

인간에게 가장 어려운 일은 자신을 알고 자신을 변화시키는 것이다. 개인심리학의 주요 개념[19]에는 열등감, 우월성 추구, 사회적 관심(공동체감), 허구적 최종목적론, 용기와 격려, 생활양식, 인생 과제, 가족 구도 및 출생 순위, 사회적 평등이 있다. 인간은 누구나 불완전한 존재로서 어떠한 열등감

---

19 노안영(2014). 상담심리학의 이론과 실제. 학지사. pp.140-147.

을 느낀다. 이런 열등감을 보상하기 위해서 문제에 직면했을 때 부족한 것은 보충하며, 낮은 것은 높이고, 미완성의 것은 완성하고, 무능한 것은 유능한 것으로 만드는 우월성 추구를 통해 삶의 동기를 가지는 존재이다.

아들러는 열등감을 어떻게 극복하느냐가 자기완성을 위해 중요하다고 했다. 아들러에 따르면 생활양식은 개인이 삶을 영위하는 근거가 되는 기본 전제와 가정으로, 우리의 독특한 열등감을 극복하기 위한 노력으로 나타난다고 했다. 개인의 독특한 생활양식은 그가 생각하고 느끼고 행동하는 모든 것의 기반으로 대부분 4~5세에 형성되며, 이 시기 이후 개인의 생활양식은 거의 변하지 않는다고 한다.

개인심리학은 개인이 더 나은 생활양식을 개발하고, 잘못된 생활양식을 긍정적인 관점으로 대치하고, 또한 사회적 관심을 발달시킬 것을 강조한다. 아들러 개인심리학 상담은 열등감을 극복하고, 자신의 독특한 생활양식을 이해하여 잘못된 삶의 목표를 수정하며, 사회적 관심을 향상시키는 것을 목표로 한다. 상담 과정은 관계 형성부터 시작하여 심리적 탐색(분석·사정) 단계—해석·통찰 단계—재정향 단계를 거친다. 상담자는 보편적인 상식을 가지고, 어떤 어려움에도 용기를 잃지 않으며, 타인을 배려하면서 사회적 관심을 가지고 바람직한 삶을 영위하도록 조력한다.

개인심리학을 기반으로 한[20] 아들러의 상담 기법은 직면기법, 역설적 전략(수프에 침 뱉기, 역설적 의도), 격려 전략, 변화 전략(마치 ~인 것처럼 행동하기), 심상 전략(단추 누르기) 등이 있다. 그중 격려 전략과 변화 전략에 기반한 활동을 소개한다.

---

20 노안영(2021). 개인심리학적 상담 : 아들러 상담. 학지사. pp.129-157.

(1) 격려

격려는 말 그대로 용기를 갖게 하고 자신감을 심어 준다. 아들러의 심리상담은 곧 격려의 과정이다. 격려는 내담자가 열등감을 극복하고 자신의 가치를 깨닫도록 돕는 데 초점을 둔다. 내담자의 자산, 강점, 자원 그리고 잠재력에 초점을 맞춤으로써 궁극적으로는 내담자의 자존감을 향상시키는 것이다. 또한 내담자가 능력과 유용성을 소유하고 있다는 것을 깨닫도록 돕는다. 개인의 신념을 변화시키기 위해서는 그가 가진 장점과 강점을 인식하게 하여 자기 삶의 문제에 용기를 가지고 다가갈 수 있도록 도와주는 것이 필요하다.

(2) 마치 ~인 것처럼 행동하기

내담자가 자신이 마치 그런 상황에 있는 것처럼 상상하고 행동하는 역할놀이 상황을 만드는 기법이다. 내담자의 치료 목표를 분명히 한 다음, 내담자가 마치 목표를 이룬 것처럼 행동해 볼 것을 제안한다. 이 기법의 목적은 내담자의 현재 신념과 문제 인식을 변화시키기 위해서, 통찰력을 제공하기 위해서, 내담자가 새로운 행동과 신념을 시작할 때 재정향을 쉽게 하거나 실제 행동을 변화시키기 위해서, 자존심·자신감·개념·적성 등의 변화에 용기를 북돋워 주기 위해서, 문제가 있는 행동의 목적과 목표를 새로운 방향으로 돌리기 위해서다.

(3) 단추 누르기

내담자가 유쾌한 경험과 유쾌하지 않은 경험을 번갈아 가면서 생각하도록 하고, 각 경험과 관련된 감정에 관심을 가지도록 하는 기법이다. 내담자는 부정적인 경험이나 감정 상태를 '대체' 하기 위해 단순히 '버튼을 누르는' 것으로써 자신의 정서 반응을 통제할 수 있음을 알게 된다. 해석이나 인지 재구조화의 긴 과정 대신, 내담자는 단추 누르기를 통해 한 감정 상태를 다른 감정 상태로 대체한다. 이 기법의 목적은 내담자가 무엇을 생각할지를 결정한다면 자신이 원하는 감정을 끌어낼 수 있다는 것을 깨닫게 해 주려는 것이다. 또, 불편한 감정은 내담자 자신이 선택했다는 것을 깨닫게 하기 위함이다.

3. 상담 그림책 분석

『나에게 해 주는 멋진 말』
수전 베르데 글, 피터 H.
레이놀즈 그림, 위즈덤하우스

『나에게 해 주는 멋진 말』은 아름다운 색감이 따뜻하게 느껴지는 표지를 함께 보며 학생이 들려주는 이야기 속에서 생활양식을 파악하고, 자신이 범하고 있는 기본적 오류로 인해 현재 겪고 있는 감정, 행동 등 자신의 모습을 깨닫도록 한다. 진정한 나의 모습을 보여 줄 수 있는 말은 무엇인가? 어떠한 감정도 있는 그대로 느낄 수 있는가? 실수해도 차근차근 배우면 되고, 다음에는 더 잘할 것이라는 용기를 가질 수 있는가? 기적처럼 빛나는 내 모습을 그대로 존중하고, 긍정적인 면을 바라보게 하는 응원의 말이 넘치는 그림책이다.

준일이의 경우 세상에 단 하나뿐이기에 소중하고, 있는 그대로 빛나는 존재이며, 존재하는 그 자체만으로도 충분하다는 '존재'에 대한 격려를 통해 자신을 사랑하는 힘과 용기를 가질 수 있도록 도와준다. 자신을 가장 귀하게 대해 주어야 할 사람은 바로 '나' 라는 것을 깨닫게 해 언제 어디서나 자기격려를 실천할 수 있게 한다. 다른 사람들에게 위로받는 것보다 나 스스로 위로해 주고, 나를 사랑하는 연습을 통해 인지적 측면에서 상식의 결여, 정서적 면에서 용기의 결여, 행동적 면에서 사회적 관심의 결여가 아닌 열등감 극복 및 우월성 추구에 있어 사회적 관심, 용기, 상식에 의해 사회적으로 유용하게 행동할 수 있도록 한다.

4. 상담 실제

(1) 그림책 읽고 질문 나누기

『나에게 해 주는 멋진 말』에는 있는 그대로의 나를 사랑하는 힘과 용기를 주는 '마법 같은 말'이 담겨 있다. 자신이 얼마나 아름답고 소중한 존재인지 깨달을 기회를 경험해 볼 수 있다. 마음의 주인이 되어 소중한 자신을 더욱 아낄 수 있는 나를 나답게 일으켜 세우고, 힘들고 지친 나의 마음을 다독여 주는 따스한 힘(긍정적인 말, 용기를 낼 수 있는 말 등)을 전하며 개인의 신념을 변화해 보도록 격려한다. 이런 과정을 통해서 바람직하지 않은 생활양식을 사회적 관심과 활동 수준이 높은 바람직한 생활양식으로 재정향할 수 있도록 돕는다.

(2) 그림책과 관련된 질문

- 앞표지 소녀의 모습은 어떤 장면일까요?
- 마지막 장면 주인공의 표정은 어떤가요?
- 주인공이 느끼고 있는 감정을 표현해 본다면?

- 주인공이 자신을 위해 한 멋진 말은 어떤 것이 있었나요?
- 주인공은 슬프거나 좌절한 날에 어떤 행동을 하나요?
- 걱정거리가 있을 때 주인공이 찾은 사람은 누구인가요?
- 괴로울 때 주인공이 스스로 했던 말은 무엇인가요?
- 그림책 속에서 기억에 남은 구절이나 좋았던 구절이 있나요?
- 실수하거나 실패했을 때 주인공에게 필요한 가치(덕목)는 무엇이었나요?

(3) 삶과 관련된 질문

- 슬프고 화가 나면 어떻게 해야 할까요?
- 지금 어떠한 용기를 내 보고 싶은가요?
- 자신을 귀하게 여기는 말은 무엇이 있나요?
- 나의 강점(또는 장점) 다섯 가지는 무엇인가요?
- 자신을 긍정하는 멋진 말 세 가지는 무엇이 있나요?
- 불안하고 걱정이 될 때 함께할 사람은 누구인가요?
- 다른 사람을 돕기 위해 할 수 있는 일은 무엇이 있나요?
- 소중한 나에게 해 줄 수 있는 용기 있는 말과 행동은 무엇이 있나요?

(4) 상담 대화 예시

교사 : 앞표지 소녀의 모습은 무엇을 하는 장면일까? (학생의 삶의 주제나 스타일을 알아보기 위해서 과거의 기억에 초점을 두고 생활양식을 탐색한다.)

학생 : 주문을 외워서 마법을 부리는 거죠.

교사 : 그래? 마법의 내용은 무엇일까?

학생 : 주황색은 제일 강력한 마법인데, 엄마가 나를 많이 사랑해 주는 말을 하는 마법, 초록색은 저랑 친구들 마음이 편안해지는 마법, 보라색은 화가 많이 났을 때 하는 마법, 노란색은 응원해 주는 마법처럼 보여요.

교사 : 그럼 이 중에 오늘 준일이는 어떤 마법에 대해 좀 더 구체적으로 이야기하고 싶니?

학생 : 초록색 마법이요. 불편한 마음이 편해지면 좋겠어요.

교사 : 어떤 상황이 네 마음을 불편하게 했을까?

학생 : 저를 좋아해 주는 사람이 없는 거요. 엄마도, 친구들도 저를 좋아하지 않아요.

(중략)

교사 : 선생님과 함께 본 그림책 속에서 기억에 남는 구절이 있을까?

학생 : '난 세상에 하나뿐이야. 기적처럼 빛이 나. 눈부시게 아름다워.' 죠. 이 말이 좋아요.

교사 : 오~ 맞아. 준일이는 세상에 하나뿐이야. 기적처럼 빛이 나는 아이지. 그리고 눈부시게 아름다운 아이야. 이런 준일이는 존재 자체만<u>으로 충분하지.</u> (학생의 기를 살려 줄 수 있는 격려의 말을 하여 학생이 갖고 있는 열등감과 낮은 자기개념을 극복할 수 있도록 도움을 준다.)

교사 : 오늘 활동을 소개할게. 옆에 있는 스티커 중에서 준일이를 더욱 빛나게 해 줄 수 있는 말은 무엇이 있을까?

학생 : 선생님 몇 개 선택해요?

교사 : 준일이가 원하는 만큼 골라도 괜찮아.

학생 : 그럼 저 다섯 개 선택할래요. 먼저 '반짝반짝 존재 자체로 빛나는 사람아', '혼자가 아니야!', '언제나 너와 함께해', '안아줄게', '나

는 멋지다' 이런 말 듣고 해 주고 싶어요.

(중략)

교사 : 지금 학급에 돌아가면 전에 하지 않았지만 작은 용기를 내어 준일이가 할 수 있는 일은 어떤 것이 있을까? (학생이 스스로 알게 된 것을 실제 행동으로 변화하여 실행할 수 있도록 도와준다.)

학생 : 슬프고, 화가 나고, 불안할 때면 큰소리로 말하기보다는 "괜찮아! 괜찮아! 괜찮아!"를 세 번 정도 외쳐 볼래요.

교사 : 와! 멋진 방법이다. 준일이는 "괜찮아!"라고 말하는 것을 선택했네. 선생님은 준일이가 선택한 방법을 일주일 동안 훌륭하게 실천하고 올 수 있을 것 같은데.

학생 : 네. 노력해 보고 다음 주에 만나요.

5. 상담 활동

(1) 나는 (   ) 사람이에요

아들러 심리상담 기법인 '마치 ~인 것처럼 행동하기'는 역할 놀이다. 학급에서 짝 또는 교사와 학생이 2인 1조로 활동해 보도록 구성하였다. 자신이 원하는 상황에 있는 것처럼 상상하면서 이루고 싶은 모습을 떠올린 후, 이루어진 상황을 행동해 보는 경험을 한다. 선택한 이미지 카드를 보면서 서로 번갈아 가며 인터뷰 시간을 가진다. 활동 시 외적 요인보다는 내부에서 비롯된 동기에 초점을 두며, 부정적인 것보다 긍정적인 것에 초점을 두어 활동한다.

① 주변을 정리 정돈한 후, 두 눈을 감고 이루고 싶은 모습을 떠올린다.

② 눈을 뜬 후 이미지 카드 속에서 자신이 이루고 싶은 모습을 한 장을 찾는다. (빈 카드에 글 또는 그림으로 작성하는 것도 가능하다.)

③ 선택한 이미지 카드를 놓고 상대방 인터뷰를 한다.
- 어떤 장면인가요?
- 지금 기분은 어때요?
- 지금 당신의 모습은 어떠한가요?
- 이런 모습을 본 친구들은 뭐라고 할까요?

④ 현재 모습처럼 인터뷰해 본 소감을 나눈다.

(2) 격려 나무 만들기

자신에게 스스로 할 수 있는 격려의 말, 응원의 말을 스티커에서 고르거나 직접 작성하여 말풍선을 나뭇가지에 붙인다. 격려의 말이나 응원의 말의 개수는 상황에 따라서 적절하게 조절한다. 완성된 격려 나무에 이름을 붙여 주면 된다. 이 활동은 개인·집단 활동이 가능하며 일종의 '칭찬 샤워' 활동을 변형하여 재구성하였다.

격려 활동은 자신을 세우고 상대방을 세워 주는 것이다. 그러기 위해서는 자신과 타인의 장점을 볼 수 있는 자세가 필요하다. 부정적인 면은 배제하고 긍정적인 시각으로 자신과 타인을 바라보게 된다면 삶에 힘이 될 것이다. 격려 활동을 통해 보다 자기충족적인 방향으로 나아가는 데 위험을 무릅쓸 수 있는 불완전한 용기를 가질 수 있게 하면서 긍정적 변화를 만들어 낼 동기를 부여하는 데 효과적인 활동이 될 수 있다.

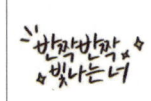

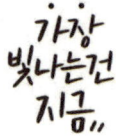

출처: 전남전문상담교과교육연구회 자료

(3) 깃발 게임

아들러의 심리상담 기법 중 하나인 '단추 누르기' 기법을 저학년도 쉽게 할 수 있도록 깃발 게임으로 변형하여 구성하였다. 우리는 자신의 마음을 스스로 선택할 수 있는 능동적이면서 창조적인 존재임을 깨닫고, 자신의 마음을 조절할 수 있는 경험의 기회를 가져 볼 수 있도록 했다.

① 유쾌한 경험과 불쾌한 경험을 차례로 떠올려 본다. 예를 들어, 유쾌한 경험은 부모님으로부터 원하는 선물을 받은 일, 친구가 함께 놀자고 했던 일 등 행복했던 경험이다. 반대로 불쾌한 경험은 동생과 싸웠는데 부모님께 나만 혼나 억울했던 일, 친구가 내 마음을 알아주지 않아서 속상했던 일 등 부정적 사건이나 감정을 떠올리면 된다.
② 유쾌한 경험과 불쾌한 경험을 했을 때 느껴졌던 감정에 집중해 본다.
③ 양손에 깃발(오른손: 청기, 왼손: 백기)을 나누어 든다.
④ 학생들은 오른손의 청기를 올리면 유쾌한 경험과 감정을 선택하고, 왼쪽의 백기를 올리면 불쾌한 경험과 감정을 선택하게 된다. (손의 깃발은 바뀌어도 상관없다.)
⑤ 위 놀이를 반복하면서 스스로 오른손과 왼손의 깃발을 올리며 좋거나 나쁜 감정을 마음대로 창조한다.

6. 상담을 마무리하며

　개인심리학에 기반을 둔 아들러 심리상담은 심리교육에 초점을 두고, 현재·미래 지향적이며 단기적 접근 방법을 취한다. 이와 같은 접근은 학생의 긍정적인 자질을 개발하고, 뚜렷한 목적의식과 노력을 통해 학생을 새로운 방향으로 안내하여 변화를 돕는다. 정신적으로 건강한 사람은 끊임없이 자신을 격려하면서 용기를 잃지 않는 사람이다. 어려움에도 좌절하지 않는 불완전한 용기를 갖는 것은 열등감 극복과 자기완성에 중요하며, 불완전한 용기를 가진 사람은 인내와 끈기가 있다. 교사의 역할은 학생 스스로 변화하고 노력할 수 있음을 인식하고, 자신의 강점을 깨닫고 수용하여 변화를 위해 작은 용기(=불완전한 용기)를 낼 수 있도록 격려하는 것이다.

완벽주의로 인해
힘들어 하는 아이

1. 문제 상황

지영이는 중학생 때까지는 좋은 성적을 유지하고 모범적인 학교생활을 하면서 주변 어른들의 칭찬을 들어 왔다. 고등학교 진학 이후에도 주변의 기대에 충족하기 위해 노력했지만, 계속되는 수행평가와 시험, 과제 등으로 늘 쫓기듯 생활하는 느낌이었다. 스스로 충분하다는 생각이 들 때까지 수행평가 준비를 하다 보니 잠을 제대로 못 자고 오는 경우도 많았다. 하루는 두 과목의 수행평가를 치러야 하는 날이었는데, 사회 PPT 발표 수행평가 준비만으로도 시간이 부족했다. 국어 수행평가는 제대로 준비하지 못할 바에야 차라리 포기하는 게 낫다는 생각이 들었다. 다음 날, PPT 발표 수행평가를 마친 지영이는 눈물이 났다. 발표하면서 말도 더듬고 준비한 대로 완벽하게 하지 못해서 수행평가를 망쳤다는 생각이 들었기 때문이다.

지영이는 발표할 때 자신을 보며 웃고 귓속말하는 친구의 모습도 신경이 쓰였다. 왠지 발표를 제대로 해내지 못한 자신의 부족한 모습을 비웃고 수군거리는 건 아닌지 걱정되었다. 예전부터 자신의 부족한 점을 들키거나 실수하는 모습을 보이면 친구들이 자신을 무시하고 외면하는 것은 아닐지 걱정하다 보니, 학교에만 오면 친구들의 반응을 살피고 눈치를 보느라 늘 긴장 상태였다.

지영이가 평가 상황에서 쉽게 좌절하고 자기 비하에 빠지는 심리적 어려움은 비현실적인 높은 기준이나 비판적으로 편향된 자기 평가 과정 등 부적응적인 인지 왜곡 때문이라고 가설을 세웠다. 완벽주의가 부적응을 초래하는 이유는 성장 욕구보다는 타인에게 인정받고 수용되기 위해서 완벽하게 잘 해내야 한다는 가치 조건화된 신념이 자리 잡고 있기 때문이다. 지영이가 부적응적 신념을 자각하고 온전히 수용받는 경험을 통해 자기 성장 욕구를 지향해 나갈 수 있도록 도움을 주고자 하였다.

2. 상담 이론 : 인지행동치료(CBT)

아론 벡(Aron T. Beck)은 기분과 행동에 영향을 주는 역기능적 사고가 심리적 장애를 유발한다고 보고, 현재 당면한 문제를 해결하기 위해 역기능적인 사고와 행동을 수정하는 치료를 고안하였다. 벡의 인지치료 기법에 행동주의 이론을 통합하여, 인간의 인지가 정서와 행동에 영향을 미친다는 전제를 바탕으로 다양한 인지행동치료[21] 기법이 발전되어 오고 있다. 따라서 내담자가 지닌 왜곡된 사고를 우선 파악하고 이해한 후, 내담자의 사고나 신념 체계를 변화시킬 수 있는 다양한 방법을 사용한다.

---

21 Judith S. Beck(2017). 인지행동치료 이론과 실제. 최영희, 최상유, 이정흠, 김지원 역. 하나의학사.

치료를 시작하면서 중요한 점은 개인의 생각이 어떻게 반응이나 행동에 영향을 미치게 되는지 내담자의 인지 도식을 이용하여 가르치는 것이다. 내담자 자신도 모르게 스쳐 지나가는 자동적 사고를 알아차리기 위해서는 문제 상황이나 감정의 변화를 경험하는 순간을 탐색하면서 "바로 그때 마음속에 무슨 생각이 스쳐 지나갔나요?"라고 질문을 던진다. 자동적 사고가 드러나고, 그 사고로 인해 고통을 받고 있다면 자동적 사고를 평가하는 질문을 던져야 할 차례이다. 자동적 사고 평가 과정에서 다음 표에 있는 질문 중 도움이 될 만한 것을 골라서 사용하는 것이 좋다.

자동적 사고에 대한 질문	효과
• 생각을 뒷받침하는 증거는 무엇인가? • 이 생각에 반하는 증거는 무엇인가?	자동적 사고의 타당성 평가
• 다른 관점으로 볼 수 있는가?	다른 해석이나 관점의 가능성 탐색
• 가장 최악의 일은 무엇인가? • 일어날 수 있는 가장 최상의 일은 무엇인가? • 가장 현실적인 결과는?	비관주의와 재앙화 벗어나기
• 자동적 사고를 믿어서 나타나는 영향은 무엇인가? • 내 생각을 바꾸면 나타나는 영향은 무엇인가?	자동적 사고의 영향 인식
• 만일 내 친구가 나와 유사한 상황에 처해 있다면, 나는 무슨 말을 해 줄 것인가?	자동적 사고와 거리를 두고 상황을 판단할 기회 제공
• 그것에 대해 무엇을 해야만 하는가?	문제해결 단계에 착수

자동적 사고를 찾아내고 검토하다 보면 특정한 감정을 유발하는 공통점을 발견해 낼 수 있다. 자동적 사고 전반에 걸쳐 나타나는 공통적인 주제를 묶어 요약하면 핵심 신념을 찾을 수 있다. 핵심 신념은 개인이 살아오면서 축적한 경험을 바탕으로 형성한 자신과 세상을 바라보는 관점이자 인지 도식이다. 이러한 신념은 어린 시절부터 유전적 기질과 주변의 중요한 사람들과의 상호작용을 토대로 형성되는데, 부정적인 핵심 신념과 관련한 범주는 폭넓게 보면 무능함과 연관된 것(난 무능하다, 나는 제대로 할 줄 아는 게 없다, 나는 실패자다), 사랑받지 못함과 연관된 것(나는 사랑받을 수 없다, 나는 매력적이지 못하다, 나는 결함이 있다), 무가치함과 연관된 것(나는 가치가 없는 사람이다, 나는 받아들여질 수 없는 사람이다, 나는 살 가치가 없다)으로 나눠 볼 수 있다.

핵심 신념이 확인되면 내담자와 함께 확인하고 핵심 신념에 대한 교육이 필요하다. 핵심 신념은 생각일 뿐이고, 강하게 믿고 있지만 대부분 진실이 아닐 수도 있으며, 핵심 신념에 일치되는 정보는 쉽게 받아들이고 모순되는 정보는 무시하거나 평가 절하하는 방식으로 유지되는 경우가 많기 때문에, 경험 근거를 바탕으로 검토하는 시간을 갖는 것이 좋다. 내담자와 함께 핵심 신념을 변화시키기 위해서는 여러 가지 전략을 사용하여 현실에 적응적인 새로운 핵심 신념을 고안하고 강화해 나가는 것이 필요하다.

3. 상담 그림책 분석

『앙통의 완벽한 수박밭』은 겉은 단단하지만 속은 무른 수박처럼 완벽을 추구하지만 불완전한 우리의 내면을 들여다보는 자아 성찰 그림책이다.

대열을 맞춰 수박밭을 관리하는 앙통은 수박 한 통을 도둑맞으면서

『앙통의 완벽한 수박밭』
코린 로브라 비탈리 글, 마리옹 뒤발 그림, 그림책공작소

심리적 어려움을 겪는다. 앙통은 잃어버린 수박 자리에만 시선이 머물면서, 정성스레 가꾼 결과물을 상실하여 느끼는 슬픔과 자신의 관리와 통제 영역을 벗어난 일을 받아들이지 못하며 괴로워하다가 급기야 악몽에도 시달린다. 앙통은 자신만의 완벽한 수박밭을 가꾸기 위해 노력하지만, 그러한 노력이 자신의 계획과 통제 안에서 모든 것이 관리될 수 있다는 것을 의미하진 않는다. 보초를 서던 앙통이 깜박 잠든 사이 고양이들에 의해 수박밭은 난장판이 되지만, 앙통은 신기한 경험을 한다. 대열이 모두 흐트러진 수박들은 더 싱싱해 보이고, 도둑맞은 수박의 빈자리가 보이기는커녕 그 어느 때보다 완벽하다고 느껴진 것이다. 하룻밤 만에 어떤 변화가 일어난 것일까? 그림책에서 변화의 이유를 보여 주진 않지만 우리는 짐작해 볼 수 있다. 당면한 상황을 해석하고 받아들이는 인지의 변화가 일어나면서 앙통의 마음도 편안해진 것이 아닐까?

4. 상담 실제

(1) 그림책 읽고 질문 나누기

표지에서 자신보다도 훨씬 큰 수박을 바라보며 미소 짓는 앙통의 모습은 앙통이 생각하는 완벽한 수박밭에 대한 궁금증을 자아낸다. 이 그림책을 통해 부적응적 완벽주의와 관련된 비합리적 신념과 인지적 오류를 가지고 있는 지영이가 자신의 생각을 객관적으로 점검해 보고 대안적 신념을 만들어 나갈 수 있도록 안내한다.

(2) 그림책과 관련된 질문
- 앙통의 완벽한 수박밭을 보면 어떤 느낌이 드나요?
- 앙통의 시선은 왜 도둑맞은 수박의 빈자리에만 머물렀을까요?
- 도둑맞은 수박이 다른 수박들보다 훨씬 탐스럽고 완벽했을까요?
- 앙통의 꿈은 앙통의 어떤 감정이 반영된 것일까요?
- 밤새 수박밭을 지키기로 결정한 것이 앙통에게 도움이 되는 방법인가요?
- 앙통은 엉망이 된 수박밭을 보고서 무엇을 느꼈나요?
- 앙통이 엉망이 된 수박밭을 보며 이전과는 다른 마음을 갖게 된 이유는 무엇일까요?
- 마지막에 엉망이 된 수박밭을 그 어느 때보다 완벽하다고 생각한 이유는 무엇일까요?

(3) 삶과 관련된 질문
- 앙통이 수박밭에 사랑과 정성을 쏟는 것처럼 삶에서 소중하게 관리하는 것이 있나요?
- 앙통처럼 잃어버린 것이 머릿속을 떠나지 않아 괴로운 적이 있었나요?
- 도둑맞은 수박 생각에 괴로워하는 앙통에게 어떤 말을 해 주고 싶은가요?
- 고양이들의 수박밭 습격 사건은 무엇을 의미하는 걸까요?
- 완벽하다는 것은 무엇일까요?
- 완벽한 수행을 기대한 적이 있나요? 그러기 위해 어떤 노력을 해 봤

나요?
- 앙통처럼 이전과는 다른 시각으로 상황을 바라본다면 무엇이 달라질 수 있을까요?
- 지금 겪는 문제를 해결하기 위해 어떤 생각과 행동을 하는 것이 도움이 될까요?

(4) 상담 대화 예시

교사 : 지영이가 수행평가 발표 이후에 울었다고 들었어. 어떤 생각과 감정이 올라와서 눈물이 났는지 이야기해 줄 수 있니?

학생 : 수행평가가 하루에 두 개가 겹쳐서 국어 수행은 포기하고 사회 발표 수행평가 준비에만 집중했어요. 근데 발표 수행평가도 완전히 망했어요.

교사 : 열심히 준비했던 수행평가를 기대한 만큼 해내지 못한 것 같아서 많이 속상했구나.

학생 : 준비를 못 한 것만 망한 게 아니라 열심히 준비한 것도 망해 버리니까…. 그냥 제 인생이 망한 것 같아요.

교사 : 수행평가 결과를 아직 안 받았는데 망했다고 확신하듯이 이야기를 하는구나. 왜 그렇게 확신하는 거야? 근거가 있어?

학생 : 발표할 때 말을 더듬었어요. 그러면 점수가 깎이잖아요. 말을 더듬게 되니까 당황해서 PPT에서 더 설명해야 할 자료도 놓치고 그냥 넘어간 것도 있어요.

교사 : 지영이가 기대했던 대로 진행되지 않은 게 계속 마음에 걸리나 보네. 선생님이랑 본 『앙통의 완벽한 수박밭』에서 앙통이 도둑맞은 수박밭을 보며 느끼는 감정을 비슷하게 느끼고 있는 것 같은데, 어

떤 것 같아?

학생 : 제가요?

교사 : 지영이도 실수한 부분만 생각하면서 속상해 하고, 안 좋은 결과로 이어질 거라고 계속 걱정하고 있잖아.

학생 : 네.

교사 : 지영이 말처럼 정말로 인생이 망할 가능성이 얼마나 될까?

학생 : 글쎄요…. 계속 이렇게 시험을 망치면 그렇게 되지 않을까요?

교사 : 지영이는 그런 생각이 자동적으로 떠오르나 보구나. 어떤 사건을 접했을 때 순간적으로 드는 생각을 '자동적 사고'라고 하는데, 자동적 사고는 습관처럼 자주 떠올라서 감정이나 행동에 영향을 미치거든. 지영이는 자동적 사고가 네게 어떤 영향을 주는 것 같아?

(학생이 지닌 자동적 사고를 알아차리고, 자동적 사고의 흐름을 따라가는 것이 어떤 파급 효과가 있는지 영향력을 생각해 보도록 한다.)

학생 : 별로 좋지 않은 것 같아요. 우울해지고 자존감도 떨어지는 것 같고….

(중략)

교사 : 그럼 양통처럼 상황을 새롭게 인식해 보는 건 어떨까?

학생 : 어떻게요?

교사 : 양통은 난장판이 된 수박밭을 보고 왜 완벽하다고 했을까?

학생 : 더 이상 빈자리가 보이지 않아서요. 그리고 수박이 더 싱싱하게 보였대요.

교사 : 그렇지. 사실 양통의 계획대로 통제할 수 있었던 건 아니지만, 지금 있는 그대로의 모습도 나쁘지 않다고 생각한 건 아닐까? 생각이 바뀌니까 양통의 모습이 어때 보였어?

학생 : 표정이 밝아졌어요.

교사 : 맞아. 상황을 받아들이는 태도에 따라 감정도 바뀌었어. 지영이처럼 원하는 만큼 결과가 나오지 않았을 때 미래에 대한 불안감을 갖고 있는 친구가 곁에 있다면 뭐라고 해 줄 것 같아?

학생 : 열심히 잘했으니까 너무 부정적으로만 생각하지 말라고 말해 줄 것 같아요. 이번에 아쉬운 건 다음에 더 보충하면 된다고요.

교사 : 지영이가 친구한테는 격려를 잘해 주는데? 지금 해 준 격려의 말을 네게도 해 줄 수 있겠어? (자신의 생각과 감정에 거리를 두고 객관화하여 문제 상황을 바라볼 수 있도록 한다. 객관적으로 인식할 때 할 수 있는 대안적 반응과 합리적인 반응을 찾을 수 있도록 질문하고, 자신에게 적용해 볼 수 있도록 격려한다.)

학생 : 좀 쑥스럽지만 노력해 볼게요.

5. 상담 활동

(1) 인지-정서-행동의 관계 인식하기

어떤 상황을 접할 때 순간적으로 머릿속에 어떤 생각이 스쳐 지나갔는지에 따라 감정이 유발되고, 행동에 영향을 미치게 된다. 학생에게 상황을 어떻게 인식하느냐에 따라 감정과 행동(결과)이 밀접하게 연관되어 있음을 먼저 알려 주는 것이 필요하다.

상황	자동적 사고	정서	행동 결과

(2) 자동적 사고와 핵심 신념 찾기

신념이 무엇인지 알아차리기는 어렵지만, 자주 떠올리는 자동적 사고를 통해서 그 안에 들어 있는 핵심 신념을 유추해 볼 수 있다. 부정적 사건에 맞닥뜨렸을 때 그 순간 머릿속을 스쳐 지나가는 자동적 사고를 찾아서 적어 보고, 그것이 내게 주는 의미는 무엇인지 찾아보는 활동을 통해 핵심 신념을 찾을 수 있다.

사건 내용	
자동적 사고	그것이 나에게 어떤 의미인가?
	나는 _____ 한 사람이다. 나는 _____ 하다. 나는 _____ 해야 한다. 나는 _____ 이다.

(3) 자기 긍정 self-talk

타인에게 공감과 위로를 받으면 힘이 되지만, 적절한 타이밍에 가장 효과적으로 공감과 위로를 받을 수 있는 좋은 방법은 자신에게 스스로 해 주는 긍정적인 지지 표현이다. 긍정적인 자기 지시를 하기 위해서는 무슨 생각을 하고 어떤 감정을 느끼는지 모니터링하고, 생각의 타당성과 유용성을 점검한 후 타인에게 공감과 위로를 건네듯 긍정적 메시지를 자신에게 해 주는 것이다. 긍정적 자기 지시 활동을 하면서 대안적 행동을 탐색해 보는 것도 도움이 될 것이다.

스쳐 지나가는 생각 찾기	
그 생각이 타당한가요?	
그 생각이 도움이 되나요?	
긍정적 self-talk! 타당하고 도움이 되는 생각으로 바꿔 보세요.	

6. 상담을 마무리하며

인지행동치료는 인지와 행동의 변화를 유도하는 심리 교육적 모델로, 학생이 인지와 정서, 행동 간의 연관성을 이해하고, 자신의 자동적 사고와 그 안에 내재되어 있는 핵심 신념을 찾을 수 있도록 교육하는 과정이 매우 중요하다. 핵심 신념은 학생이 어린 시절부터 중요한 타자와 관계 맺고 경험한 것을 바탕으로 형성되고 유지되어 왔기 때문에 적응적이고 대안적인 신념으로 변화시키는 일은 쉽지 않을 것이다. 하지만 인지-행동의 연관성 교육으로 교사의 도움 없이 스스로 자신의 자동적 사고가 작동되었다는 것을 알아차리고 대안적 사고와 행동 찾기를 연습해 나간다면 학생이 이후 당면하게 될 문제를 해결해 나가는 데 많은 도움을 얻을 수 있을 것이다.

친구가 하는 말을
그냥 넘기지 않는 아이

1. 문제 상황

슬이는 초등학교 6학년 여자아이다. 신체적인 발달은 또래 아이들과 비슷한 편이고, 둥근 얼굴형에 항상 긴 머리를 단정하게 하나로 묶는다. 부모님과 중학교 2학년인 언니가 함께 생활하고 있으며, 외관상의 청결 상태는 매우 양호하다. 다만 손톱 끝을 수시로 깨물어 손톱의 길이가 매우 짧다. 소리에 예민한 반응을 보이기도 한다.

슬이는 자신에게 주어진 일(수업 활동, 1인 1역 등)에 집중하기보다는 주변 상황이나 이슈를 더 신경 쓰는 경우가 많다. 수업 시간에도 수업 활동에 집중하기보다 다른 아이들이 주고받는 이야기에 귀 기울이며 항상 반응을 시도한다. 모둠활동 시에도 다른 아이의 말에 반응하여 다툼이 일어난다. 활동에 집중하고 무시하며 넘겨도 될 상황을 슬이는 다른 아이의 말에 혼잣말 또는 다른 아이를 공격하는 말로 작게 또는 크게 반응하여 갈등이 빈번하게 일어난다.

슬이의 부모님과 면담해 보니 가정에서도 언니와 갈등이 있으며, 항상 억울하다는 말을 많이 해서 누구 편도 들어주지 못하고 상황을 마무리할 때가 많았다고 한다. 수차례 언니나 친구 입장에서 생각하고 행동해 보라고 했지만 크게 나아지는 것은 없어 걱정이 많다고 했다.

슬이가 피해의식을 가지고 억울한 마음이 드는 심리적 문제는 일상에서 작동하는 인지 왜곡으로 인한 것이라는 가설을 세웠다. 특히 주위 친구가 하는 말을 그냥 넘기지 못하는 부분에서 주변 상황에 대해 부정적으로 해석하는 경향에 초점을 두었다. 따라서 슬이의 인지 변화에 초점을 두고, 비현실적 사고와 부적응적 신념을 자각하고 변화할 수 있도록 도움을 주고자 하였다.

2. 상담 이론 : 인지치료

아론 벡(Aron T. Beck)에 의해 개발된 인지치료(CT, Cognitive Therapy)[22]는 정신장애를 유발하는 인지적 요인을 정교하게 설명하고 구조화된 개입 방법을 갖춘 이론이다. 인지치료의 핵심 개념은 개인이 가지고 있는 사고가 감정에 영향을 주고 이어 행동에까지 영향을 미치며, 이런 행동 양식은 다시 그 사람의 사고 패턴과 감정에 영향을 미친다는 것이다. 인지치료는 경험적 연구에 기초하여 개발되었으며, 인지 변화에 초점을 두어 증상을 치료하는 구조화된 단기치료 방법으로 적응적인 신념과 비현실적 사고를 자각하고 변화를 강조한다.

먼저, 인지치료는 인간은 자신의 의식적인 경험에 근거하여 적극적으로

---

22 강진령(2023). 쉽게 풀어 쓴 상담이론과 실제. 학지사. pp.211-212.

자신의 현실을 구성하며, 인지는 정서와 행동을 중재하고, 인지는 알 수 있고 접근할 수 있으며, 인지 변화는 개인의 변화 과정 중심에 있다는 것을 기본 가정으로 한다.

인지치료의 기본 개념[23]은 자동적 사고, 인지 왜곡('인지적 오류'라고도 함), 역기능적 인지 도식이 있다.

첫째, 자동적 사고(automatic thoughts)란 생활사건을 접하게 되면 거의 자동적으로 유발되는 습관화된 생각을 말한다. 이는 특별한 자극에 의해 유발된 개인화된 생각으로, 별다른 노력이나 선택 없이 자발적으로 일어난다. 정서적·심리적 어려움을 지닌 사람의 자동적 사고는 흔히 왜곡되어 있거나 극단적이고 부정확하다는 특징을 지닌다.

둘째, 인지 왜곡(cognitive distortion)이란 정보처리 과정에서 생활사건의 의미를 자의적으로 해석하여 자동적 사고를 생성해 내는 인지 과정을 말한다. 인지 왜곡은 임의적 추론, 이분법적 사고, 선택적 추론(정신적 여과), 과잉일반화, 확대·축소, 개인화, 잘못된 명명, 파국화 등 여덟 가지 유형이 있다.

셋째, 역기능적 인지 도식(dysfunctional cognitive schema)이란 완벽주의적·당위적·비현실적 역기능적 신념으로 구성된 인지적 요인을 말한다. 이는 어린 시절의 경험을 통해서 형성되어 생활사건의 의미를 부정적으로 왜곡 및 해석하는 자동적 사고 활성화의 원인을 제공하게 된다.

인지치료의 상담 목표는 사고의 편견이나 인지 왜곡을 수정 및 재구성함으로써 내담자가 보다 합리적이고 생산적인 삶을 영위할 수 있도록 하는

---

23 강진령(2023). 쉽게 풀어 쓴 상담이론과 실제. 학지사. pp.213-221.

것이다. 상담자는 심리교육모델에 근거하여 자기치료, 즉 내담자가 자신의 부정확하거나 왜곡된 사고에 직면할 수 있도록 과학자처럼 사고하는 법을 가르친다. 이는 내담자의 부정적인 사고를 찾아내어 이것을 좀 더 적절한 적응적인 사고로 대치하도록 하며, 내담자의 사고 과정에서의 인지적 오류를 찾아내어 수정하도록 한다. 부정적인 자동적 사고와 인지적 오류의 기저를 이루는 근원적인 역기능적 스키마를 찾아내어 그 내용을 보다 융통성 있고 현실적인 것으로 바꿀 수 있도록 돕는 것이다.

벡의 인지치료 기법으로는 사고 표집, 세 가지 질문 기법, 하향 화살표 기법, 탈파국화, 절대성에 도전하기, 재귀인, 인지적 시연, 대처 카드, 역기능적 사고 기록지 등이 있다. 그중 세 가지 질문 기법, 역기능적 사고 기록지를 활용한 사례를 소개한다.

(1) 세 가지 질문 기법(소크라테스식 대화)

세 가지 질문 기법은 소크라테스가 진리에 이르기 위해서 사용한 산파술을 발전시킨 상담법이다. 상담자가 답을 가지고 내담자에게 다그치면서 답을 따라오도록 강요하는 것이 아니라, 상대가 잘못 알고 있다는 것을 자각하도록 하는 기법이다. 소크라테스식 문답법의 구체적인 형태로, 세 가지 질문으로 구성되어 내담자의 부정적 사고의 변화에 도움이 되도록 고안되어 있다. "그 신념의 증거는 무엇입니까?" "그 상황을 다르게 설명(해석)할 수.있습니까?" "그것이 사실이라면, 예상되는 결과(혹은 무엇을 의미하는가)는 무엇입니까?"로 구성되어 있다. 내담자의 생각결과는 무엇입니까(혹은 무엇을 의미하는가)?"로거나 대안적 사고를 찾을 수 있는 질문을 통해서 내담자의 자동적 사고가 현실적으로 타당한가를 스스로 평가하게 만들어 현실적인 사고를 할 수 있도록 돕는 것이다.

(2) 역기능적 사고 기록지(일일 기록지)

역기능적 사고 기록지는 ABC 패러다임 원리에 기초한 것으로, 종이 위에 사건 및 상황과 그때의 감정 및 행동 반응을 적어 놓고, 그 사이에 어떤 생각(자동적 사고)이 개입되어 있었는지를 확인하는 것이다. 나아가서 내담자가 자동적 사고의 타당성을 검토하여 좀 더 현실적인 사고를 함으로써 어떤 감정 변화가 나타나는지를 체험하도록 돕는 것이다. 상담자는 내담자에게 일일 기록지를 쓰는 숙제를 내주고 다음 상담 시간에 그 기록지의 내용을 바탕으로 구체적인 대화를 나눈다. 이러한 방법을 통해서 내담자 자신의 불쾌한 감정과 관련된 사고 내용을 인식하는 자기관찰 능력과 합리적인 사고 능력을 향상시킬 수 있도록 한다. 일반적인 양식은 다음과 같다.

① 일시 : 날짜와 시간을 기록한다.
② 상황 : 불쾌한 감정을 유발한 실제 사건, 상상, 기억 내용을 서술한다.
③ 감정(정서) : 불쾌한 감정(슬픔, 불안, 분노 등)을 구체적으로 기록하며, 감정의 강도를 1~100 숫자로 평가한다.
④ 자동적 사고 : 감정(마음)에 선행한 자동적 사고를 기록하며, 사고의 확신 정도를 0~100 숫자로 평가한다.
⑤ 합리적(대안적) 반응 : 자동적 사고에 대한 합리적 반응과 그 확신 정도를 0~100 숫자로 평가한다.
⑥ 결과 : 자동적 사고의 확신 정도와 결과적 감정 강도를 0~100 숫자로 재평가한다.

3. 상담 그림책 분석

『먹구름 청소부』
최은영 글·그림, 노란상상

『먹구름 청소부』는 스스로를 괴롭히는 걱정, 우울한 마음, 불안한 감정들을 하나씩 짚어 보며 해결해 나가는 방법을 전하는 그림책이다.

시커먼 기운을 몰고 오는 주인공 '수호'를 발견하며 그림책의 이야기가 시작된다. 수호는 시험 성적이 좋지 않은 상황에서 인지적 오류(잘못된 명명)로 인해 불쾌한 감정을 느끼게 된다. 또한 자기의 외모와 능력을 과잉 축소하고, 정보처리 과정에서 생활사건의 의미를 자의적으로 해석하여 자동적 사고를 생성하고 있다. 이러한 먹구름 생각으로 가득 차 있는 수호에게 먹구름 청소부는 칙칙한 생각(먹구름 생각)을 소크라테스식 대화법을 통하여 새로운 생각(흰 구름 생각), 즉 현실적이며 합리적인 사고로 수정·변화할 수 있도록 도와준다.

이 책에서 먹구름 청소부는 해결책을 제시하거나 직접적인 논박은 하지 않는다. 수호가 자신의 역기능적 사고 패턴을 확인하고 타당성을 검토하여 적응적인 사고를 폭넓게 허용함으로써 대안적이고 유연한 해결책을 낼 수 있도록 돕고 있다.

4. 상담 실제

(1) 그림책 읽고 질문 나누기

피해의식이 있는 슬이의 경우도 반복되는 행동과 심리적 문제를 일으키는 자동적 사고(부적응적인 생각)를 찾아 바꾸는 작업을 통해 슬이의 역기능적 사고와 비합리적인 신념을 좀 더 기능적이고 합리적인 신념으로 바꾸어 볼 수 있을 것이다. 슬이의 고통에 공감하면서 너무 서두르지 않으며, 슬이가 자기 생각의 근거를 찾아낼 수 있도록 안내한다.

(2) 그림책과 관련된 질문

- 그림책 속에 나오는 인물들은 누구인가요?
- 주인공 수호의 마음은 어떠한가요?
- 주인공 수호가 '바보'라고 생각한 증거(근거)는 무엇인가요?
- 주인공 수호의 바뀐 부분은 무엇인가요?
- 먹구름 청소부가 집에 가지 못한 이유는 무엇인가요?

(3) 삶과 관련된 질문

- 주인공 수호와 같은 감정(마음)이 들 때가 있었나요?
- 주인공 수호처럼 자신을 힘들게 했거나, 힘들게 하는 먹구름 생각이 있나요?
- 주인공 수호에게 해 주고 싶은 말은 무엇인가요?
- 주인공 수호와 비슷한 점은 어떤 것이 있나요?
- 자신만의 먹구름 청소부를 만들 수 있나요?
- 먹구름 청소부의 역할을 해 줄 수 있는 사람이 있나요?

- 먹구름 생각의 크기가 줄어든 경험이 있었나요?
- 먹구름 생각을 흰 구름 생각으로 변화시킬 방법은 무엇인가요?

⑷ 상담 대화 예시

교사 : 슬이가 교실에서 친구들을 향해 '억울하다'라고 말했는데 억울한 부분이 무엇인지 이야기해 볼 수 있을까?

학생 : (고조된 목소리로) 수업 시간에 선생님의 질문에 ○○이 대답을 안 하길래 제가 옆에서 ○○ 대신 큰소리로 답을 말했죠. 그랬더니 다른 친구들이 "너 아니야."라고 했어요. 근데 그것 답 맞거든요. 친구들은 제가 말하면 맨날 무시해요.

교사 : 방금 친구들이 '너 아니야'라고 했다고 했지? 그 말이 너를 무시한 말이라는 근거(증거)는 뭘까?

학생 : 음… 잘 모르겠어요.

교사 : 슬이랑 함께 본 그림책 『먹구름 청소부』의 주인공 수호 기억나니? 수호가 자신에게 붙인 '바보', '멍청이', '공부도 못해' 등에 적절한 근거는 뭐였을까?

학생 : 근거는 없었어요. 수호가 그 상황을 자기 마음대로 생각해서 먹구름이 잔뜩 생겼어요.

교사 : 맞아. 잘 알고 있네. 수호가 현실적이지 않고 합리적이지 않은 생각을 한 거야. 혹시 슬이도 수호처럼 친구들과의 관계에서 번개처럼 스쳐 지나가는 부정적인 생각들이 있을까? (학생이 지닌 잘못된 믿음, 즉 인지적 왜곡을 정확한 내용으로 짚어 주기 위해 부적절하거나 부정확한 정보에 기초한 부정확한 추론, 비합리적인 생각에 초점을 두도록 한다.)

학생 : 솔직히 친구들이 저를 싫어한다는 생각이요. 그래서 저를 미워하

고 무시해요.

교사 : 선생님 생각에는 친구들이 슬이를 싫어해서 미워하고 무시한다는 것은 주인공 수호처럼 먹구름 생각인 것 같은데?

학생 : 먹구름 생각이요?

교사 : 우리 반에서 직접적으로 슬이를 싫어한다고 말한 친구가 있니?

학생 : 없었어요.

(중략)

교사 : 지금부터 슬이를 도와 줄 먹구름 청소부를 선생님과 만들어 보면 좋겠어. 좀 전의 상황에서 친구들은 '너 아니야' 라고 말했지?

학생 : 네.

교사 : 다시 생각해 보면 친구들이 어떤 의도로 말했던 것일까? (경험의 부정적 의미를 확대하는 과장이 드러나 있어 학생이 상황과 감정을 분리하여 생각하고 합리적인 반응을 찾을 수 있도록 자동적 사고에 대해 반응할 수 있는 질문들을 해 본다.)

학생 : 선생님이 ○○이한테 질문하셔서 '너 아니야' 라고 순서가 아니라고 했을 것 같아요.

교사 : 맞아. 친구들은 수업 중 상황에서 순서에 초점을 두고 말을 했어. 방금처럼 그 상황을 멀리서 볼 수 있는 눈으로 바라보면 먹구름 생각을 줄일 수 있단다.

학생 : 저는 당연히 저를 무시해서 그런다고 생각했어요. 다른 이유는 생각해 보지도 않고요. 근데 지금은 저를 무시해서 그런 것이 아닐 수도 있겠다는 생각이 들어요.

교사 : 다른 이유를 생각해 보는 것, 그게 바로 청소부야. 그렇게 생각하니까 지금 기분은 어때?

학생 : 좀 괜찮은 것 같아요.

5. 상담 활동

(1) 그림책 내용 활동지

그림책 『먹구름 청소부』를 장면별로 '먹구름 생각', '청소부 질문', 새로운 생각인 '흰 구름 생각'으로 바꾸는 활동으로 구성하였다. 학생의 삶 속에서 경험하는 부정적인 자동적 사고를 먹구름 생각으로 명명하고, 청소부 질문을 통해 비합리성을 깨닫게 하고, 긍정적이고 적응적인 흰 구름 생각으로 대체하는 방법을 적용하여 활용할 수 있도록 한다.

※ 그림책 속 주인공 수호의 '먹구름 생각'과 '청소부 질문', 그리고 수호의 '흰 구름 생각(새로운 생각)'을 찾아봅시다.

수호의 먹구름 생각	청소부 질문	수호의 흰 구름 생각
나는 바보야	• 체스 게임을 하는 것처럼 공부를 열심히 해 보면 어때?	• 공부도 열심히 하면 좀 더 잘할 수 있겠네.
	• 수학 시험 점수가 낮은 것이 '바보'라는 증거는 어디에 있어?	• 수학 성적과 바보랑은 관계가 없네.

(2) 자기 삶 속에 적용하기(마음 카드 작성하기)

그림책 속 수호와 비슷하게 자신을 힘들게 했거나, 힘들게 하는 먹구름 생각을 적은 후 다른 친구(혹은 선생님)로부터 청소부 질문을 받아 보고, 새롭게 바뀐 흰 구름 생각을 적어 봄으로써 자동적 사고로 인한 인지적 왜곡을 수정하는 기회를 가져 볼 수 있다. 이런 과정을 통해 자동적 사고를 찾고, 이를 수정하기 위한 치료 개입의 출발점이 된다.

※ 자기 삶 속에서 마음이 힘들었거나, 마음을 힘들게 하는 상황으로 적용해 봅시다.

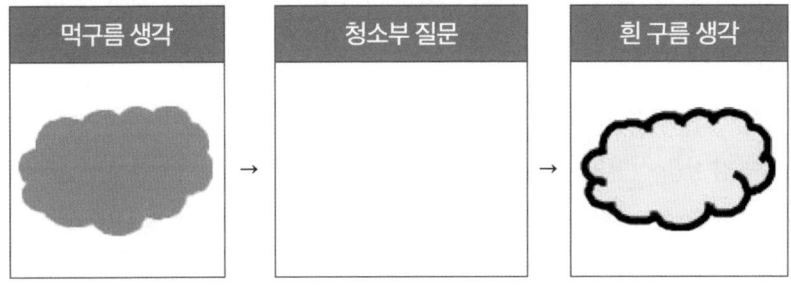

(3) 역기능적 사고 기록지(일일 기록지)

사람마다 떠오르는 자동적 사고는 각기 다르다. 똑같은 상황을 해석하는 방식은 여러 가지이며, 어떻게 해석하느냐에 따라 기분을 좌우한다. 즉, 사고(생각)가 감정(기분)을 좌우한다는 것이다. 역기능적 사고 기록지[24]는 감정과 관련된 부정적 사고를 파악하고 스스로 통제하여 사고를 전환할 수 있도록 도와주는 도구이다. 역기능적 사고 기록지를 적는 이유는 자기 생각을 객관적으로 바라보고 합리적인 사고를 하기 위해서다.

---

24 Jesse H. Wright, Gregory K. Brown, Michael E. Thase(2019). 인지행동치료. 학지사.

합리적(대안적) 사고를 떠올리기 어렵다면 다음의 질문을 스스로 던져 볼 수 있다.

① 증거는 무엇인가? 이러한 생각을 뒷받침할 만한 증거는 무엇인가?

② 이 자동적 사고(생각)가 내게 무슨 의미가 있는가?

③ 일어날 수 있는 가장 최악의 일은 무엇인가? 일어날 수 있는 가장 최선의 일은 무엇인가?

④ 자동적 사고를 믿음으로써 나타나는 효과는 무엇인가? 내 생각의 변화가 미치는 영향은 무엇인가?

⑤ 만일 (내 친구) ○○이 나와 유사한 상황에 처해 있다면 그에게 해 줄 수 있는 말은 무엇인가?

다만 역기능적 사고 기록지를 소개하기 전에 학생 스스로가 자동적 사고와 감정을 식별할 수 있는 능력이 있는지를 확인하고, 학생은 상황, 자신의 감정 그리고 생리적 반응 등 세 가지를 자동적 사고와 혼동하지 않아야 한다.

일시	년 월 일
상황/사건	• 불쾌한 감정을 유발하는 실제 사건 또는 구체적인 상황
자동적 사고	• 강렬한 감정이 일어날 때 순간적으로 떠오르는 역기능적 개인의 신념이나 생각 • 자동적 사고를 믿는 정도를 평가(0~100%)
감정	• 슬픔, 불안, 분노 등을 구체적으로 기록 • 감정(마음)의 정도를 평가(0~100%)
합리적 (대안적) 반응	• 인지적 오류 찾기 • 자동적 사고에 대한 합리적인 대안을 기록 • 합리적(대안적) 반응을 믿는 정도를 평가(0~100%)
결과	• 이후의 감정(마음)을 기록하고 그 정도를 평가(0~100%) • 행동의 변화를 기록

6. 상담을 마무리하며

　인지치료는 자동적 사고에 드러나는 인지적 오류의 탐색과 수정을 통하여 현실적인 조망을 할 수 있고, 사고의 변화를 통해 감정과 행동의 변화를 얻을 수 있도록 한다. 학생의 인지적 오류를 수정하기 위해서 교사가 사용하는 방법은 주로 소크라테스식 대화법에 따라 이루어진다. 섣부르게 교사가 먼저 해석하기보다는 학생이 탐색을 통해 스스로 오류를 수정할 수 있도록 발문을 통해 안내하는 것이 바람직하다. 학생은 생각의 근거를 탐색하는 과정을 통해서 자기 생각의 근거가 희박하거나 부정적인 측면에만 근거하여 결론을 내린 자동적 사고를 수정한다. 이러한 탐색 과정을 통해 자기 생각에 대한 강도나 확신의 정도가 줄어들면, 학생의 감정과 다음 행동에 긍정적 영향을 주게 된다.

강박이
심한 아이

1. 문제 상황

초등학교 4학년 공주는 세 자매 중 둘째이다. 공주는 코로나19 이후 마스크를 벗지 않는다. 식사할 때조차 마스크를 살짝 위로 올리고 식사를 한다 (그러니 한 입이란 것이 아주 적을 수밖에 없다). 그래서 학교에서 급식을 받아 놓고는 먹지 않는 날이 많다. 손을 지나치게 자주 씻으며, 날씨에도 민감한 편이어서 구름이 조금만 끼어도 어른용 장우산을 들고 다닌다. 여름에는 어른 양산을 가지고 다닌다. 어느 날은 아직 본격적인 추위가 오기 전인데도 옷을 너무 많이 껴입어 땀을 흘리며 들어오길래 "겉옷을 좀 벗으면 어떨까?" 하고 물었더니 감기에 걸리면 안 된다면서 땀은 금방 없어질 것이라며 겉옷을 벗지 않았다.

코로나19 전에도 손을 하루에 4~5회 정도 씻고, 샤워도 학교 가기 전후, 학원 다녀와서, 자기 전 이렇게 4회씩 했다. 코로나19 이후 씻는 횟수는 더 늘어나고 집에서만 마스크를 벗는다고 한다. 그러니 집에 있는 날이 많으며, 방학에는 집에만 있고 친구들과 어울리지 않는다. 부모님이 배달 전문

일을 하다 보니 오히려 아이가 바깥출입을 안 하는 것이 안전하다는 생각을 부모 역시 하는 것 같다. 아직은 초등학생이어서 학교에서는 공주가 문제처럼 보이지는 않는다. 그저 조용한 학생이고 문제 행동을 일으키지는 않기 때문이다. 그러나 소모임에서나 다른 공동체 활동에서는 매우 어렵다. 친족 모임에서도 마스크는 절대 벗을 수 없다고 하고, 다른 집에서는 이불도 덮을 수 없으며 욕실 사용도 하지 않는다.

2. 상담 이론 : 정신분석 이론[25]

정리정돈, 완벽주의, 마음의 통제와 대인관계의 통제에 집착하는 행동 특성이 생활 전반에 나타나는 강박성 성격장애[26]는 지나친 완벽주의적 성향과 세부적인 사항에 대한 집착으로 인해 오히려 비효율적인 삶을 살게 된다. 구체적인 규칙과 절차가 확실하지 않을 때는 결정을 내리지 못하여 많은 시간을 소비하며 매우 고통스러워한다. 감정을 억제하는 경향이 강하며, 오히려 감정을 자유롭게 표현하는 사람이 있으면 불편해 한다. 이성과 도덕을 중요시하며 제멋대로 충동적인 행동을 하는 사람을 혐오한다. 자신의 행동이 완벽하다는 확신이 들 때까지는 행동하기를 주저하며 망설이는 경향이 있다.

정신분석에서는 인간의 의식과 무의식적인 충동적 욕구 그리고 정서가

---

25 최영민(2010). 쉽게 쓴 정신분석이론. 학지사.
26 권준수 외(2023). DSM-5-TR 정신질환의 진단 및 통계편람. 학지사.

인간의 일정한 행동에 많은 영향을 미친다고 보고, 인간의 발달 과정 중 특히 성격 발달을 설명하면서 인간이 왜 이렇게 행동하고 생각하는지에 대해 연구했다. 주목할 것은 아동 발달은 인간의 전 생애 성장을 다루는 분야에서 가정환경과 사회적 관계의 중요성을 강조하고 있다. 정신분석학은 정신적 결정론과 무의식에 대한 이해가 필요한데, 정신적 결정론의 경우 인간의 성격은 5세 이전에 결정된다고 보고 있다. 또한, 인간의 정신 구조 모형이 바다 위에 떠 있는 이것과 비슷하다고 하였는데, 그것은 바로 '빙산'이다.

정신분석은 인간의 정신 구조를 크게 세 가지로 구분하였다. 바다 수면 위에 노출된 빙산의 10퍼센트 부분이 '의식'이며, 수면에 걸친 부분을 '전의식', 잠겨 있는 90퍼센트가 '무의식'이라고 표현하였다. 그러므로 인간은 대부분 무의식의 지배를 받는다고 주장한다. 여기서 인간의 정신 구조는 원초아(id), 자아(ego), 초자아(superego)로 구성되어 있어 인간의 성격을 결정짓는다고 했다.

프로이트는 인간의 본능적인 성적 충동 에너지를 뜻하는 '리비도(libido)'를 말했는데, 일반적인 성욕과는 다른 의미를 가진다. 리비도는 태어나면서부터 서서히 발달하다가 5세쯤 절정에 이른 후, 통제와 억압으로 잠재기에 이르다가 사춘기에 욕구를 드러낸다. 특히나 공주는 심리성적 발달단계에서 항문기의 경험과 관련이 있다고 본다. 오이디푸스 시기의 거세 불안으로 인해 항문기의 안정 상태로 퇴행하는 것으로 보기 때문에 규칙성과 정서적으로 억제되고 강한 도덕의식이 생길 수 있다. 항문기적 성격은 배변 훈련 과정에서 나타난 부모의 양육 방식과도 연관성이 있다. 정확한 시간과 장소에서 규칙적인 배변을 하도록 엄격하게 훈련받은 경험이 있다면 아동은 시간 엄수, 정리정돈, 청결, 자기통제, 완벽주의 같은 성격 형성에 영향을 받는다.

강박성 성격장애의 정신역동적 치료에는 지나치게 엄격한 초자아를 수정하는 것이 중요하다. 어린 시절 부모의 엄격한 통제에 대해서 아이가 지녔던 부정적인 감정과 이러한 감정이 표출되는 것에 대한 두려움과 죄책감 그리고 이러한 감정을 통제하려는 과도한 노력을 자각하게 하는 것이다.

3. 상담 그림책 분석

『지나치게 깔끔한 아이』
마릴리나 카발리에르 글,
레티지아 이아나콘 그림,
두레아이들

『지나치게 깔끔한 아이』는 부모의 과잉보호와 간섭이 불러온 폐해와 그 대안을 재치 있게 들려주는 그림책이다. 부모의 지나친 염려와 간섭이 어린 아이들에게 부정적으로 작용하여 강박적 사고를 일으키는 것을 여실히 보여 준다.

주인공 '파보르'는 겁쟁이지만 아주 깔끔한 아이다. 엄마가 시키는 대로만 하는 매우 착한 아이다. 파보르의 엄마는 바깥세상의 위험한 일들과 나쁜 병이 발생할 수 있다는 얘기를 끊임없이 하면서 주의를 준다. 그러다가 파보르가 정체를 알 수 없는 무시무시한 것들 때문에 밤새 시달린다. 파보르는 건강에 좋다는 것을 아무리 해도 조금도 나아지지 않는다. 마침내 의사 선생님은 병을 진단하고 처방을 내리지만 엄마의 걱정은 조금도 줄어들지 않는다. 내담자인 공주 또한 의사 선생님의 처방대로 도전하여 많은 친구들과 자유롭게 생활하기를 바라며 함께 그림책을 읽는다.

4. 상담 실제

(1) 그림책 읽고 질문 나누기

『지나치게 깔끔한 아이』에 등장하는 주인공 파보르와 공주는 손을 너무 자주 씻고, 모든 예방주사를 맞고, 감기에 걸리지 않으려고 애쓰는 모습이 매우 비슷하다. 공주가 파보르를 객관적으로 볼 수 있도록 질문하고, 활동 또한 천천히 지속적으로 진행한다.

(2) 그림책과 관련된 질문

- 파보르는 어떤 아이인가요?
- 엄마가 시키는 대로 한 것은 뭘까요?
- 파보르는 친구들을 어떻게 생각하고 있을까요?
- 파보르는 왜 이마에 청진기를 대고 있을까요?
- 파보르의 친구를 소개해 볼까요?
- 파보르의 엄마는 왜 걱정이 많을까요?
- 대단한 생일파티를 즐기는 동안 파보르는 어떤 느낌이었을까요?

(3) 삶과 관련된 질문

- 나의 강박적 사고는 어떤 것이 있나요?
- 불안이 밀려올 때 나의 강박적 행동은 무엇인가요?
- 나의 강박적 사고로 인해 힘들어진 관계를 경험한 적이 있나요?
- 내가 이해할 수 없었던 상대의 강박적 행동이나 사고를 경험한 적이 있나요?
- 나의 강박을 조장하는 것은 무엇이라고 생각하나요?

- 지금 벗어나고픈 불안과 죄책감은 무엇인가요?

(4) 상담 대화 예시

교사 : 공주야, 파보르는 '파보르 병'이 왜 생겼다고 생각하니?

학생 : 엄마 때문이에요!

교사 : 그럼 파보르의 엄마는 왜 그랬을까?

학생 : 엄마는 파보르가 아프지 않기를 바라요. 엄마가 걱정을 너무 많이 해요!

교사 : 혹시 그림책 속 엄마처럼 너희 엄마도 걱정이 많으시니?

학생 : 네. 엄마가 더 많이 하죠!

교사 : 공주한테 어떻게 하는데? (부모의 양육에서 강박적 사고를 일으키는 것들이 있는지 알아볼 수 있다.)

학생 : 저희 엄마도 '이렇게 하면 안 돼, 저렇게 하면 안 돼' 하고 계속 말해요.

교사 : 그럼 공주는 엄마한테 어떻게 말하지?

학생 : 아무 말도 안 해요. 그냥 알았다고 해요. (아이는 지속적으로 엄마 걱정을 하고 있다는 것을 알 수 있다.)

교사 : 이렇게 장우산 들고 다니면 힘들지 않아?

학생 : 비가 오면 어떻게 해요? 우산을 가져다 줄 사람이 없잖아요. 그래서 들고 다녀야 해요.

교사 : 일기예보에는 비가 올 확률이 적다는데, 그래도 들고 다녀야 할까?

학생 : 일기예보는 믿을 수 없어요! 틀릴 때가 너무 많다고 엄마가 그랬어요.

5. 상담 활동

(1) 노출 및 반응방지법(ERP)[27]을 단계적으로 실시

노출 치료 혹은 노출 요법은 불안장애를 치료하기 위해 사용하는 행동치료이다. 이는 불안의 근원이 되는 대상이나 환경에 환자를 노출시켜 환자의 불안이나 고통을 없애는 기술이다. 두려움과 거부감의 대상이 되는 자극에 체계적이고 반복적으로 노출시켜 학생 자신의 강박적 사고가 근거 없는 것이며, 강박적 행동을 중화시키고, 불필요하다는 사실을 깨달아 소거하는 것을 목표로 한다. 노출의 절차는 보통 세 가지로 한다.

첫째, 실제 상황 노출법은 실제로 학생이 무서워하는 모래를 직접 만지게 하는 것이다.
둘째, 심상적 노출법은 학생이 두려워하는 것을 상상하게 만드는 것이다.
셋째, 체내 수용기 노출법은 자극 감응 훈련 또는 감각기관에의 노출이다. 공황장애나 외상후스트레스장애 같은 특정 장애에 사용한다.

이들 노출 유형은 별개로 하거나 순차적으로 한다. 강박장애에 가장 효과적인 방법인 노출 및 반응방지법 치료를 통해 침투적 사고로 생기는 불안을 강박적인 행동으로 해소하지 않는 방법을 연습할 수 있다. 점진적(단계적) 노출에서 완전 노출로, 상상 노출에서 실물 노출로, 일시적(주기적) 노출에서 지속적 노출로 이어질 수 있도록 진행한다.

---

27 이용승, 이한주(2000). 강박장애 : 헤어날 수 없는 반복의 굴레. 학지사.

① 불안 위계 목록을 작성

오염에 대한 불안감을 유발하는 상황에 대한 목록을 만들어 본 후에 각각의 항목에 대해서 얼마나 심한 불안감을 느끼고 있는지 주관적인 점수를 부여한다.

(0점 : 아무렇지도 않다 / 100점 : 너무 불안해서 죽을 것만 같다.)

나를 불안하게 만드는 것을 점수로 알아보기	
나를 불안하게 만드는 것	0점~100점

② 자극에 대한 노출

자극에 대한 노출은 실제적인 자극을 접촉하는 직접 노출을 할 수도 있고, 상상을 통한 이미지 기법을 통해 이루어질 수도 있다.

(2) 모래를 활용한 놀이 치료

① 준비물 : 모래 이미지 카드, 모래, 놀이 피규어, 시판 모래놀이 실내용 세트
② 모래 이미지 사진을 활용하여 모래를 만지면 어떨까를 상상하게 하며 질문한다.
- 모래를 만져 본 적이 있을까?
- 모래를 만지면 손에 감촉이 어떨까?

③ 실제로 모래를 만져 보게 한다.
- 모래를 실제로 만지는 것에 대한 불안을 달래 주고 아이가 수행할 수 있는 부분까지 천천히 진행한다.
- 손톱에 낀 모래로 병균이 옮지는 않는다는 것을 알려 준다. (아이와 추가적인 모래놀이 치료를 병행할 수 있다.)

④ 피규어들을 자유롭게 배치하여 친구들과 '모래를 가지고 할 수 있는 것은 무엇일까?' 이야기 나누며 모래를 만져도 불안하지 않을 수 있도록 돕는다.

⑤ 가능한 시간이 지날수록 자극에 대한 노출을 연장시키고, 강하게 진행하며 (1)의 활동 불안 지수가 절반 이상으로 낮아질 때까지 반복하는 것이 필요하다. 중간에 그만두면 불안 지수가 감소하지 않는다.

6. 상담을 마무리하며

공주는 말수가 매우 적다. 부모는 조용한 공주가 무탈하게 자라는 것처럼 보이고 순응적이고 얌전한 아이라고 생각할 수 있다. 그러니 아무 문제가 없다고 생각할 것이다. 학급 아이들에게도 공주는 그냥 조용한 아이로 남겨질 뿐이다.

하지만 공주은 강박적 사고로 마스크를 벗지 못하고 있다. 팬데믹을 지나오며 우리 삶에 마스크는 필수처럼 여겨지고 있어 어느 누구도 마스크를 벗지 않는 것에 대해서 신경 쓰지 않는다. 그러다 보니 공주처럼 강박적으로 마스크를 벗지 않아도 그리 신경 쓸 일이 아닌 듯 보일 수 있다.

공주가 언젠가 필요하다고 느낄 때만 마스크를 쓰고, 친구들과 큰소리로 활짝 웃을 때, 온전히 자신을 드러내야 할 때, 맛있는 음식을 먹을 때는 마스크를 벗고 좀 더 편안해지기를 바란다.

친구들의 따돌림으로
속상해 하는 아이

1. 문제 상황

중학교 2학년 하늘이는 학교 아이들의 따돌림으로 등교를 거부하고 있다. 하늘이네는 맞벌이가정으로 네 살 때부터 할머니 댁에서 자랐다. 네 살 많은 사촌오빠와 차별을 당하며 어린 시절을 보냈고, 부모님과는 한 달에 두세 번 정도 만날 수 있었다. 부모님과 만날 때는 하루 종일 하늘이가 원하는 것을 들어주었다고 한다.

오랜 시간 떨어져 살았던 가족은 함께 살기 위해 중학교 1학년 겨울에 이사를 했다. 이처럼 가족의 이사로 전학을 왔을 뿐인데 학교에는 강제 전학이다, 그 이유가 선생님과의 부적절한 관계 때문이다, 고등학생과 부적절한 관계를 가졌다 등의 근거 없는 소문이 돌기 시작했다. 소문은 꼬리를 물고 변질되어 가며 하늘이를 더욱 힘들게 만들었고, 급기야 전교생이 따돌리는 상황이 되어 버렸다. 나시 전학을 가는 것에 대한 고민과 함께 등교 거부 문제로 상담을 하게 되었다.

동급생들의 쑥덕거림과 비언어적인 야유를 견디며 학교를 다니는 중에도 친구들이 한두 명 있었지만 그 친구들도 오래가지는 못했다. 학교 아이들의 야유 섞인 말과 욕설은 시간이 갈수록 수치심과 모욕감을 들게 했다. 이런 상황은 하늘이의 육체를 얼어붙게 만들었고, 순간적으로 말이 나오지 않기도 했다. 학교 아이들이 너무 무서울 때는 화장실로 숨어서 울기도 하고, 공황 상태를 만들기도 했다. 그래도 하늘이는 학교를 끝까지 마치기를 바라며, 심리 수업을 통해 변화하고 다른 아이들과 원만한 관계를 맺고 싶어 했다.

2. 상담 이론 : 동기강화상담

동기강화상담은 윌리엄 밀러(William R. Miller)와 스테판 롤닉(Stephen Rollnick)에 의해 시작되었다. 끊임없이 이어지는 질문에 대답하기 위해 고민하는 과정 중에 동기강화상담이 탄생되었다. 처음에는 알코올 중독을 치료하기 위해 개발되었으나 현재는 행동의 변화가 필요한 여러 영역에서 활용되고 있다.

동기강화상담은 개인이 가진 변화 동기와 변화 결심을 강화하기 위한 협력적인 대화 방식을 말한다. 동기강화상담의 세 가지 요소는 의지(변화의 중요성), 능력(변화에 대한 자신감), 준비(중요성 우선순위)다. 동기강화상담의 정신은 협동정신, 유발성, 자율성이 있다.

- 협동정신 : 교사와 학생의 관계가 일반 상담에서의 위계적 관계가 아닌 협동정신을 가지고 상담하는 작업이라 할 수 있다.
- 유발성 : 학생에게 변화에 대한 동기가 이미 내재해 있다고 보고, 학생

의 변화 동기를 자연스럽게 이끌어 내어 강화하는 것이다.
- 자율성 : 학생에게 변화 행동 선택의 자유와 그것을 유지해 나가는 능력이 있다고 보는 것이다.

　동기강화상담의 기술로는 OARS가 있다. 즉 '열린 질문(Open-ended question)'을 통해 현재의 상황을 수용하고 격려하며 학생과 교사가 신뢰를 쌓아 가는 방법으로 활용한다. '인정하기(Affirmation)'는 학생 자신의 경험과 생각에 대한 대한 탐색을 말로 표현할 수 있도록 하며, 학생의 생각이나 계획을 적극적으로 인정해 주는 것이다. '반영하기(Reflection)'는 반영적 경청을 통해 학생이 하는 말의 의미를 더욱 깊이 헤아려 주기 위함이며, 말로는 다하지 못하는 부분까지 이해해 보려는 교사의 노력이기도 하다. '요약하기(Summarizing)'는 학생과의 상담을 정기적으로 요약하여 교사가 학생의 말을 주의 깊게 들어주고 있다는 것을 알리는 것이다. 이로 인해 학생과의 상담이 더욱 깊어질 수 있다.

　인간의 발달 과정은 자기 중심에서 관계 중심으로, 그리고 의미 중심의 순서로 발달한다. 그런데 발달이 잘 이루어지지 않으면 자기 파괴, 관계 파괴, 사회문제가 발생할 수 있다. 학생 중심의 동기강화상담을 활용하여 학생의 내재적 동기인 자율감, 관계감, 유능감, 목표감이 균형 있게 발달시켜 동기 균형을 안정적으로 이루어 갈 수 있도록 돕는다.

3. 상담 그림책 분석

『도둑 맞은 이름』
호세 안토니오 타시에스 글·
그림, 푸른숲주니어

『도둑맞은 이름』은 다르다는 이유로 학교에서 따돌림을 당하는 한 소년의 모습을 그려 낸 그림책으로, 학교폭력을 당하는 아이가 얼마나 큰 고통과 혼란을 겪게 되는지를 고스란히 보여 준다.

"나를 위한 것은 하나도 없어."라며 시작하는 이 그림책의 주인공은 이름이 없다. 다른 아이들이 주인공에게서 이름을 빼앗은 것이다. 그림책은 왕따로 찍힌 아이가 겪을 수 있는 일들을 묘사하고 있다. 좋아하는 친구가 생겨도 아이들의 훼방으로 친구를 잃게 되고, 어른들도 주인공에게도 문제가 있다고 한다. 주인공이 자신의 내면에서 나오지 않고 세상을 다른 눈으로 보기 때문에 이런 일이 생기는 것이라고 생각한다. 다른 아이들의 괴롭힘을 참고, 모든 아이들이 하교한 후 혼자서 운동장에 머물 때 "난 왜 다른 아이들과 다를까?" 하는 질문에 주인공은 하염없이 길게 이어진 계단의 끝까지 오르게 된다.

우리의 시선은 어디에 있어야 할까? 자신의 얼굴을 드러내면서 주인공은 우리에게 들어줘서 고맙다고 한다. 우리는 과연 주인공에게서 무엇을 들어야 할까? 전 세계 어느 나라를 막론하고 왕따 문제는 심각하다. 과연 이 아이만 다른 아이들과 다를까? 이것이 당하고 있는 한 아이의 문제만은 아닐 것이다.

4. 상담 실제

(1) 그림책 읽고 질문 나누기

그림책의 주인공은 마치 오랜만에 만난 친구인 양 독자에게 자신이 겪은 일들을 담담히 전한다. 왠지 독자가 무심하여 주인공을 신경 쓰지 못한 것처럼. 독자로 하여금 방관하지 말고 나를 좀 봐 달라고, 그러나 그렇지 못하더라도 괜찮다고 말하는 것처럼. 하늘이가 겪은 모든 일들을 교사가 해결해 줄 수는 없으나 이제라도 하늘이의 마음을 알게 되어 다행이라고 말해 주면서 하늘이와 그림책을 함께 읽는다.

(2) 그림책과 관련된 질문
- 그림책 속 주인공에게 이름을 만들어 줍시다. 이 아이의 이름은 무엇인가요?
- 엘리베이터 안 거울에 비친 주인공의 얼굴이 실제와 다른 이유는 무엇인까요?
- 아이들의 훼방으로 좋아하는 친구와 결별하게 된 주인공의 마음은 어떨까요?
- 주인공도 다른 아이들처럼 누군가를 괴롭히고 싶을까요?
- 주인공이 학교를 잘 마치려면 어떻게 해야 할까요?
- 늘 혼자이던 주인공 옆에는 누가 있었을까요?

(3) 삶과 관련된 질문
- 내게 학교는 어떤 의미인가요?
- '친구'와 '동창'은 어떻게 구분할 수 있을까요?

- 주인공이 어른이 되면 어떤 사람이 되어 어떤 사람들을 만날까요?
- 내게 '방관자' 란 어떤 의미인가요?
- 내가 방관자였던 적이 있었나요? 그 일은 지금 내게 어떻게 기억되어 있나요?
- 방관자였던 때로 돌아간다면 나는 어떻게 할까요?

(4) 상담 대화 예시

교사 : 친구들은 하늘이에게 왜 친절하지 않을까?

학생 : 왜 그런지 모르겠어요. 저는 그 애들한테 그러지 않거든요.

교사 : 하늘이가 정말 답답할 것 같아. (학생의 심정에 충분히 공감한다.)

학생 : 전학은 그냥 우리 가족이 함께 살려고 한 것인데 왜 그런 소문이 나는지 모르겠어요.

교사 : 정말 속상하다. 어떻게 하면 아이들이 하늘이에게 친절할 수 있을까?

학생 : 제가 애들한테 말할 때 제 얘기를 끝까지 들어주면 좋겠어요. 애들이 제 말을 들으려고 하지 않아요.

교사 : 아이들이 하늘이 말을 잘 들어주면 좋겠다. 그럼 하늘이를 좀 더 이해할 수 있을 텐데. (학생의 말을 반영해 주며 관계 형성의 시작을 잘할 수 있는 행동을 유발할 수 있도록 한다.)

학생 : 네!

교사 : 하늘이는 친구들과 대화를 할 때 어떻게 하는지 알려 줄래?

학생 : 제가 말을 많이 하는 편은 아니에요. 결론만 말하는 것 같기도 하고. 친구들의 이야기를 듣기는 하는데 대답을 잘 안 할 때도 있어요. 무슨 말을 해야 할지 잘 모르겠어요….

교사 : 그랬구나! 하늘이는 자신이 친구들의 말에 늦게 대답한다고 생각하고 있네. (자신을 알아차림하고 있는 학생을 위로한다.) 그럼 이제는 어떻게 하면 관계가 좀 달라질 수 있을까?

학생 : (한참을 기다렸다가) 제가 "내 얘기 좀 들어 봐!" 하면서 제 생각을 말해야 할 것 같아요. 제가 너무 도망다니기 바빴던 것도 있는 것 같아요.

교사 : 정말 용기 있는 결정이다. 선생님이 곁에서 도와줄게. 하늘이가 잘할 거라고 선생님은 믿어!

학생 : 네, 감사합니다.

5. 상담 활동

(1) OARS를 사용한 표면 반영과 더 깊은 반영하기

동기강화상담에서 OARS는 핵심 기술로, 특히 반영적 경청이 중요하다. 교사는 학생의 상처받은 마음의 치유를 위해 질문하기, 감정의 반영, 해석하기, 직면 등 여러 상담 기법을 활용할 수 있다. 반영적 경청을 사용한 표면 반영과 더 깊은 반영으로 학생과의 상담이 더 효과적일 수 있다. 반영적 경청이란 학생이 지각한 내용을 진술하는 것이다. 단순 질문이 아니다. 표면(단순) 반영을 통해 학생의 마음속 깊은 곳에 있는 생각, 느낌, 감정을 읽고 더 깊은 반영을 통하여 학생에게 새로운 방향을 제시하는 대화로 상담을 이끌어 갈 수 있다.

교사 : 오늘은 하늘이 마음이 어떠니?

학생 : 모르겠어요. 매일매일 비슷해요.

① 표면(단순) 반영

교사 : 하늘이에게는 매일매일이 그저 그런 날들처럼 느껴지나 보구나.

    (단순 반영과 요약하기로 학생과의 대화를 지속적으로 이끌어 가고, 학생과의 안정된 의사소통을 만들어 갈 수 있다.)

② 더 깊은 반영

교사 : 비슷비슷한 매일매일이 하늘이에게는 깊은 수렁에 빠진 것처럼 힘들었겠다.

③ 확대 반영

학생 : 오늘은 아이들이 조용했어요.

교사 : 우와! 그럼 좀 사이가 나아진 거네.

④ 뒤따르기 반응

교사 : 오늘만 조용한 것이라고 생각이 들어서 오히려 더 불안한 거였구나.

⑤ 이끌기 반응

교사 : 아이들이 조용하니 오히려 더 불안하고, 왜 그런지 더 궁금했을 수도 있었겠네.

⑥ 양면 반영

교사 : 아이들이 조용하니 한편으로 좋기도 하고, 또 너무 이상하리만큼 조용하니 더 불안해졌다는 거네.

⑦ 은유 사용

교사 : 아이들의 반응이 하늘이의 의지와 상관없이 움직이는 흔들다리 같다.

반영적 경청은 상담 기술이면서도 동기강화상담의 핵심이다. 동기강화상담으로 학생을 만나려면 경청에 능숙해야 하고, 반영의 빈도와 깊이가 중요하다. 또한 교사가 보이는 비언어적 반응은 상담에서 매우 중요하다.

(2) 동기강화상담에서 말하는 변화 모형

변화 모형은 전 숙고 단계, 숙고 단계, 준비 단계, 실행 단계, 유지 단계, 재발 단계로 분류하여 학생의 단계에 맞추어 개입이 필요하다. 하늘이는 실행 단계, 즉 변화를 위한 행동에 옮긴 단계이므로 유지 단계가 지속될 수 있도록 돕는 것이 중요하다. 유지 단계를 지속하고 동기 균형이 건강할 수 있도록 하늘이가 할 수 있는 활동을 찾아본다.

① 하늘이가 자율감과 목표감을 느끼고 싶을 때 할 수 있는 것은 무엇일까?

  예) 여행을 떠난다. 여행은 내 맘대로 갈 수 있지만 목표를 갖는 활동이라 할 수 있다(목적지 없는 여행은 방랑이다).

② 하늘이가 자율감과 유능감을 느끼고 싶을 때는 무엇을 하면 좋을까?
　예) 취미활동을 한다(스스로 하고 싶은 것을 선택하고, 만족스러움을 느끼며, 어느 정도의 성취를 경험하고 싶은 유능감의 욕구가 발휘되는 영역이 취미와 여가 영역이다).

③ 하늘이가 소속감과 유능감을 느낄 수 있는 곳은 어디일까?
　예) 하늘이가 소속감을 느낄 수 있는 핵심 공간은 가정이다(오랜 시간 동안 부모와 떨어져 있었던 경험은 하늘이를 늘 외롭고 불안하게 만들었을 수 있다) 가정에서 하늘이가 소속감을 느낄 수 있도록 한다.

④ 소속감과 목표감을 느낄 수 있는 일은 무엇일까?
　예) 봉사활동 또는 종교 활동(봉사활동과 종교 활동은 삶의 목표와 의미, 가치를 찾으면서 목표감을 느낄 수 있는 안정된 관계, 모임이 될 수 있다).

(3) 탁월성의 원(circle of excellence)

탁월성의 원은 NLP 기법[28]으로, 탁월한 경지에 이르는 경험을 할 수 있도록 해 주는 상상 속의 원이다. 누구든지 만들 수 있는 가상의 원이다. 탁월성의 원 안에서 독특한 성취 경험을 마음껏 체험함으로써 학생이 강력한

28　NLP는 1970년대 중반 존 그라인더(John Grinder)와 리처드 밴들러(Richard Bandler)에 의해 창시된 신경-언어 프로그래밍(Neuro-Linguistic Programming)의 약자로 게슈탈트 치료법의 창시자인 프리츠 펄스(Fritz Perls), 가족 치료 전문가인 버지니아 사티어(Virginia Satir), 그리고 정신과 의사이자 세계적인 최면치료가인 밀턴 에릭슨(Milton Erickson)의 핵심적인 치료 기법들의 유사한 치료적 패턴을 찾아내어 임상에서 효과적으로 적용될 수 있고, 쉽게 가르칠 수 있도록 개발한 것을 뜻한다.

에너지를 얻을 수 있도록 하는 것이다.

① 학생이 성취하고 싶은 목표나 원하는 긍정적 상태를 구체적으로 선정하도록 한다.
② 학생이 과거에 자신감 넘쳤던 순간이나 즐거웠던 경험을 찾아서 선택하여 그것에 대한 이야기를 듣는다.
③ 학생의 눈앞에 매우 큰 탁월성의 원(소망을 이루는 강력한 힘이 있는 원)을 상상으로 만들도록 한다.
④ 탁월성의 원 바닥을 학생이 좋아하는 색으로 칠하고, 학생이 좋아하는 음악 소리가 울려 퍼지도록 하고, 학생의 기분이 좋아져 콧노래를 부르는 상상을 하도록 한다.
⑤ "당신의 탁월성의 원으로 들어가세요!"라고 말하고 ②의 상태를 재경험하게 한다. 학생에게 보이는 것, 들리는 것, 느끼는 것을 물어보며 감각을 확인하고 재경험을 강화한다.
⑥ 학생에게 재경험 상태(즐거움, 자신감 등)를 탁월성의 원에서 내려놓고 몸만 빠져나오도록 한다.
⑦ "밖으로 나왔나요? 지금 어떤가요?" 학생의 상태를 확인한다.
⑧ 눈을 감고 다시 탁월성의 원 안으로 들어가도록 한다. 학생의 반응이 충분할 때까지 ①~⑦까지를 반복하며 진행한다.
⑨ 학생 자신이 원하는 긍정적인 상태와 활용하고 싶은 상황을 결정하여 탁월성의 원 안에서 경험한 상태를 즉시 재경험할 수 있도록 돕는다. 이는 학생이 자기에게 있을지도 모르는 적응하기 힘든 상황에 대처하기 위해서이다.
⑩ 다시 한번 탁월성의 원 안으로 들어가서 학생에게 다가올 부정적 상

황을 상상하게 하여 부정적 상황에서도 자신감을 가질 수 있도록 한다.
⑪ ⑩의 상황을 몇 회 정도 반복하여 학생이 만족할 결과를 얻게 되면 두뇌에 새로운 프로그램이 완성된 것을 스스로 칭찬하고 큰 박수로 마무리한다.

6. 상담을 마무리하며

우리의 이름엔 모두 그 뜻과 의미가 있다. 하늘이가 자신의 이름은 사람들이 고개 들어 바라보는 하늘이가 되길 바라는 마음으로 부모님이 지어주셨다고 말했다. 하늘이는 글을 쓰는 지금 이미 상담학을 전공하는 대학원생이 되었다. 자신의 삶을 잘 견디며 살아왔고, 지금도 자신과 같은 아이들을 돕기 위해 공부하고 있다.

우리는 그 이름답게 살아간다. 타인이 나를 어떻게 평가하든 각자의 이름에 걸맞게 살아갈 수 있다. 지금도 왕따로 마음고생하는 아이들이 있다면 그림책의 주인공처럼 도둑맞은 이름을 찾기 바란다. 온전한 자신의 이름으로 살아가기를 바란다. 하늘이는 자신을 감싸고 있는 많은 어려움을 꼼짝없이 당하고만 있지 않았다. 하늘이가 자신의 의지대로 그 어느 곳에서도 건강한 몸과 정신으로 모든 사람들이 우러러보는 멋지고 빛나는 삶을 이름답게 살아가길 축복한다.

가족의 죽음으로
슬퍼하는 아이

1. 문제 상황

　중학교 3학년 아영이는 엄마와 사이가 좋았다. 고민도 스스럼없이 이야기하고 여가 시간도 같이 보내면서 아영이에게 엄마는 늘 든든한 지원군이었다. 한동안 컨디션이 좋지 않던 엄마가 건강 검진 후 췌장암이라는 청천벽력 같은 소식을 듣게 되었다. 병원에서 치료를 시작했으나 경과는 좋지 않았고, 시간이 지날수록 엄마의 병세는 악화되다가 아영이가 졸업하는 것도 보지 못하고 돌아가셨다. 엄마가 세상을 떠난 지 한 달이 훌쩍 지났지만, 아영이는 밤마다 눈물로 베개를 적시며 잠드는 날이 허다했다.
　학교에서도 예전처럼 밝게 웃고 친구들과 어울리기 어려웠다. 모든 것이 공허하게 느껴졌다. 시간이 갈수록 아영이는 가슴이 답답하고, 우울한 마음을 어떻게 달래야 할지 몰랐다. 엄마가 보고 싶고, 목소리도 듣고 싶은데 기억에서 흐릿해지는 것 같아서 우울감을 많이 느끼고 있다. 엄마에 대한 추억을 나누고 싶은 마음도 있지만, 아빠도 힘겹게 버티고 있을 것 같아서 엄마 이야기는 생각조차 못하고 있다.

아영이는 갑작스러운 엄마의 죽음으로 깊은 슬픔을 느끼고, 일상적인 활동을 하는 데 어려움을 겪고 있다. 사랑하는 사람을 잃은 상실은 큰 슬픔과 정서적 고통을 수반하고, 오랜 시간의 애도 기간이 필요하다. 애도 반응은 상실 이후에 나타나는 당연하고 자연스러운 정상적인 반응이라는 것을 알려 주고, 자신의 감정과 생각을 억누르지 않고 받아들이면서 현재 상황을 수용하고, 자신의 삶에서 중요하다고 생각하는 가치에 맞게 살아갈 수 있도록 돕는 과정이 필요하다고 보았다.

2. 상담 이론 : 수용전념치료

수용전념치료(ACT, Acceptance and Commitment Therapy)[29]는 마음챙김과 수용에 기반한 심리치료 이론이다. 심리학자 스티븐 헤이즈(Steven C. Hayes)가 1980년대에 창안했으며, 고통스러운 생각과 감정을 억제하거나 바꾸려 하기보다는 그것을 있는 그대로 수용하고, 자신의 가치에 따라 행동하도록 돕는 것을 목표로 한다. 수용전념치료는 마음가짐과 태도를 다루는 데 초점을 맞추며 심리적 유연성을 갖게 한다. 이를 통해 불편한 감정을 수용하는 능력을 키울 수 있게 되고, 다양한 상황에서 더 유연하게 반응할 수 있게 되며, 고통스러운 경험 속에서도 자신의 가치를 지키며 살아갈 수 있도록 돕는 것이다.

수용전념치료 과정의 여섯 가지 핵심 요소는 다음과 같다.

---

29 Tamar D. Black(2024). 아동·청소년을 위한 수용전념치료. 하나의학사. pp.27-42.

(1) 그대로 두기(수용)

일반적으로 고통스러운 감정이나 생각, 신체 감각 등이 발생했을 때 그것을 억누르려 하거나 회피하는 경향을 보인다. 하지만 수용전념치료에서는 불편한 감정을 피하거나 증상을 줄이려고 노력하는 대신 그대로 받아들이는 것을 강조한다.

(2) 내려놓기(인지적 탈융합)

우리 마음속에 떠오르는 생각이나 느낌은 그저 하나의 생각일 뿐, 절대적인 사실이 아니다. 예를 들어, '나는 실패자야.'라는 생각이 떠오르더라도 그건 그저 생각일 뿐 사실로 받아들이거나 믿을 필요는 없다. 생각과 감정에 지배당하지 않고 자신과 거리를 두는 것이다.

(3) 중요한 것 선택하기(가치)

수용전념치료에서 중요한 부분은 자신이 진정으로 중요하게 여기는 가치를 찾아가는 것이다. 가치는 사람들에게 방향성을 제시하며, 삶을 의미있게 만들어 준다. 가치는 단순히 결과를 지향하는 목표와는 다르다. 자신이 어떤 삶을 살고 싶은지, 어떤 사람이 되고 싶은지 생각해 보며 가치를 탐색할 수 있다.

(4) 중요한 것 하기(가치 전념)

자신의 가치를 실현하기 위한 행동에 전념하는 단계이다. 가치에 따라 행동하면서 삶에 더 큰 만족감을 얻고, 의미를 부여할 수 있다. 중요한 것을 하는 행동 경향을 점차 확대해 나가서 자신이 원하는 삶의 모습에 가까워지도록 한다.

(5) 여기 머무르기(현재 접촉)

과거 기억이나 미래에 대한 걱정에 휘둘리지 않고, 지금 이 순간에 주의를 기울이는 것이다. 지금-여기에 집중하지 않고 있다는 것을 알아차리면 다시 주의를 현재로 돌리는 것이다. 마음챙김을 통해 현재 순간을 있는 그대로 관찰하고 받아들임으로써 불안이나 스트레스를 줄일 수 있다.

(6) 자기 알아차리기(맥락적 자기)

자신의 생각과 감정에 휘둘리는 것이 아니라, 한 발짝 뒤로 물러서 자신을 관찰하는 것이다. 자신을 고정된 생각이나 감정에 묶이지 않는 유연한 존재로 바라보며, 자신이 곧 경험을 주관적으로 바라보는 주체임을 인식하게 된다.

3. 상담 그림책 분석

『손톱』
유청 글, 무르르 그림,
달그림

『손톱』은 소중한 사람과의 이별, 회복과 성장의 과정을 잔잔하게 담아낸 그림책이다. 아이는 갑작스런 사고로 엄마를 잃었다. 텅 빈 것 같은 집은 적막만 감돌고, 상실의 상처로 힘들어 하는 아이는 아빠도 힘들까 봐 다가가지 못한다. 아이가 느낄 수 있는 엄마의 흔적은 엄마가 손톱에 발라 준 매니큐어뿐이다. 엄마를 잊고 싶지 않은 마음에 매니큐어가 벗겨질까 봐 아이는 제일 좋아하는 모래놀이도 피아노 연주도 하지 않는다. 상실의 아픔에 갇혀서 지금-여기를 살아가지 못하는 모습을 보이는 것이다. 아빠는 아이에게 봉숭아물을 들여 주며 현실을 수용하고, 중요한 가치를 선택해서 일상으로 돌아갈 수 있도록 노력한다. 손톱이 자라지 않았으면 좋겠다고 생각하는 아이에게 아빠는 "손톱이 사라진다고 마음도 사라지는 건 아니야."라고 알려 주며 심리적 유연성을 갖도록 안내한다. 그리고 아빠도 아이도 당면한 현실을 마주하고 중요한 것들을 실현하기 위해 일상을 살아간다.

4. 상담 실제

(1) 그림책 읽고 질문 나누기

그림책 『손톱』의 주인공은 엄마를 떠나보내고 싶지 않은 마음에 손톱이 자라지 않았으면 좋겠다고 생각하지만, 아빠와 대화를 통해 손톱이 사라진다고 마음도 사라지는 건 아니라는 사실을 깨닫게 된다.

(2) 그림책과 관련된 질문

- 아이는 어떤 감정을 느끼고 있나요? 무엇(구조적 장치)을 통해서 느껴졌나요?
- 제목이 의미하는 것은 무엇일까요?
- 아이에게 매니큐어는 어떤 의미였을까요?
- 아이가 손톱이 자라지 않기를 바라는 이유는 무엇인가요?
- 아이가 일상을 회복하는 데 영향을 준 것은 무엇인가요?
- '꽃은 져 버렸지만 사라지는 게 아니야.'의 의미는 무엇일까요?

- 앞면지가 아이가 당면한 상황을 알려 주듯이, 뒷면지는 어떤 의미를 담은 걸까요?

(3) 삶과 관련된 질문
- 삶에서 중요한 것을 상실한 경험이 있나요?
- 상실의 아픔을 어떻게 견뎌 낼 수 있었나요?
- 나에게 소중한 사람은 누구인가요?
- 나에게 소중한 사람을 추억할 수 있는 물건이나 장소는 어떤 것이 있나요?
- "아픈 마음도 다시 고칠 수 있을까?"라는 아이의 질문에 뭐라고 대답해 주고 싶나요?
- 마음속에 오래도록 간직하고 싶은 기억이 있나요?
- 그 기억은 내게 어떤 의미가 있나요?

(4) 상담 대화 예시
교사 : 그림책을 보며 가장 마음에 와닿은 장면이나 구절이 있었니?

학생 : 엄마의 냄새도 흔적도 점점 사라져 간다는 부분이요. 저도 엄마가 보고 싶고 목소리도 듣고 싶은데 그런 기억들이 희미해지는 느낌이에요.

교사 : 아영이도 책 속 주인공처럼 엄마에 대한 기억이나 느낌이 지워지지 않았으면 좋겠다고 간절히 바라는구나.

학생 : 네. 매일 저녁마다 엄마를 생각하다 보면 눈물이 나요. 그러다 왜 이런 일이 우리 가족에게 일어났는지 슬프고, 원망스럽고, 허망해요.

교사 : 아영이가 지금 느끼는 감정들은 당연한 거야. 엄마를 잃을 거라고 상상조차 안 했을 테니. 지금의 현실이 너무 괴롭고 슬프고, 얼마나 원망스럽겠어.

학생 : 그런데 이런 생각들 때문에 학교에서 있는 시간이 너무 괴로워요. 친구들 대화에 공감도 안 되고, 같이 이야기 나누고 싶은 마음도 들지 않고…. 친구들이 잘못한 건 아닌데, 그러니까 '부정적으로 생각하지 말자.' '티내지 말자.' 하고 생각하는데 그것도 잘 안 돼요.

교사 : 맞아. 원치 않는 생각이나 감정을 없애려고 애를 쓸수록 관련 생각을 더 하게 되지. 그냥 그 생각과 감정이 내 마음속에 지나가는 걸 알아차리고, 그대로 두는 건 어떨까?

학생 : 그게 가능할까요?

교사 : 쉬운 일은 아니지. 하지만 지금 이 순간에 느끼는 아픔도 네가 느끼는 아주 소중한 감정이고, 엄마를 사랑한 네 마음의 흔적이기도 해. 그걸 억지로 막을 수는 없지.

학생 : 그냥 슬퍼해도, 친구들을 신경 쓰지 않고 제 마음이 가는 대로 해도 괜찮을까요?

교사 : 물론이지. 엄마에 대한 사랑을 기억하면서 그 슬픔을 조금씩 수용해 보자. 슬픔이 다가올 때 그 슬픔이 네 곁에 잠시 머물 수 있도록 두고, 그 감정을 느끼고 표현해 보자. (현재 애도 반응을 타당화해 주고, 특정한 생각이나 감정이 떠오르는 것을 통제하기는 어렵다는 점을 경험을 통해 깨우쳐 주면서 '그대로 두기(수용)'가 도움이 된다는 것을 이해하도록 한다.)

(중략)

교사 : 그림책에서 '꽃은 져 버렸지만 사라지는 게 아니야.'라는 문구는

무엇을 의미하는 걸까?

학생 : 엄마가 마음속에 살아 있다는 거 같아요.

교사 : 그래. 아영이에게 엄마가 정말 소중하고 큰 의미가 있었던 것처럼, 네 마음속에도 간직하고 싶은 중요한 가치나 의미가 있을까? 엄마와의 추억이 남아 있어서 계속 이어 가고 싶은 일이 될 수도 있고.

학생 : 엄마가 타로를 잘 봤거든요. 힘든 일이 있을 때마다 타로를 통해 고민 상담을 해 주기도 했어요. 그래서 엄마처럼 저도 힘들 때 잘 들어주고 도와주는 사람이 되고 싶다는 생각을 했었어요. 상담에 관심이 생기기도 했었고요.

교사 : 그렇구나. 아영이가 엄마의 따뜻하고 도움을 주는 모습을 닮고 싶다고 생각했구나. 그 모습을 어떤 활동을 통해 할 수 있을지도 찾아보자. 또 엄마와의 추억을 바탕으로 네가 소중하게 생각하는 가치들을 찾아가는 모습을 보면 하늘에서 지켜보는 엄마도 뿌듯하시겠다.

학생 : 그럴까요?

교사 : 그럼. 아영이가 찾은 중요한 가치들을 네 삶에서 어떻게 실현할 수 있을지 방법을 찾아보면 좋을 것 같아. 우리 같이 생각해 볼까? (엄마를 잃은 상실감에 힘들어 하는 학생에게 삶을 의미 있게 만들어 줄 수 있는 가치를 탐색한다. 가치의 탐색이 전념 행동으로 이어질 수 있도록 교사가 함께 찾아보는 것도 필요하다.)

학생 : 네.

5. 상담 활동

(1) 스노우볼 만들기

원치 않는 생각을 밀어내려고 할수록 그 생각이 더 나곤 한다. "지금부터 북극곰은 생각하지 마세요."라고 말하는 순간, 갑자기 북극곰이 떠오르듯 말이다. 마음속에서 일어나는 일을 알아차린 후 자연스럽게 가라앉도록 가만히 두는 것이 도움이 될 수도 있다. 이런 원리를 설명하면서 그대로 두기를 연습할 수 있는 활동이 스노우볼 만들기다. 직접 만들면서 흥미도 유발하고, 스노우볼을 흔들어 놓고 반짝이가 내려앉는 모습을 보며 그대로 두기 연습을 함께 해 본다.

① 준비물 : 뚜껑 있는 유리병, 장식품, 글루건(접착제), 글리세린, 물, 굵은 반짝이(글리터)
② 뚜껑이 있는 깨끗한 병을 준비한다.
③ 원하는 장식품이 유리병 안에 들어가는지 확인한다.
④ 장식품을 뚜껑 안쪽에 놓고 배치가 마음에 들면 접착제로 붙이고 완전히 말린다.
⑤ 병에 물과 글리세린(3스푼)을 혼합하여 3/4정도 채운다. 글리세린을 추가해야 반짝이가 천천히 떨어진다.
⑥ 병에 반짝이(글리터)를 적당량 넣는다. 너무 적으면 금방 다 떨어지고, 너무 많으면 장식물이 안 보이므로 양을 잘 조절한다.
⑦ 뚜껑을 닫을 때 장식물의 부피만큼 액체가 넘칠 수 있으니 주의한다. 스노우볼을 흔들려면 작은 에어포켓 공간을 남겨야 한다. 뚜껑을 닫고 뒤집으면 스노우볼이 완성된다.

(2) 생각은 생각일 뿐이야! (생각과 거리두기)

자신의 생각을 이야기할 때 "나는 ~라는 생각이 들어요."라고 표현을 바꾸도록 안내한다. 이 활동은 생각이 진실인 것처럼 단정적으로 말하던 습관에서 벗어나, 자신과 생각 사이에 거리를 두게 유도한다. 생각은 생각일 뿐, 생각대로 반응하거나 따라갈 필요는 없는 것이다. 이 활동을 통해 인지적 융합을 알아차리고 생각을 내려놓도록 도움을 줄 수 있다.

평소 습관	나는 ~라는 생각이 들어요.
예시) 나는 참을 수 없다.	나는 '참을 수 없다.'라는 생각이 들어요.
	▶

Chapter 2 심리 정서적 어려움이 있는 아이들

(3) 내 삶의 나침반[30]

삶의 중요한 영역에서 어떤 모습으로 살아가고 싶은지 탐색하다 보면 진정으로 소중하게 여기는 가치가 무엇인지 찾을 수 있다. 가치는 그 사람이 추구하는 삶의 방향이나 태도를 의미하며, 가치를 실현하기 위한 구체적이고 달성 가능한 목표를 세우는 것이 필요하다. 이 활동은 삶의 방향성을 찾아 지속적으로 노력할 수 있도록 돕기 위한 것이다.

① 삶의 중요한 영역(가족, 학업, 대인관계, 여가, 건강 등)에서 어떤 모습으로 살아가고 싶나요? 혹은 어떤 변화를 꿈꾸나요?
② 원하는 삶의 모습 혹은 변화 안에 들어 있는 중요한 것(가치)은 무엇인가요?
③ 중요하게 생각하는 것(가치)을 얻기 위해 어떤 행동을 할 수 있나요?
④ 중요하게 생각하는 것(가치)을 얻는 과정에서 예상되는 어려움은 무엇인가요?
⑤ 중요한 것(가치)을 얻기 위한 행동을 멈추지 않고 지속할 방법은 무엇일까요?
⑥ 원하는 삶을 위해 노력하는 과정에서 내게 도움을 줄 수 있는 사람은 누가 있나요?
⑦ 나의 행동이 중요하게 생각하는 것(가치)과 거리가 멀다고 느낄 때, 어떻게 유연하게 대처할 수 있을까요?

---

30 Diana Hill, Debbie Sorensen(2024). 매일 ACT하기 활동카드. 인싸이트.

6. 상담을 마무리하며

　수용전념치료는 이름 그대로 수용과 전념을 강조한다. 수용은 고통스러운 생각이나 감정을 피하려고 에너지를 소진하기보다는 지금-여기에서의 경험을 기꺼이 받아들이는 것이다. 삶의 경험을 있는 그대로 수용하다 보면 정서적 유연성이 높아져서 스트레스를 덜 받으면서 대처할 수 있게 되고, 개인에게 의미 있는 가치와 목표에 전념할 수 있게 되면서 성장해 나갈 수 있다. 우리의 삶이 늘 행복하지는 않고 심리적 고통을 겪는 것이 일반적이듯 수용전념치료는 고통을 없애는 것이 아니라 고통과 더불어 살아가는 법을 배우는 과정이라고 볼 수 있다. 이러한 수용전념치료의 철학적 바탕을 이해하도록 돕고, 서서히 내면의 변화를 이끌기 위해서는 수용전념치료의 여섯 가지 핵심 요소를 일상생활에서 꾸준히 적용하고 연습해 보는 것이 필요하다.

Chapter 3

행동에 어려움이 있는 아이들

말을 함부로 하는 아이

1. 문제 상황

 믿음이는 초등학교 6학년 남자아이다. 또래 친구들과 비슷한 체격으로 신체적인 발달 부분에서 보이는 어려움은 없다. 학습보다는 밖에서 하는 놀이를 더 좋아하고, 활동적인 것은 무엇이든 먼저 나서는 활발한 기질과 성격을 지녔다. 하지만 평소 운동장 또는 교실 안에서 아이들에게 입에 담지 못할 욕설을 자주 해서 또래 아이들로부터 민원이 많이 들어오는 편이다. 믿음이와 욕설을 사용하는 이유에 대해 이야기를 나눈 적이 있는데 "욕을 하지 않으면 친구들이랑 대화가 안 되고, 제가 찌질해 보이기 싫어서."라고 말했다. 함께 어울리는 다른 반 아이들을 살펴본 결과 서로 친근감을 나타내기 위해서 비슷한 유형의 말(욕이나 비속어)을 사용했다.
 믿음이 부모님께서도 아이가 저학년 때부터 시작된 다수의 민원과 담임 교사의 여러 차례 전화를 받고 지도해 보았지만 큰 효과가 없다고 했다. 저학년 때는 속상한 마음에 하지 말라고 혼도 내 봤지만 잠깐뿐, 다시 거친 말을 했다고 한다.

믿음이에게 욕을 하는 것은 바람직하지 않은 행동이라는 것과 자신이 사용하는 주된 언어가 친구들과 선생님 그리고 부모님에게 어떠한 영향을 미치는지 깨닫는 것에 집중하였다. 언어 습관이 잘못 형성된 믿음이뿐만 아니라 주변 아이들의 의사소통 유형을 알아보고, 부족한 부분을 개선해 나갈 수 있도록 돕고자 하였다.

2. 상담 이론 : 경험적 가족치료

경험적 가족치료는 가족 문제의 원인이 구성원에 대한 정서적 억압에 있다고 보고, 개인의 정서적 경험의 확장과 가족 간의 상호작용으로 가족 전체 문제를 해결하고자 하는 치료적 접근을 바탕으로 한다. 대표 학자인 버지니아 사티어는 임상 활동을 하면서 사람들이 긴장할 때 보여 주는 의사소통 및 대처 유형을 관찰했다. 그 결과 긴장을 처리하는 방식에서 공통점을 발견했다.

언어(말)는 자신의 의견을 가장 간단하고 쉽게 표현할 수 있는 수단이다. 언어를 도구로 하는 의사소통은 마음과 마음을 주고받는 과정이다. 우리는 말로 이해하고 관계를 만들어 간다. 이러한 의사소통 방식은 개인의 성격적 특징, 그리고 부모와 가족으로부터 가장 많은 영향을 받는다.

버지니아 사티어(Virginia Satir)는 의사소통 방식의 특징을 기준에 따라 분류했다. 사람마다 긴장하는 상태에서 말하는 방식이 다르고 대처하는 방식이 다르다고 하였다. 자존감의 세 가지 요인인 자신, 타인 그리고 상황이 조화로운 관계에 있을 때는 적절한 대처를 하게 된다. 즉, 세 가지 요인이 모두 순기능을 하여 일치하면 일치형이 되고, 그중에서 하나라도 온전하지 못하면 회유형, 비난형, 초이성형, 산만형 등의 역기능적 의사소통 유형이 된다. 의사소통 유형 대처 방식은 세 가지 요인을 어떻게 다루느냐에 따라 다르게 나타난다. 따라서 상담 목표는 기능적인 의사소통을 할 수 있고, 동시에 자신의 가치를 인정하도록 하여 자존감을 향상시켜 문제 상황에 대처할 수 있도록 하는 것이다.

사티어의 경험적 가족치료 기법은 가족 조각, 가족 재구성(가족생활 연대기, 원가족도표), 원가족 삼인군 치료, 역할극, 빙산 탐색(빙산 치료), 은유, 재정의 등이 있다. 이 중에서 개인에게 적용해 의사소통 대처 양식을 확인하고 올바른 의사소통 방식을 연습할 수 있는 빙산 탐색(빙산 치료), 역할극을 활용한 사례를 소개한다.

(1) 빙산 탐색(빙산 치료)

빙산 탐색은 인간의 심리와 내적 역동을 구체적으로 살펴볼 수 있는 기법이다. 개인의 행동과 태도의 내면에 자리 잡은 진정한 느낌(감정)과 생각(지각), 기대, 열망, 자기(self) 등을 자각할 수 있도록 도와주는 기법이다. 1차 수준인 수면 위에 나타난 부분인 행동(표현되는 행동과 삶의 이야기)과 대처 방식(생존 유형)뿐만 아니라, 2차 수준인 수면 아래의 부분인 감정, 지각, 기대, 열망과 3차 수준인 자기의 경험을 탐색하여 경험을 표면화시키고 역동을 변화시키는 것이 목표이다. 이 빙산 탐색을 활용하여 내담자의 감정, 지각, 열망에 대해 질문하고, 내담자에게 진정으로 중요한 것이 무엇인지 알아내고자 했다. 이 과정을 통해 자신과 다른 사람에 대한 감정과 지각, 기대, 열망을 인정하고 수용하면, 감정이 변하고 반응 행동도 다르게 나타난다는 것이다.

(2) 역할극

역할극은 자신이 실제로 경험한 사건을 현재의 시간과 공간에서 다시 표현해 봄으로써 재경험 및 재조명하는 활동이다. 역할극을 하는 과정에서 실제 자신이 경험한 것을 기억하고, 그에 대한 현재 감정과 느낌을 표현하는 것이 전제된다. 이 기법은 과거의 사건이나 바람 또는 미래의 사건에 대한 감정을 재현함으로써 이전에 느꼈던 감정을 다시 살펴보고, 이를 통해 새로운 변화의 가능성을 찾을 수 있다. 가족관계나 과거의 사건을 재경험하기 위해 가족 조각이나 빈 의자 기법 등에서 많이 활용하고 있다.

3. 상담 그림책 분석

『화내지 말고 예쁘게 말해요』
안미연 글, 서희정 그림,
상상스쿨

『화내지 말고 예쁘게 말해요』는 일상에서 흔히 일어나는 이야기를 통해 올바른 의사표현, 즉 '자신의 마음을 상대에게 어떻게 효과적으로 전달할 것인가'에 대해 얘기하는 그림책이다.

주인공 '도치'는 '버럭쟁이'라는 별명을 가지고 있다. 도치가 친구들 그리고 엄마와 동생에게 화를 내며 말하고, 계속 나쁜 말을 하기 때문이다. 그러던 중 도치 머리에 작은 구름이 생기기 시작하는데, 생긴 구름은 계속 커지며 먹구름으로 변해 천둥번개까지 친다. 도치가 구름의 정체가 뭔지 몰라 혼란스러움을 느끼고 있을 때, 작은 양산을 쓴 할머니 한 분이 나타난다. 할머니는 도치에게 그것은 나쁜 말 구름이며, 먹구름을 없애는 방법까지 친절하게 알려 준다. 할머니가 알려 준 방법은 무슨 말이든지 '난'으로 시작해서 '좋겠어'로 끝나는 '나-전달법(I-message)'이다. 이 방법을 실천한 도치는 엄마와 동생 그리고 친구들과 좋은 관계를 만든다.

믿음이가 생존하기 위해 역기능적 의사소통 방식을 형성하고 있어 기능적 의사소통 방식으로 변화할 수 있도록 이끄는 직관적인 그림책이다. 믿음이가 화나고 짜증이 날 때 자신이 원하는 것을 올바르게 표현할 수 있는 언어 습관을 길러 줄 수 있을 것이다.

4. 상담 실제

(1) 그림책 읽고 질문 나누기

매사에 짜증을 내고 친구들과 엄마, 동생에게 화를 내며 말하는 도치의 모습은 역기능적인 의사소통 유형인 '비난형'으로 볼 수 있다. 이 유형은 자존감의 세 가지 요소 중 타인이 무시된 유형으로 소외감, 외로움, 열등감 등을 느끼는 내적 경험을 한다. 기능적인 의사소통 유형인 '일치형'으로 변화시키기 위해서는 타인을 존중할 수 있도록 경청 훈련, 나-전달법 연습이 필요하다. 그림책 속 작은 양산을 쓴 할머니의 '난 ~좋겠어' 방법을 따라 해 봄으로써 자신의 욕구를 상대방에게 정확하게 전달하는 소통의 방법을 익힐 수 있도록 한다.

(2) 그림책과 관련된 질문

- 주인공 도치의 별명은 무엇인가요?
- 도치 머리 위 구름이 생긴 이유는 무엇일까요?
- 구름이 커지는 이유는 무엇일까요?
- 작은 양산을 쓴 할머니는 누구일까요?
- 도치는 언제부터 화를 내며 말하는 버릇이 생겼을까요?
- 도치 머리 위에 생긴 구름을 사라지게 하는 방법은 무엇인가요?
- 도치가 화내지 않고 예쁘게 말해서 좋은 점은 무엇인가요?
- 그림책 제목과 같이 '화내지 말고 예쁘게 말한다.'는 것은 무슨 뜻일까요?
- 도치는 빨간 바지를 입고 싶은데 엄마가 파란 치마를 가지고 왔을 때 어떻게 말을 했나요?

(3) 삶과 관련된 질문

- 화가 날 때 어떤 말을 하나요?
- 친구에게 들었던 나쁜 말은 무엇이 있나요?
- 친구에게 했던 나쁜 말은 어떤 것이 있나요?
- 나쁜 말을 하고 싶을 때 어떻게 하면 좋을까요?
- 다른 친구가 내게 나쁜 말을 사용한다면 어떻게 하면 좋을까요?
- 타인에게 좋은 말을 할 수 있는 방법은 무엇이 있을까요?
- 다른 사람과 좋은 관계를 맺기 위해 실천하고 있는 방법이 있나요?

(4) 상담 대화 예시

교사 : 그림책 제목처럼 '화를 내지 말고 예쁘게 말한다.'는 것은 무슨 뜻

일까?

학생 : 부드럽게 천천히 기분 나쁘지 않게 말하는 것이죠.

교사 : 믿음이는 화가 날 때 어떤 말을 하니? (학생의 평소 언어 습관이 어떤지 파악하고 함부로 말하는 것을 인식하고 있는지를 알기 위함이다. 역기능적인 의사소통 유형인 '비난형'으로 타인을 존중하지 않는 태도를 확인한다.)

학생 : (잠시 머뭇거리더니) 선생님도 알고 계시잖아요. 저희 반에서 나쁜 말 많이 하는 아이라고 소문났잖아요.

교사 : 그래? 교실에서 친구들에게 하는 나쁜 말은 어떤 것이 있을까?

학생 : 반 애들이 주로 쓰는 그런 말이잖아요. 패드립도 하고요. 힘이 센 것처럼 하려고 일부러 욕을 할 때도 있어요.

교사 : 가만히 생각해 보자. 믿음이가 나쁜 말이 나올 때는 어떤 상황일까?

학생 : 친구들이 제 말을 인정하지 않아서 화가 날 때요.

교사 : 주인공 도치는 동생과 엄마, 친구들에게 버럭 소리를 지르며 말하다가 결국 친구들과 놀 수가 없었잖아. 앞으로 도치는 어떻게 될까?

학생 : 친구들에게 더 많은 화를 내겠죠. 함께 놀 수 없으니까요.

(중략)

교사 : 그렇게 좋지 않은 말을 친구들에게 했을 때 믿음이가 얻은 것이 있었니? (잘못된 언어 습관은 자기 생각과 의견을 정확하게 전달하는 데 도움이 되지 않는다는 것을 깨닫도록 한다.)

학생 : 아니요. 친구와 싸우고 선생님께 혼나고, 집에 가서 엄마한테 또 혼났죠.

교사 : 그럼 친구들한테 진짜로 바라는 것은 뭐였는데?

학생 : 내 말에 집중해 주는 것, 그리고 나랑 같이 놀아 주는 것이요.

(중략)

교사 : 지금부터 그림책 속 작은 우산을 쓴 할머니가 알려 준 방법으로 말하는 연습을 해 보자. 할머니가 도치에게 알려 준 방법이 뭐였지? (평소에 쓰는 소통의 방법에 변화를 주기 위해서 쉬운 나-전달법을 연습할 기회를 가져 볼 수 있도록 한다.)

학생 : '난 ~좋겠어' 라고 알려 주었어요.

교사 : 맞아. 믿음이가 선생님이나 친구에게 바라는 것을 '난 ~좋겠어'로 표현해 볼까?

학생 : 난 점심시간에 친구들이랑 운동장에서 야구를 함께 하면 좋겠어.

교사 : 그랬구나. 친구들이랑 운동장에서 야구를 하고 싶었구나. 방금처럼 친구들에게 천천히 이야기해 보면 좋겠는데. 쉽게 되지 않겠지만 연습하고 또 연습하면 도치보다 더 예쁘게 말하는 믿음이가 될 것 같아.

5. 상담 활동

(1) 사티어의 의사소통 유형 검사

이 검사는 생존하기 위한 대처 양식을 점검해 볼 수 있는 자기 보고식 검사로, 스트레스나 긴장 상황에서 사용하는 의사소통 유형을 이해할 수 있는 도구이다. 자신, 타인, 상황에 적절하게 대처하는 현명한 의사소통법을 알 수 있으며, 서로의 자존감을 존중할 수 있다. 또한 서로 지지하는 친밀한 관계를 유지 및 향상시킬 수 있다.

사티어의 의사소통 유형 검사

※ 나는 어떤 의사소통 방식을 사용하고 있는지 확인하기 위해 다음 문항을 읽고 동의하면 ○, 동의하지 않으면 X표를 하세요.

번호	문항	O/X
1	나는 상대방이 불편해 보이면 비위를 맞추려고 한다.	
2	나는 일이 잘못되었을 때 자주 상대방의 탓으로 돌린다.	
3	나는 무슨 일이든지 조목조목 따지는 편이다.	
4	나는 생각이 자주 바뀌고 동시에 여러 가지 행동을 하는 편이다.	
5	나는 타인의 평가에 구애받지 않고 내 의견을 말한다.	
6	나는 관계나 일이 잘못되었을 때 자주 내 탓으로 돌린다.	
7	나는 다른 사람들의 의견을 무시하고 내 의견을 주장하는 편이다.	
8	나는 이성적이고 차분하며 냉정하게 생각한다.	
9	나는 다른 사람들로부터 정신이 없거나 산만하다는 소리를 듣는다.	
10	나는 부정적인 감정도 솔직하게 표현한다.	
11	나는 지나치게 남을 의식해서 내 생각이나 감정을 표현하는 것을 두려워한다.	
12	나는 내 의견이 받아들여지지 않으면 화가 나서 언성을 높인다.	
13	나는 내 견해를 분명하게 표현하기 위해 객관적인 자료를 자주 인용한다.	
14	나는 상황에 적절하지 못한 말이나 행동을 자주 하고 딴전을 피우는 편이다.	
15	나는 다른 사람이 부탁할 때 내가 원하지 않으면 거절한다.	

16	나는 사람들의 얼굴 표정, 감정, 말투에 신경을 많이 쓴다.	
17	나는 타인의 결점이나 잘못을 잘 찾아내어 비판한다.	
18	나는 실수하지 않으려고 애를 쓰는 편이다.	
19	나는 곤란하거나 난처할 때 농담이나 유머로 그 상황을 바꾸려 하는 편이다.	
20	나는 나 자신에 대해 편안하게 느낀다.	
21	나는 타인을 배려하고 잘 돌봐 주는 편이다.	
22	나는 명령적이고 지시적인 말투로 상대가 공격받았다는 느낌을 줄 때가 있다.	
23	나는 불편한 상황을 그대로 넘기지 못하고 시시비비를 따지는 편이다.	
24	나는 불편한 상황에서는 안절부절못하거나 가만히 있지 못한다.	
25	나는 모험하는 것을 두려워하지 않는다.	
26	나는 다른 사람들이 나를 싫어할까 봐 두려워서 위축되거나 불안을 느낄 때가 많다.	
27	나는 사소한 일에도 잘 흥분하거나 화를 낸다.	
28	나는 현명하고 침착하지만 냉정하다는 말을 자주 듣는다.	
29	나는 한 주제에 집중하기보다는 화제를 자주 바꾼다.	
30	나는 다양한 경험에 개방적이다.	
31	나는 타인의 요청을 거절하지 못하는 편이다.	
32	나는 자주 근육이 긴장되고 목이 뻣뻣하며 혈압이 오르는 것을 느끼곤 한다.	
33	나는 내 감정을 표현하는 것이 힘들고, 혼자인 느낌이 들 때가 많다.	
34	나는 분위기가 침체되거나 지루해지면 분위기를 바꾸려 한다.	

35	나는 나만의 독특한 개성을 존중한다.	
36	나는 나 자신이 가치가 없는 것 같아 우울하게 느껴질 때가 많다.	
37	나는 타인으로부터 비판적이거나 융통성이 없다는 말을 듣기도 한다.	
38	나는 목소리가 단조롭고 무표정하며 경직된 자세를 취하는 편이다.	
39	나는 불안하면 호흡이 고르지 못하고 머리가 어지러운 경험을 하기도 한다.	
40	나는 누가 내 의견에 반대해도 감정이 상하지 않는다.	

출처: 한국사티어연구소 자료

● 채점 요령 : 각 문항에 ○를 표시한 문항의 번호를 체크하여 그 개수를 세고, 문항의 개수가 많은 것이 내 의사소통 유형에 해당된다.

의사소통 유형	번호	나의 문항 개수
회유형	1, 6, 11, 16, 21, 26, 31, 36	
비난형	2, 7, 12, 17, 22, 27, 32, 37	
초이성형	3, 8, 13, 18, 23, 28, 33, 38	
산만형	4, 9, 14, 19, 24, 29, 34, 39	
일치형	5, 10, 15, 20, 25, 30, 35, 40	

의사소통 유형의 특징을 알아보고 일치형으로 변화할 수 있도록 상담을 진행한다.

① 회유형

자존감의 요소 중 '자신'을 무시하고 '타인'과 '상황'을 존중하는 유형으로, 자신의 내적 감정이나 생각을 억제하고 타인의 감정을 먼저 생각한다. 용서를 구하거나 애원하는 성향이 강하며, 의존적인 성향을 보인다. 감정적으로 상처를 많이 받고 슬픔과 걱정이 많은 특징을 보이나 자신의 감정을 억제하는 만큼 억눌린 분노 또한 잠재하고 있는 유형이다.

■ 상담 TIP : 자기 가치감과 자존감을 강화하고, 자기주장 훈련을 통해 자신의 감정과 의견을 직접적이고 건설적으로 표현할 수 있도록 한다.

② 비난형

자존감의 요소 중 '타인'을 무시하고 '자신'과 '상황'을 존중하는 유형이다. 자신을 강하게 보이기 위해 상대의 결점을 발견하여 비난하고, 타인의 말이나 행동을 통제하려는 경향을 보인다. 외면적으로 분노와 비난, 고함과 화난 표정 등으로 의사를 표현하지만 스스로 통제 불능에 대한 두려움을 느끼기도 한다.

■ 상담 TIP : 타인을 존중하게 함으로써 기능적으로 변화할 수 있게 돕고, 자기 감정 조절, 경청 훈련, 나-전달법 등에 초점을 두고 개입해 준다.

③ 초이성형

자존감의 요소 중 '자신'과 '타인'은 무시하며 '상황'만을 존중하는 유형이다. 원리원칙과 규칙을 중시하여 어떠한 상황에서도 객관성을 보이기 위해 노력한다. 감정을 잘 표출하지 않으며, 이성적이고 냉정하다.

■ 상담 TIP : 자기/타인을 존중하고 수용할 수 있도록 돕고, 상대방의 감정을 인식하고 공감하며 배려할 수 있는 태도를 기를 수 있도록 한다.

④ 산만형

자존감의 요소 중 '자신', '타인', '상황'을 모두 무시하는 유형이다. 말과 행동이 불일치하고, 상황과 무관한 행동을 한다. 안절부절못하고 계속 몸을 움직여 과활동증에 빠지거나, 반대로 행동하지 않는 저활동증의 행동 성향을 보인다.

■ 상담 TIP : 자기/타인/상황을 모두 알아차리고 존중할 수 있도록 돕고, 주의집중을 통해 상대방의 말을 경청하며, 신체적 접촉과 감수성 훈련 등을 통해 따뜻하게 수용받는 경험을 제공해 주도록 한다.

⑤ 일치형

'자신', '타인', '상황'을 모두 존중하는 의사소통 유형으로, 소통의 내용과 내면의 감정이 일치한다. 자신의 감정을 언어로 정확하고 적절하게 표현할 줄 알며, 심리적으로 안정된 유형이다. 자신의 감정과 생각, 기대, 자신이 원하는 것과 원치 않는 것에 대한 표현이 정직하고 개방적이다.

(2) 나-전달법과 비폭력대화

나-전달법은 자신의 솔직한 생각과 감정을 상대방에게 효과적으로 전달하는 기술이다. 이는 상대방의 잘못을 지적하거나 비난하지 않는 의사소통 방법으로, 상대방에게 '나'의 입장에서 생각해 볼 수 있도록 하는 표현 방법이다. 나-전달법은 '나'로 시작하는 주어 문장으로 표현하며, 세 가지 필수(구성) 요소를 포함하여 표현한다.

첫째, 판단이나 비난 없이 행동에 대한 사실만 언급해서 표현한다.
둘째, 있는 그대로 내가 느낀 감정과 느낌을 솔직하게 표현한다.
셋째, 상대방의 행동이 나에게 주는 영향을 구체적으로 논리적이고 질서 있게 서술한다.

비폭력대화(NVC, NonViolent Communication)는 마음에서 우러나는 의사소통을 위한 대화법이다. 비폭력대화의 모델은 '관찰-느낌-욕구/필요-부탁'이라는 절차를 거친다. 상대방의 행동이나 말을 비디오로 찍듯 관찰하여 그것을 보거나 들은 자기 내면에 든 느낌을 확인한 다음, 그 느낌 뒤에 존재할 필요를 확인하여 상대방에게 자신의 필요를 충족할 수 있도록 전달하는 방식이다.

나-전달법과 비폭력대화는 자신의 주장을 이야기할 때 상대방의 기분을 상하지 않게 하면서도 자기 의사를 분명하게 전달할 수 있다.

① 나 전달법
- 사실 : 판단이나 비난 없이 행동에 대한 사실만 언급해서 표현
- 감정 : 감정을 솔직하게 표현
- 영향/바람 : 그러한 행동이 다른 사람에게 미치는 영향을 구체적으로 표현
- 위 세 부분을 합쳐 한 문장으로 작성하기

② 비폭력대화 Want로 말하기
- 관찰 : 사실을 말한다.
   예) 나는 네가 (사실)하는 것을 보니…

- 느낌 : 사실에 대한 나의 느낌을 말한다.

  예) 나는 (기분이나 느낌)해/했어.

- 욕구 : 나의 Want를 말한다.

  예) 나는 (Want)하고 싶은데…

- 필요/부탁 : 상대방에게 부탁한다.

  예) 해 줄래?

(3) 나-전달법 역할극[31]

역할극은 실제 경험을 바탕으로 현재 느낌을 노출하는 기법이다. 과거의 사건이나 바람 또는 미래 사건에 대한 감정을 직접적으로 표현함으로써 생생하게 경험할 기회를 제공한다. 이런 활동은 일상생활 속 습관을 바로잡는 목적으로 직접 실연해 볼 수 있어 내담자에게 학습적 전이 효과가 있을 뿐만 아니라, 이전에 미처 시도해 보지 못했던 새로운 반응기제나 반응을 통해 정화(카타르시스)의 극적 효과를 기대할 수 있다.

① 다음 상황을 보고 내 마음을 표현할 때 먹는 아이스바 '행감바'를 기록한다.
- 줄을 서고 있는데 친구가 내 앞으로 새치기하는 경우
- 친구가 나를 별명으로 부르는 경우
- 친구가 내 물건을 돌려주지 않는 경우
- 같은 모둠 친구가 열심히 참여하지 않는 경우

---

31 출처 : 인디스쿨 '행감바', 행복한 김선생의 그림책 톡톡

② 짝과 역할극 해 보기
- 가위바위보를 통해 이긴 사람과 진 사람을 정한다.
- 먼저, 이긴 사람이 '행감바' 기록한 내용을 소리 내어 읽는 역할을 하고, 진 사람은 상황에 맞는 주인공의 역할을 한다.
- 각자의 자리에서 짝꿍과 역할극을 진행한다.
- 다음에는 서로 역할만 바꾸고 같은 상황으로 진행한다.
- 전체적인 역할극이 끝나면 몇 팀을 뽑아 반 전체 학생을 대상으로 시연해 보도록 한다.
- 모든 시연이 끝나면 '행감바'에 맞춰 짝꿍에게 전달했을 때 느꼈던 소감을 나눈다.

6. 상담을 마무리하며

의사소통의 기본은 정확하게 말하고, 정확하게 듣는 것이다. 먼저 말을 할 때는 명확하게 표현하고, 표정도 말과 일치해야 한다. 듣는 사람도 상대방의 말을 잘 들어야 한다. 상대방의 말에 공감과 경청을 하며 듣는다. 마지막으로 의사소통은 서로의 마음을 적절하게 표현해야 한다. 또한 의사소통은 다른 사람과의 관계에 직접적인 영향을 미치므로 상대방의 의견을 존중하고 배려하는 태도를 보여야 한다. 어른들도 화가 날 때는 큰소리를 내고 말을 거칠게 하는 것처럼 학생이 화가 난 감정을 표현하면 일단 이해해 주고 공감해 주는 것이 먼저다. 그리고 나서 학생이 욕을 쓰지 않도록 이끌어 주어야 한다. 학생의 욕 쓰는 습관은 한 번에 쉽게 고쳐지지 않을 수 있다. 하지만 사티어는 모든 의사소통은 학습되는 것으로 의사소통 유형은 변화

될 수 있다고 했다. 따라서 교사는 인내심을 가지고 갈등 상황이나 어려운 상황에서도 상대방을 존중하며 좋은 대화를 할 수 있는 방법으로 반복적으로 지도하여 올바른 행동을 습득할 수 있도록 해야 한다.

거짓말을
많이 하는 아이

1. 문제 상황

    초등학교 1학년 효진이는 오빠와 남동생이 있는 2남 1녀 둘째이다. 또래보다 키가 작으며, 말이 빠르고 목청이 크다. "이거 가질 사람?" "나한테 스티커 받고 싶은 사람 줄 서!" 하면서 아이들에게 주목을 받고 싶어 한다. 길을 가다 주웠다거나, 아는 사람이 선물로 주었는데 필요가 없다거나, 아빠가 용돈을 주셔서 샀는데 별로 쓴 적이 없다면서 필요한 사람 있으면 가져가라는 말로 자신의 물건을 주면서 아이들을 자기 주변으로 모은다. 그렇게 다른 아이들이 효진이와 놀고 싶지 않다고 하면 선물 공세를 펼치며 다시 친구 관계를 유도하는데, 그 속에서 거짓말을 지속적으로 한다. 친구들과 함께 하교하던 중 물건을 주운 적이 없는데도 방금 오다가 주웠다고 거짓말을 하고, 함께 있던 친구들이 왜 거짓말을 하느냐고 하면 "아! 어제 아빠가 사줬지!" 하며 바로 말을 바꾼다.
    주의 깊게 듣지 않는다면 효진이의 모든 말은 그럴듯하게 들리고 매우 가벼운 착각이라고 생각할 수 있지만 거짓말인지라 금방 드러난다. 그러다 보니 효진이의 이런 거짓말로 친구들과 문제를 일으켜 피아노와 미술학원을 여러 번 옮겼다. 선생님에게 제지를 받는다거나 친구들과 불화를 일으키면 다시는 그러지 않겠다고 사과를 하지만, 돌아서면 친구들에게 다시는 놀지 않는다고 하며 메시지로 '세상에서 네가 제일 싫어. 넌 재수 없어!' 등의 말을 보낸다고 한다.

2. 상담 이론 : 교류분석[32]

교류분석은 1957년 미국의 정신의학자 에릭 번(Eric Berne)에 의해 창안되었다. 정신분석과 행동주의에 기초하여 일반인이 이해하기 쉬운 사고방식이나 기술을 치료에 도입하여 '정신분석의 구어판'이라 불리는 이론이다. '교류'라는 것은 인간의 말의 교환 및 마음속 깊은 의미나 정교하게 숨겨진 의도와 느낌 등 여러 가지 측면을 포함한 깊은 수준의 의사소통을 말한다. 교류분석에서 인간은 긍정적인 존재이며, 사고할 능력을 지닌 합리적 존재이고, 스스로의 변화와 성장을 위한 재결단을 할 수 있는 존재이다.

교류분석의 가장 중요한 욕구 이론은 스트로크(stroke)이다. 스트로크는 '마음에 대한 자극'이라는 의미로 사용되는 용어로, 그 의미가 확대되어 타인에 의한 존재의 인정을 뜻하는 모든 행위를 포함한다. 언어와 신체적 접촉, 표정, 감정, 몸짓 등의 비언어적인 의사소통의 수단에 의해 주어지는 존재의 인정을 의미한다. 스트로크는 인간의 타고난 기본적인 욕구이며, 자

---

[32] 김춘경, 이수연, 이윤주, 정종진, 최웅용(2016). 상담의 이론과 실제. 학지사. pp.387-401.

극을 갈망하는 욕구이다. 사람 간의 인식이 이루어지게 되는 기본 단위로 긍정적/부정적 스트로크가 있다. 스트로크는 개인이나 가족에 따라 학습되며, 개인의 스트로크 방식은 성격 형성과 밀접한 관계가 있다.

교류의 종류에는 상보적 교류, 교차적 교류, 이면적 교류가 있다. '상보적 교류'는 말 그대로 기대한 대로 상대의 반응이 돌아오는 대화이다. 보내는 자의 어떠한 심리 상태에서 보낸 메시지가 기대했던 대로 반응이 돌아오는 교류를 말한다. '교차적 교류'는 보낸 자가 기대한 대로 반응이 돌아오지 않는 교류이다. 그러니 의사소통은 깨지고 긴장과 갈등을 유발시키는 상황이 발생한다. '이면적 교류'는 보낸 사람의 메시지에 실제 의미(사회적 메시지), 즉 보낸 내용 이외에도 이면의 의미(심리적 의미)가 내포되어 있을 때 일어나는 교류이다. 메시지를 받은 이가 심리적 의미에 대해서만 반응을 한다면 비생산적인 의사소통이 될 수 있다.

3. 상담 그림책 분석

『거짓말 손수건, 포포피포』는 '클로비'라는 주인공이 거짓말을 할 때마다 자신의 손수건이 그 거짓말을 숨겨 주면서 점점 화려한 색으로 변하고 그 크기도 커지는 만큼 클로비의 마음도 주체할 수 없는 부담감을 갖게 되는 상황을 표현하고 있다. 처음에는 작아서 '이 정도쯤이야' 하는 마음으로 외면

『거짓말 손수건, 포포피포』
디디에 레비 글, 장 바티스트
부르주아 그림, 이마주

해 버렸다면, 나중에는 커지고 커져서 괴물이 되어 버린 손수건이 시도 때도 없이 클로비를 짓누른다. 결국 그 무게를 견디다 못해 클로비가 자신의 거짓말을 하나씩 풀어놓으니 손수건은 점점 원래의 모습을 찾게 된다. 홀가분해지는 장면이 인상적이며 부모님이 대처하는 장면 또한 포근하다. 이 그림책을 통해 효진이의 작은 거짓말이 더 이상 커지지 않기를 바란다.

4. 상담 실제

(1) 그림책 읽고 질문 나누기

효진이는 자신의 거짓말이 상대방은 물론이고 자신에게도 해롭다는 것을 아직 정확하게 인지하고 있지 않다. 그림책을 함께 읽고 주인공 클로비의 마음과 감정을 알아보는 질문을 통해 자신과 클로비를 동일화하는 경험을 해 본다.

(2) 그림책과 관련된 질문

- 엄마가 아끼는 악어 도자기가 깨졌을 때 클로비는 무슨 생각을 했을까요?
- 손수건이 점점 커질 때 클로비의 마음은 어땠을까요?
- 클로비는 어떤 아이일까요?
- 손수건 포포피포가 클로비가 다니는 이곳저곳을 따라다니네요! 클로비는 포포피포가 보일 때마다 어떤 마음이었을까요?
- 포포피포가 점점 줄어들고 깨끗해지네요! 클로비의 마음은 어떨까요?
- 엄마와 아빠는 클로비를 어떻게 생각할까요?

(3) 삶과 관련된 질문

- 거짓말이 내게 좋았던 경험이나 위로가 되었던 경험이 있나요?
- 기적처럼 거짓말이 이루어질 수 있다면, 무슨 일이 이루어지길 바라나요?
- 내가 한 거짓말을 후회했던 경험이 있나요?
- 거짓말이 후회되었던 때로 돌아간다면 어떻게 하고 싶은가요?
- 내가 알고 있는 다른 사람의 거짓말이 있나요?
- 다른 사람의 거짓말에 어떻게 반응하나요?
- 다른 사람이 내게 한 말이 거짓말이라는 것을 알게 되었다면 어떤가요?

(4) 상담 대화 예시

교사 : 효진이는 클로비처럼 가족이 아끼는 것을 깬 적이 있을까?

학생 : 아니요! (웃는다) 그런데 엄마한테 혼날 것 같아요!

교사 : 만약에 효진이가 클로비처럼 도자기를 깼다면 엄마는 어떻게 하실까? (가정에서의 부모 양육 태도를 확인한다.)

학생 : 엄마는 째려보고 큰소리로 화를 낼 거예요. 지난번에 오빠가 물을 마시다가 컵을 깨뜨렸는데 엄마가 소리를 질렀거든요. 그때 오빠는 무서워서 울었어요.

교사 : 에구야! 효진이도 놀랐겠네. 오빠가 좀 무서웠겠다. (위로를 해 주고) 클로비는 왜 본인의 실수를 바로 말하지 못했을까?

학생 : 무서웠을 거예요. 사실대로 말해도 엄마한테 혼났을 거예요.

교사 : 포포피포가 점점 커지는 것이 왜 문제가 될까? (학생의 거짓말이 반복적일 때를 알아차리기 위한 질문이다.)

학생 : 거짓말이 계속 늘어나니까요.

교사 : 계속 계속 늘어나면서 커지기만 한다면 포포피포는 나중에 어떻게 될까?

학생 : 나중에는 모두가 거짓말인 걸 알게 될 거예요.

교사 : 결국엔 모두 알게 되겠구나! 클로비가 거짓말하고 있다는 것을 모두 알게 되겠네.

학생 : (갑자기 침묵) (아이의 표정에는 변화가 없어 보이지만 한참을 말없이 손을 만지작거리고 책을 덮어 버린다. 교사도 더 이상 질문하지 않는다. 침묵이 더 많은 일을 할 때가 있다.)

5. 상담 활동

(1) 상담을 위한 활동

효진이와 엄마와의 관계를 본다면 엄마는 아이에게 상보적 교류보다는 이면적 교류를 하는 것으로 보인다. 또래 아이들과의 관계 또한 이면적 교류 관계가 형성되어 있다고 볼 수 있어 효진이의 욕구가 충족되고 있지 않음을 보여 준다. 이를 확인하기 위해 경험 중심 가족치료에서 사용하는 가족 조각(family sculpture) 기법을 먼저 실시한다. 가족을 진단하고 치료하는 데 적극 활용되고 있는 치료 기법이며, 효진이가 느끼고 있는 가족관계를 공간에 실현시켜 볼 수 있는 기법이기도 하다.

가족을 표현하는 종이 인형을 활용하여 가족 조각을 공간에서 세워 보고 상황과 질문을 통해 가족의 의사소통 유형과 가족의 권력 구조, 가족의 경계선, 소속감, 생활에 대한 규칙과 가족 체제의 융통성 정도를 파악할 수 있다. 또한 가족의 관계 분석을 통해 효진이가 원하는 방향의 관계로 다시 조각할 수 있도록 돕는다. 이러한 활동은 효진이가 가족 구성원으로서 느끼는 감정을 드러내는 데 집중하게 되고, 그동안 말하지 못했던 자신의 욕구나 의사 표현, 여러 관계 속에서 느끼는 다양한 기대에 대해 깨닫게 될 수 있다.

① 준비물 : 구체 관절 인형, 봄 인형
인형을 가족 수대로 준비한다. 직접 그려서 만들어도 좋다.

② 인형들을 가족 구성원으로 표기한 후 위치를 세워 본다.
- 공간적 거리 배치를 확인한다. 갈등 관계인 가족은 거리가 멀 수 있다.
- 인형들의 자세와 방향이 중요하다. 등을 돌리고 있거나, 손을 잡고 있거나 친밀감이 드러난다.
- 인형들의 얼굴에 표정을 그려 본다.
- 인형들의 표정과 제스처도 지정할 수 있다. 가족 간 감정의 격차가 드러난다.

③ 가족은 지금 어디에 있는지 질문한다. 가족의 위치를 통하여 학생이 가족 구성원을 어떻게 인지하고 있는지 알 수 있다.

④ 아빠가 용돈을 주는 상황을 이야기해 본다.
⑤ 엄마가 오빠와 동생 사이에서 효진이와의 관계를 어떻게 만들어 가는지 이야기해 본다.
⑥ 동생을 돌보거나 하원시킬 때 상황을 설명해 본다. 당시에 효진이가 느끼는 감정과 불안을 살피는 것이다.
⑦ 동생을 집에 두고 놀이터에서 노는 상황과 동생에 대한 마음을 알아본다.
⑧ 엄마와 효진이의 일상 대화를 알아본다.

(2) 진짜, 진짜, 가짜 맞추기

교류분석에서 게임이란 명료하고 예측 가능한 결과로 겉으로는 그럴듯해 보이지만, 숨겨진 의도(속임수, 올가미, 술책)를 가지고 있는 것을 말한다. 즉, 잘 감춰진 무엇이 반복된다면 이면적 교류일 것이다. 상보적으로 보이지만 실제적으로는 진실하지 못한 교류이다. 표면적으로는 합리적 자아인 것처럼 보인다 하더라도 결국엔 부정적인 감정으로 결말을 맺게 된다. 게임이란 왜곡된 방식으로 사랑받고 싶은 욕구, 즉 스트로크를 충족하려는 욕구가 내재되어 있는 것이다. '진짜, 진짜, 가짜 맞추기' 활동을 통해 효진이의 내적 욕구를 알아볼 수 있다.

① 준비물 : 진진가 카드 활용
  ※ 시중에 판매되고 있는 교구를 활용하여 놀이하는 것처럼 활용함.
② 교사가 어떤 것이 진짜인지 질문한다. 교사가 제시한 세 가지 이야기 중 1개의 거짓을 찾게 한다.
③ 거짓이라고 선택한 이유를 물어본다.

④ 교사가 거짓을 쓴 이유를 설명한다(선생님이 하고 싶었던 일을 했던 것이라고 거짓말로 얘기했다는 것을 알려 준다).
⑤ 역할을 바꿔서 효진이가 진짜 가짜 이야기를 제시한다.
⑥ 교사가 효진이의 거짓말을 찾고, 그렇게 생각한 이유를 말한다.
⑦ 교사가 효진이의 거짓말을 맞힐 때 어떤 기분이고, 어떤 생각을 했는지에 대해 이야기를 나눈다.
⑧ 효진이에게 교사가 거짓말을 맞혔을 때는 어땠는지 질문하며 효진이의 감정 상태와 전반적인 상황을 살핀다.

(3) 거짓말 손수건을 만들기

교류분석의 라켓 감정은 개인이 어린 시절의 경험을 통해 반복적으로 학습한 부정적 감정을 말한다. 즉 어린 시절 부모, 가족, 학교 등에서 겪은 부정적인 경험이 라켓 감정의 기원이 된다. 이것을 내면화하여 특정 감정 패턴을 형성하고, 아이가 자신을 보호하거나 적응의 용도로 사용하기 위해 반복적으로 강화하여 지금의 행동과 정서에 부정적 영향을 주게 되는 것이다. 라켓 감정을 해결하는 방안으로는 자각-이해-도전-변화의 과정을 지속적으로 진행하는 것이 중요하다. 아직 어린 효진이에게는 자각과 이해로 알아차림이 어렵기는 하지만, 거짓말 손수건을 씻어 내는 행위와 그럼에도 손수건이 다시 하얗게 돌아가기는 어렵다는 것을 알려 주기 위한 활동으로 진행되었다.

① 준비물: 흰색 거즈 손수건, 수성 색깔 펜, 손 세정제
② 흰색 거즈 손수건에 클로비처럼 숨기고 싶었던 일들을 적어 보거나 자신이 했던 거짓말을 적는다.

③ 교사가 먼저 장난이었지만 방금 했던 거짓말, 어렸을 때 했던 거짓말 등을 적는다.

④ 수건을 빼곡하게 채운 잘못된 거짓말들을 어떻게 하면 지울 수 있을까에 대해 이야기를 나눈다

⑤ 수건을 하얗게 만들기 위해서 세정제로 빨아 본다. 실제로 손수건은 깨끗해지지 않는다. 그냥 예쁜 색으로 물이 든다.

⑥ 거짓말 손수건을 만들고 빨았을 때의 소감을 나누고, 깨끗해지지 않는다는 것에 대한 느낌이나 감정을 나눈다.

⑦ 실제로 학생이 손수건이 어떻게 되기를 바라는지에 대한 이야기를 나눈다.

6. 상담을 마무리하며

진화심리학적 관점에서 거짓말은 생존과 적응을 위한 도구이다. 사회적 동물인 인간은 타인과의 관계에서 유리한 위치를 차지하기 위해 거짓말을 한다는 것이다. 자신의 이익과 자존감, 어떤 목적과 대상을 얻고자 할 때도 거짓말은 필요하다는 것이다.

아이들이 거짓말을 하는 이유는 보통은 혼날까 봐 하거나, 문제해결 방식을 모르거나, 부모와의 관계가 편하지 않기 때문이다. 효진이는 사랑받고 싶어 하는 사랑스런 아이다. 자신의 텅 빈 허전한 마음을 친구들에게 주목받는 것으로 채우려 하고, 그런 친구들이 떠나려 할 때나 외롭다고 느낄 때 거짓으로 꾸며 자신이 사랑받고 있다는 판타지를 만들어낸 자신의 세상을 만들어 가고 있다.

부모는 아이에게 신적인 존재이다. 그런 부모의 사랑과 애정을 온전히 받지 못하는 아이는 본능적으로 또 다른 대상에게서 부족한 사랑을 채우려 한다. 그러기에 안타까운 일이 발생한다. 효진이가 오빠와 남동생 사이에서도 온전히 사랑받기를 바란다. 그래서 거짓이 아닌 온전한 효진이로 사랑받고 진실한 사랑을 줄 수 있는 아이로 자라길 소망한다.

도벽이 있는 아이

1. 문제 상황

초등학교 5학년 희영이는 담임교사의 의뢰로 Wee 클래스에서 만난 학생이다. 또래 아이들과 비슷한 키와 체격으로 신체적인 부분은 보통 아이들과 같다. 상담실 방문이 처음이라서 낯설어 하며 긴장하는 모습을 보였지만, 상담 과정 중 교사의 발문에 충분히 생각하는 모습을 보였고, 차분하게 자신의 이야기를 들려주며 대화로 이어지는 소통이 가능한 학생이다.

그런데 학급 안에서 분실 사고가 일어나면 희영이의 주변(가방, 사물함 등)에서 분실물이 발견되거나, 담임교사의 물건(학급을 위한 간식, 필기도구 등)을 함부로 허락 없이 가지고 가서 다른 학년 선후배에게 자신이 구해 온 것처럼 나누어 주는 일들이 많다고 했다. 이런 행동을 통해 자신의 존재감을 드러내려는 의도가 있었다. 특별교실에 들어가 물건(과자, 음료 등)을 가지고 나오는 일이 여러 차례 발생했고, 그럴 때마다 자신을 지켜보는 사람이 없다고 생각하며 행동했다. 그 상황을 목격한 선생님이 계셔도 자신의 행동을 인정하지 않고, 다른 이유를 대면서 변명하기를 반복했다.

학부모와 상담한 결과, 경제적으로 어려움은 없어 물질적으로 필요한 부분은 채워 주고 있다고 했다. 가정에서는 부모의 물건에 함부로 손대는 일이 없어서 전혀 몰랐던 사실이라고 했다.

희영이가 타인의 물건을 훔치는 행위가 자신 삶에 미치는 영향을 스스로 그려 보도록 돕는다. 또한 다양한 가능성이 있는 자신의 미래에 대해 새로운 선택을 발견하며 의미를 부여할 수 있도록 도움을 주고자 했다.

2. 상담 이론 : 이야기 치료

이야기 치료(NT, Narrative Therapy)[33]는 마이클 화이트(Michael White)와 데이비드 엡스턴(David Epston)이 창시한 이론으로, 다른 전통적인 이론과는 다른 부분에 초점을 둔다. 이야기 치료는 포스트모더니즘과 사회 구성주의에 내재된 원리와 철학적 가설에 토대를 둔다. 인간은 자기 삶에 대해서 끊임없이 의미를 부여하고 해석하여 이야기하는 존재이며, 또한 그러한 이야기로 구성된 인생을 살아가는 존재라는 생각을 기본 바탕으로 하고 있다. 따라서 인간은 누구나 자기 삶에 대해서 전문가의 위치에 있다는 것을 강조하고, 상담 과정에서 이야기 치료자는 자기 삶의 전문가인 내담자가 삶의 사건을 이해하고 해석하여 의미를 부여하는 방식으로 내담자를 이해하려고 노력해야 한다는 것이다. 이야기 치료는 내담자가 스스로 힘 있고, 자신이 원하는 삶을 사는 존재로 인식하도록 돕기 위해 상담자와 내담자의 협력을 강조한다.

---

33 강진령(2023). 쉽게 풀어 쓴 상담이론과 실제. 학지사. pp.291-294.

이야기 치료에서 주로 사용되는 기법[34]은 문제 외재화, 외재화 대화, 회원 재구성, 정의 예식, 진술과 재진술, 대안적 이야기 저술, 증거 문서화 등이 있다. 그중 문제 외재화, 진술과 재진술, 대안적 이야기 저술을 활용한 사례를 소개한다.

(1) 문제 외재화

문제 외재화는 내담자가 문제를 자신으로부터 분리하여 새로운 방식으로 조망할 수 있도록 돕는 기법이다. 즉 '우리가 경험하고 있는 문제'를 우리의 정체성으로 여기는 것이 아니라, 문제 그 자체로 분리시키는 작업을 의미한다. 이야기 치료에서 문제 외재화는 우리 자신 또는 타인이 문제가 있다고 판단하는 것이 아니라, 문제가 문제라고 깨달을 수 있게 돕는 과정이다. 내담자가 내용에 대해 명확하게 이해하거나 객관적으로 볼 수 있는 기회를 제공한다.

이 기법은 '문제는 문제일 뿐, 사람이 문제가 아니다'라는 전제에 기초한다. 문제와 사람을 분리하면 희망이 촉진된다. 그러면서 예외를 발견할 수 있고, 강점과 자원을 발견할 수 있다. 외재화 작업을 시각화하는 것으로 어린 내담자와 쉽게 관계를 맺을 수 있는 이점이 있다. 삶에 대한 대안적(새로운) 이야기를 발견한 내담자는 그동안 자신을 괴롭히던 문제에 대항할 수 있는 새로운 긍정적이고 치유적인 이야기를 생성할 수 있게 된다. 이야기 치료의 최종 관심인 과거를 재조명하여 삶의 이야기를 재구성할 수 있게 된다.

---

[34] 강진령(2023). 쉽게 풀어 쓴 상담이론과 실제. 학지사. pp.298-300.

(2) 진술과 재진술

상담자 외의 사람들에게 내담자가 새로 생성한 이야기를 들려주는 기법이다. 이야기 치료에서는 중요한 사람을 청중으로 동원하여 내담자의 새로운 이야기를 듣게 하며, 그것을 다시 표현함으로써 내담자가 만든 새로운 이야기를 강화해 나간다. 진술과 재진술, 재진술에 대한 재진술을 통해 이야기는 더욱 풍성해지며 살아 있는 참된 것이 되어 긍정적인 정체성에 대한 결론을 내리도록 돕는다. 새로운 이야기는 격식에 얽매이지 않고 타인과의 논의, 편지 쓰기, 자서전, 창조적 작품 제작 등을 활용하기도 한다.

(3) 대안적 이야기 저술

이야기 치료의 전환점은 내담자가 문제 중심적 이야기를 따라 살아갈 것인가, 아니면 대안적 이야기가 더 좋다고 말할 것인가를 선택하는 시기라고 할 수 있다. 이에 대안적 이야기 저술은 상담자가 경청과 질문을 통해 내담자가 스스로 정리하고 자신의 이야기를 풍성하게 엮어 가도록 돕는다. 또한, 상담자는 고유한 가능성 질문을 통해 상담의 초점을 미래로 옮겨 가며 내담자가 지금까지 무엇을 성취했고, 다음 단계에서는 무엇을 성취해야 할지를 생각하게 해 준다.

3. 상담 그림책 분석

『이건 내 모자가 아니야』에는 커다란 물고기와 작은 물고기 그리고 꽃게가 등장한다. 표지에 모자를 쓰고 있는 작은 물고기의 이야기로부터 그림책은 시작한다. 작은 물고기의 귀여운 모습과 달리 자기 모자가 아니며 몰

『이건 내 모자가 아니야』
존 클라센 글·그림,
시공주니어

래 가져왔다는 충격적인 고백의 말을 한다. 작은 물고기가 가져온 모자는 사실 커다란 물고기의 것이다. 작은 물고기는 커다란 물고기의 모자를 슬쩍한 것이다. 커다란 물고기는 오랫동안 잠에서 깨어나지 않을 것이며, 작은 물고기가 커다란 물고기의 모자를 가져간 줄도 모른다고 생각한다. 심지어 커다란 물고기를 피해 꼭꼭 잘 숨을 것이라고 확신까지 한다.

학생은 자신의 경험과 비교해 보면서 작은 물고기의 말과 행동에 대한 의미, 또 어떠한 가치를 두고 있는지를 파악할 수 있다. 이 그림책의 반전은 작은 물고기의 말과 정반대로 그려진 그림이다. 사실 작은 물고기의 생각과 달리 커다란 물고기는 일찍 일어났고, 모자가 사라진 것을 알고 있었다.

그림책의 결말은 독자에 의해 다양한 해석이 가능하다. 작가의 결말이 아닌 그림책을 읽는 학생이 만든 이야기를 통해서 스스로 독특한 결과와 관련이 있는 과거 사건을 찾아내고, 그 사건들이 순서에 따라 시간의 흐름 속에서 특정한 주제와 구성을 가질 수 있다. 이러한 과정을 통해 학생은 빈약한 이야기를 풍부한 이야기로 만들어서 자신의 삶을 긍정적으로 바라볼 수 있게 될 것이다.

4. 상담 실제

(1) 그림책 읽고 질문 나누기

도벽이 있는 희영이의 경우는 문제 중심의 행동을 부정하고, 그 문제에 저항했을 때 나타날 수 있는 상황을 그림책을 통해 객관화해 볼 수 있다. 과거의 행동을 재조명해 보고 스스로 삶의 이야기를 다시 써 볼 수 있는 경험을 할 수 있을 것이다. 희영이의 문제 행동에 대해 지적하기보다는 희영이 스스로 새로운 이야기를 구성하고, 그 문제 행동을 분리할 수 있도록 돕는 역할을 한다. 학생이 자아 성찰, 자기 확신, 자기 확장을 이루기 위한 대책과 방법을 세울 수 있도록 길을 안내한다.

(2) 그림책과 관련된 질문

- 작은 물고기가 가져온 모자는 누구의 것인가요?
- 작은 물고기가 있는 곳을 알려 준 동물은 누구였나요?
- 커다란 물고기와 작은 물고기가 만났던 장소는 어디였나요?
- 커다란 물고기는 작은 물고기에게 어떤 말과 행동을 했을까요?
- 작은 물고기의 행동에 이름을 붙인다면 뭐라고 할 수 있을까요?
- 가장 마음에 들었던 장면은 어디인가요?
- 혹시 내용을 바꾸고 싶은 부분이 있나요? 그 이유는 무엇인가요?

(3) 삶과 관련된 질문

- 타인의 물건을 훔치는 행동에 이름을 붙인다면 뭐라고 할 수 있을까요?
- 커다란 물고기처럼 자신의 소중한 물건을 잃어버린 경험이 있나요?
- 작은 물고기의 행동을 보고 어떠한 마음이 들었나요?

- 혹시 누군가에게 작은 물고기처럼 거짓말한 적이 있나요?
- 꽃게처럼 누군가의 거짓말을 알아차리고도 속아 준 경험이 있나요? 어떤 마음으로 그렇게 행동했나요?
- 누군가 자신의 물건을 가져갔고, 그 사실을 알았을 때 어떤 말과 행동을 하고 싶은가요?
- 작은 물고기처럼 자신의 거짓말을 다른 사람이 알고 있다면 어떤 마음이 들며, 어떻게 행동하고 싶은가요?

(4) 상담 대화 예시

교사 : 오늘 함께 본 그림책에서 가장 마음에 들었던 부분은 어디야?

학생 : 커다란 물고기와 작은 물고기가 물풀 속에 함께 있던 장면이요.

교사 : 그랬구나. 그 장면이 희영이 마음에 든 이유는 뭐였을까? (우리 삶은 타인과 함께 살아가고 있어 자신의 행동이 노출될 수 있고, 때로는 자기중심적 행동을 한다는 것을 인식할 수 있도록 한다.)

학생 : 작은 물고기가 모자를 가져간 행동을 커다란 물고기가 알지 못할 것이라고 생각한 모습이 멍청이 같아요. 결국에는 그곳에서 커다란 물고기가 작은 물고기로부터 모자를 되찾아 오잖아요.

교사 : 와~ 희영이는 그렇게 생각했구나. 작은 물고기의 행동에 대해 어떤 생각이 들었는지 좀 더 구체적으로 말해 줄 수 있을까?

학생 : 작은 물고기는 모자가 부럽고 가지고 싶은 마음이 커요. 그래서 커다란 물고기의 허락 없이 모자를 가져간 건데, 그런 행동은 잘못된 행동이라 생각해요. 작은 물고기 마음이 불편할 거예요.

교사 : 작은 물고기 마음이 무엇 때문에 불편할까?

학생 : 잘못된 행동을 했잖아요. (잠시 고민하더니) 그래서 죄책감 느끼겠죠.

누군가의 물건을 훔치는 것은 옳은 일이 아니잖아요.

교사 : 그렇구나. 죄책감을 느끼는 작은 물고기의 행동에 이름을 붙여 본 다면? (과거 문제를 자신으로부터 분리하게 하여 새로운 이야기로 전환할 수 있도록 한다.)

학생 : 저는 '작은 가시' 요. 작은 가시는 눈에 띄지 않아서 한 번 하고, 또 하고 해요. 그런데 작은 가시도 찔리면 아파요.

교사 : 혹시 희영이도 죄책감을 느끼는 행동을 해 본 적이 있을까?

학생 : (살짝 부끄러운 미소를 띠며) 있죠. 말하기 부끄러워요. 지금은 말할 수 없어요.

(중략)

교사 : 작은 물고기에게 하고 싶은 말을 편지로 써 볼까? 지금까지 나눈 내용을 글로 써 보는 거야. (자신의 이야기를 점검 및 이해하고, 내면에 침투해 있는 이야기를 해체하여 새로운 이야기를 만들어 보도록 한다.)

학생 : 무슨 말이든 괜찮아요?

교사 : 그럼, 무엇이든 좋아.

(중략)

교사 : 다른 활동을 하나 더 해 보자. 이제부터 희영이가 작가가 되어 보는 거야. 그림책에서 마음에 드는 장면 다섯개를 골라서 이야기를 다시 써 볼 수 있을까?

학생 : 제가 작가라고요?

교사 : 그래, 맞아. 희영이가 어떤 이야기를 만들지 무척 궁금하거든. 어떤 이야기도 괜찮아. 시도해 볼 수 있어?

학생 : 네. 한번 해 볼게요.

5. 상담 활동

(1) 작은 물고기에게 편지 쓰기

그림책에 등장하는 작은 물고기에게 편지를 써 보는 활동으로 구성한다. 편지 쓰기는 이야기 치료에서 학생의 이야기를 풍부한 이야기로 변형하는 중요한 매개가 된다. 거기에는 학생이 했던 이야기들이 고스란히 담겨 있으며, 이 과정을 통해서 그동안 무시되어 왔던 삶의 사건과 영역을 끄집어 내 새로운 대안적 이야기를 만들어 낼 수 있기 때문이다.

(2) 내 마음속 미덕의 보석 캐기

교사는 학생이 이미 가지고 있지만 깨닫지 못한 긍정적인 정체성을 탐색할 수 있도록 안내한다. 이 활동은 학생의 삶에 존재해 있었지만 인식하지 못하고 숨겨져 있다가 발견할 이야기 중에서 학생이 스스로 선택한 이야기에 초점을 둔다. 이야기 치료의 목표 중 하나는 선호하는 이야기를 찾아 그것을 강화해서 학생이 더 만족스러운 삶의 이야기를 재구성할 수 있도록 도와주는 것이다. 그 영향력이 크든 작든 상관없이 학생이 더 만족해 하고, 미래의 삶에 의미를 부여하는 이야기는 치료 과정에서 출발점 역할을 한다.

내 마음속 미덕의 보석!

감사	나를 도와주거나, 나를 행복하게 해 준 사람에게 갖게 되는 따뜻한 마음이야.	용기	수업 시간에 모르는 것이 있으면 한 번 더 물어보고, 발표하고 싶은 것이 있으면 한 번 더 발표해 보는 거야.
경청	친구의 말에 귀를 기울이고 온 마음을 다해 들어주는 거야.	용서	친구가 진심으로 사과했을 때, 사과를 받아주는 거야.
공감	친구가 겪은 일을 만약에 내가 겪는다면 어떤 감정이 들지 생각해 보는 거야.	우정	친구와 진심으로 마음을 나누는 거야.
기뻐함	작은 일에도 감사하며 행복함을 느낄 줄 아는 마음이야.	자율	부모님이 '숙제해라' 하지 않아도 스스로 숙제를 하는 거야.
끈기	줄넘기 100번 뛰기가 어려워도 매일 꾸준히 연습하는 거야.	정돈	내 책상 서랍과 서랍장을 깨끗하게 정리하는 것야.
너그러움	친구의 실수를 이해해 주는 마음이야.	정의로움	괴롭힘을 당하는 친구가 있을 때 외면하지 않고 용기를 내어 도와주는 거야.
도움	어려운 일이 생긴 친구에게 내가 먼저 다가가 손을 내밀어 주는 거야.	정직	내 잘못을 선생님께 솔직하게 이야기하는 거야.
도전	어려운 문제를 만났을 때, '할 수 있다!'라는 마음을 먹는 거야.	존중	친구와 다른 의견일 때에도 내 생각만 이야기하지 않고 '네 생각은 어때?'라고 물어보는 거야.

명예	멋진 우리 반이 되기 위해 급식실, 복도에서 규칙을 지키는 거야.	질서	책은 책꽂이에 꽂고, 줄도 예쁘게 서고, 규칙도 잘 지키는 거야.
목표의식	수업 시간에 공부할 배움 목표가 무엇인지 알고, 그것을 배우기 위해 노력하는 거야.	창의성	나만의 생각으로 무언가를 해 보는 거야.
믿음직함	선생님, 친구들과 한 약속을 지켰을 때 선생님과 친구들 마음속에 생기는 거야.	책임	나의 일을 다른 사람에게 미루지 않는 거야. 약속을 지키는 거야.
배려	친구의 마음을 생각해 친구가 필요한 것을 미리 준비해 주는 거야.	친절	다급해 보이는 친구가 있을 때 양보하는 거야.
봉사	우리 반을 위해 교실에 떨어진 쓰레기를 줍는 거야.	탁월함	내가 열심히 노력해서 줄넘기를 잘하게 되는 거야.
사랑	선생님과 진심으로 "사랑합니다." 인사했을 때 빛나는 마음이야.	평온함	게임에서 져도 화내거나 속상해 하지 않는 거야.
상냥함	친구들에게 웃으며 다정하게 이야기하는 거야.	협동	내가 친구에게, 친구도 나에게 서로 도움이 되는 거야.
열정	온 마음과 힘을 다해 수업 시간 활동에 참여할 때 빛나는 마음이야.	화합	서로 다른 우리 반 친구들이 만나 사이좋게 지내는 거야.
예의	친구들과 선생님께 공손하게 이야기하고, 소중히 대하는 거야.	확신	우리 반이 언제나 사랑이 넘치는 반이 될 것이라고 강하게 믿는 마음이야.

출처: 한국버츄프로젝트 '미덕의 보석들'

① '마음속 미덕의 보석' 중에서 1~2개를 선택하고, 그 이유를 말해 봅시다.

현재 자신이 지닌 마음의 보석	자신이 좀 더 깨우고 싶은 마음의 보석

② 자신이 좀 더 깨우고 싶은 마음의 보석이 지금 어느 정도로 마음속에 있는지 점수로 표현해 봅시다.

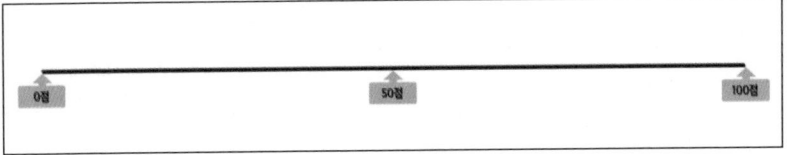

③ 자신이 깨우고 싶은 마음의 보석을 얼마나 깨우고 싶은지 점수를 표현하고, 그것을 위한 구체적 행동을 기록해 봅시다.

- _____
- _____
- _____

6. 상담을 마무리하며

희영이와 상담을 진행하는 동안 도벽 행동이 일어나는 원인을 찾고자 했다. 병적 도벽은 '파괴적 충동 조절 및 품행장애'의 하위 유형으로 충동 조절에 어려움을 가지고 충동적으로 일어나는 경우이다. 이러한 행동이 일회성에 그치지 않고 반복될 때 진단받기도 한다. 희영이의 행동이 비싼 물건을 가지고 싶어서인지, 그 행위를 함으로써 느껴지는 감정적 만족감 자체인지, 당장 느껴지는 스트레스를 해소할 목적으로 무모하게 행동했는지, 앞뒤 생각하지 않고 갑작스럽게 행동을 한 것은 아닌지, 충동을 억누르지 못해서 잘못된 행위를 하는 일이 반복되고 이로 인한 우울감이나 좌절감을 느끼고 있는지, 또 다른 목적을 달성하기 위해서 행위를 하는 것인지 등 여러 관점에 따라 개인의 경험을 확인해 볼 필요가 있었다.

이야기 치료에서는 우리 삶은 마치 이야기와 같다고 본다. 우리는 삶에 정해진 길이 있다고 생각하지만, 언제든 다른 방식으로 다시 생각할 수 있다. 원하는 대로 자신의 이야기를 다시 쓸 수 있다는 것이다. 사람은 자신이 경험한 여러 사건 가운데 논리적 가정에 근거하여 긍정적이든 부정적이든 특정한 것을 선택하고, 그것에 의미를 부여한다. 따라서 이야기는 삶 자체를 반영하는 매체이자 도구이다. 우리 삶은 여러 겹으로 구성되어 있고, 여러 가지 이야기로 이루어져 있으며, 복합적인 목적이 있다. 이야기가 치료에 효과가 있는 이유는 자신의 이야기를 재해석하면서 당시 겪었던 갈등을 통해 해결책을 찾을 수 있기 때문이다.

자기 잘못을
인정하지 않는 아이

1. 문제 상황

    초등학교 2학년 루이는 또래 아이들에 비해 작은 편이다. 부모님과 함께 생활하고 있으며 외동아이다. 자기 의사(요구 사항)를 확실하게 표현하고 전달할 수 있으며, 때로는 다양한 핑계를 대며 자신의 부정적인 감정을 격하게 표출하기도 한다. 일과 중 쉬는 시간에 학급 아이들과 보드게임을 하다가 지면 친구가 게임을 제대로 안 한 것 때문에 자신이 졌다고 말을 한다. 수학 과제를 하지 못한 것도 엄마가 제대로 챙겨 주지 않고 알려 주지 않아서라고 한다. 체육 활동 시간에 피구를 하는데 자신이 속해 있는 팀이 진 이유도 교사가 심판을 공정하게 보지 않아서라며 매사에 남의 탓을 한다.

    루이의 부모님과 상담한 결과 양육 시 과보호하는 경향이 있었다고 했다. 하지만 아직 어리다 보니 자기중심적이며 이기적인 성향을 띠고 있다고만 생각했다. 혼나기 싫어하고 실수를 인정하기 싫어하는 등 책임을 돌리려는 말과 행동을 자주 나타냈다고 했다.

    루이가 자기 잘못을 인정하지 않는 심리적 요인은 실수하고 잘못하는 것에 대해 스스로 받아들이고 용납하기 어려워한 결과라는 가설을 세웠다. 자신을 지키기 위한 방어의 수단으로 사용하는 것에 초점을 두었다. 따라서 루이가 경험하고 행동하는 것이 무엇이든 책임을 지도록 도움을 주고자 하였다.

2. 상담 이론 : 게슈탈트 심리상담

게슈탈트 심리상담은 프리츠 펄스에 의해 창안된 심리상담 기법이다.[35] 펄스는 인간은 현상학적이며 실존적 존재로 자신에게 가장 긴급하게 필요한 게슈탈트를 끊임없이 완성해 가며 살아가는 유기체로 보았다. 이 이론의 주요 개념으로 전경과 배경, 미해결 과제가 있다.

'전경'은 지각의 초점이 되는 부분이며, '배경'은 관심 밖의 부분이다. 정서적으로 건강한 사람은 매 순간 자신에게 중요한 게슈탈트를 전경으로 떠올릴 수 있고, 그 욕구를 알아차리며, 그것을 충족시켜 해소하기 위해 적극적 활동 및 환경과의 접촉을 통해 평형 상태를 이룬다고 한다. 알아차림과 접촉 주기는 물러남(배경) → 감각(욕구, 감정) → 알아차림(전경) → 에너지 동원 → 구체적 행동 → 접촉(게슈탈트 해소)이다. 효과적인 접촉은 자신의 개별성을 상실하지 않은 채 환경이나 다른 사람과 상호작용을 하는 것이다.

'미해결 과제'는 개체가 게슈탈트를 형성하지 못했거나 형성된 게슈탈트가 적절하게 해소되지 못하여 배경으로 물러나지 못한 상태를 말한다. 따라서 상담자는 내담자가 지각하는 현재 경험·정서·행동에 대한 즉각적

---

35 노안영(2018). 상담심리학의 이론과 실제. 학지사. pp.228-238.

인 알아차림에 초점을 두고 행동의 원인 탐색 대신 개인의 경험에의 접촉을 중시한다.

접촉 경계는 유기체와 환경 간의 경계를 의미하며, 다른 사람과 친밀한 관계를 형성하려면 유연한 경계를, 자율적 존재로 행동하려면 확고한 경계를 가져야 한다. 펄스는 유기체의 자각 혹은 알아차림을 방해하는 접촉의 결여를 주요한 문제로 보았으며, 이를 '접촉 경계 장애' 혹은 '접촉 경계 혼란'이라고 했다. 다시 말해 접촉 경계가 모호, 붕괴 또는 혼란스러운 상태로 내담자와 환경이 접촉할 수 없도록 둘 사이에 중간층 같은 것이 끼어 있는 현상이다. 내사, 투사, 반전, 융합, 편향 등이 있다. 특히 '투사'는 자기 생각이나 욕구, 감정을 다른 사람의 것으로 지각하는 것이며, 자신이 받아들일 수 없는 부정적인 생각, 느낌, 태도 등을 다른 사람에게 전가하는 것이다.

상담 목표는 내담자가 성숙하여 자기 삶을 책임지고, 접촉을 통해 게슈탈트를 완성하도록 조력하는 것이다. 내담자가 지금-여기에서 경험하는 감각, 감정, 인식, 행동 그리고 동기를 알아차릴 수 있도록 돕는다. 이를 위한 상담 과정은 일반적으로 내려진 절차는 없고 상담자에 따라 창의적인 방식으로 작업을 한다는 특징이 있다.

게슈탈트 심리상담 기법으로는 빈 의자 기법, 알아차림(욕구와 감정 자각/신체 자각/환경 자각/언어 자각/책임 자각) 기법, 반대로 하기, 직면하기, 꿈 작업, 현재화 기법, 실연, 양극성의 통합, 머물러 있기, 실험 등이 있다. 이 중에서 흔히 사용하는 알아차림 기법의 유형인 욕구와 감정 자각, 언어 자각, 책임 자각 등 인식의 변화를 위해서 활용한 사례를 소개한다.

(1) 욕구와 감정 자각

지금-여기에서 체험되는 욕구와 감정을 지각할 수 있도록 돕기 위한 기법이다. 상담자는 내담자가 무얼 원하는지 알아야 환경과 접촉할 수 있으며, 좋아하는 것과 싫어하는 게 뭔지 알아차림을 촉진해 미해결 과제를 해결할 수 있도록 한다. 내담자가 지금-여기의 욕구와 감정을 알아차림으로써(자각) 자기 자신과 환경이 잘 접촉하고 교류할 수 있게 되어 성장과 변화를 가능하게 한다.

(2) 언어 자각(언어 표현 바꾸기)

내담자 스스로 자신의 언어 사용 습관을 자세히 관찰하여 비생산적인 언어 습관에 변화를 주는 기법이다. 이 기법은 내담자의 말에서 행동이나 책임 소재가 불명확한 경우 자신의 감정과 동기에 책임을 지는 문장으로 바꾸어 말하도록 한다. 내담자에게 간접적이고 모호한 단어를 사용하는 것 대신에 자신의 성장에 책임감을 주는 단어를 사용하게 한다.

- 그것, 우리 → 나는
- 해야 한다 → ~하고 싶다, ~하기로 선택한다
- 하고 싶지 않다 → ~해서는 안 된다
- ~가 필요하다 → ~을 바란다

(3) 책임 자각

타인에게 투사하는 대신 "나는 ~에 대하여 책임을 진다."로 자신의 감정을 소유하고 알아차리도록 돕기 위해 고안된 기법이다. 펄스는 책임이란 '주위에서 벌어지고 있는 사건들을 잘 알아차리고, 그에 대해 적극적으로 반응할 수 있는 능력'이라고 했다. 우리 각자의 사고, 감정, 행동에 스스로 책임질 것을 강조했다. 내담자가 자각한 것에 대해 말을 하고, "그리고 그것에 대한 책임은 나에게 있습니다."라는 말로 끝맺게 함으로써 행동에 책임 질 수 있게 한다.

3. 상담 그림책 분석

『이건 내 모자가 아니야』
박수연 글, 신현정 그림
키즈엠

『내가 안 그랬어요!』는 자신이 하기 싫은 행동에 대해 이래저래 다양한 핑계를 대면서 자기 잘못을 무마하려는 어린아이의 모습을 그리고 있다. 주인공 '지훈'이는 항상 핑계를 대는 아이다. 그림책은 자신의 욕구나 감정을 알아차리지 못한 것뿐 아니라, 정확하게 표현하지 못하면 다른 누군가가 속상해 할 수 있다는 것을 지훈이의 장난감이나 엄마의 표정을 통해서 말해 주고 있다. 결말에서 남 탓만 하던 지훈이는 대가를 치르게 된다. 이 그림책은 '남 탓을 하지 말자.'가 아니라 '실수해도 괜찮아. 지금-여기에서 욕구와 감정을 알아차리고 솔직하게 이야기해 보자.'라는 것을 전달하고 있다. 혼날까 봐 무서워서 거짓말 또는 핑계를 대고, 자존심이 상할까 봐 타인에게 원인이 있다고 전가하는 모습이 아닌, 내가 어떻게 책임 있게 행동할지 용기를 얻을 수 있을 것이다.

4. 상담 실제

(1) 그림책 읽고 질문 나누기

그림책 속 주인공 지훈이를 통해서 자기 잘못을 인정하지 않고 남 탓을 했을 때 자기 마음도 편하지 않음과 다른 사람이 어떤 감정을 느끼게 되는지를 알게 되고, 그동안 자기 행동을 돌아보며 그런 행동을 했을 때 어떤 결과를 얻게 되는지 스스로 알아차림(자각)할 수 있는 기회를 제공하여 작은 변화가 일어나도록 질문하고 격려한다.

(2) 그림책과 관련된 질문
- 그림책에서 기억에 남는 장면이 있나요?
- 지훈이의 말과 행동에 엄마의 표정은 어떠했나요?
- 지훈이가 침대에 누웠을 때 들은 소리는 무엇인가요?
- 지훈이가 제일 많이 한 말은 무엇인가요?
- 마지막 장면에서 지훈이의 태도가 달라진 이유는 무엇인가요?
- 만일 지훈이의 공룡 인형이라면 어떤 마음(감정)이 들었을까요?
- 유치원에 등원할 때 가방을 메지 않고 한 지훈이의 말은 무엇인가요?
- 아침에 엄마가 지훈이를 깨울 때 지훈이가 엄마에게 한 말은 무엇인가요?

(3) 삶과 관련된 질문
- 그림책 제목과 같은 말을 해 본 경험이 있나요?
- 내 잘못이었는데 남 탓을 했던 경험이 있나요?
- 내 잘못이 아닌데 누군가 내 탓을 했던 경험이 있나요?

- 지훈이의 말을 바꿔 본다면 어떤 부분을 바꾸고 싶은가요?
- 아침에 침대에서 일어나야 했던 지훈이의 진짜 마음은 무엇일까요?
- 잠들기 전 들려오는 소리를 들은 지훈이는 어떤 마음이 들었을까요?
- 자기 행동에 대해 책임을 지지 않았을 때 일어날 일은 무엇일까요?
- 책임 있는 말과 행동을 했을 때 내게 긍정적인 부분은 무엇인가요?
- 책임 있는 말과 행동을 하기 위해 내가 노력해야 할 것은 무엇인가요?
- 첫 장면 엄마의 표정과 마지막 장면 엄마의 표정이 달라진 이유는 무엇인가요?

(4) 상담 대화 예시

교사 : 그림책을 함께 봤는데 주인공 지훈이가 어떤 말을 많이 했을까? (평소 일상생활에서 자신이 자주 쓰는 말임을 스스로 알아차림을 했는지 확인한다.)

학생 : 음…. '내가 안 그랬어요.' 라는 말은 두 번, '내 탓이 아니에요.' 라는 말은 한 번 했어요. 또집에 있는 물건들이 잘못했다고 여러 번 말했어요.

교사 : 루이도 지훈이처럼 내 잘못이었는데 다른 사람 탓을 했던 일이 있을까?

학생 : (당연하다는 듯이) 그럼 있죠. 쉬는 시간에 ○○이랑 '루핑루이' 라는 보드게임을 했는데 제가 자꾸 칩을 잃어서 세 번을 졌어요. ○○이 보드게임 설명서대로 하지도 않아서 제가 칩을 잃은 거예요.

교사 : 그런 일이 있었구나. 지금 다시 ○○이랑 보드게임을 한다면 루이가 진짜로 원하는 것은 무엇일까? (지금-여기에서 자신의 욕구 또는 감정 알아차리기를 할 수 있도록 한다.)

학생 : 당연히 보드게임에서 ○○을 이기는 거죠. 그래서 보드게임의 최

강이 되어야죠.

교사 : ○○을 이기고 싶었고, 보드게임의 최강이 되고 싶었구나. 그리고 좀 전에 화가 났다고 했는데 다른 말로 기분(감정)을 표현해 볼 수 있을까?

학생 : 당연히 화가 났죠. 지금 생각해 보니 그 순간에 속상한 마음이 더 컸어요.

(중략)

교사 : 루이야, 그림책 속 지훈이의 말 중에서 바꿔 보고 싶은 부분이 있을까? (지훈이의 말에서 행동이나 책임 소재를 명확하게 하여 자신의 감정과 동기에 책임을 질 수 있는 문장으로 바꾸어 말하도록 한다. 이를 통해서 자신의 욕구를 솔직하게 표현하고, 다른 사람의 감정도 인정할 수 있는 변화를 가져 볼 수 있도록 한다.)

학생 : (신발을 신고 집 안에 들어가는 장면을 펼치며) 여기서 하는 지훈이 말이요.

교사 : 어떻게 바꾸면 좋을까?

학생 : 아마도 지훈이는 밖에서 놀고 싶은 마음이 있는 것 같아서 '엄마 지금은 신발을 벗고 싶지 않아요.'라고 바꾸고 싶어요.

교사 : 와~ 놀랍고 대단한데! 루이가 지훈이의 지금-여기에서 원하는 마음을 정확하게 말해 주었어. 이렇게 말을 해 준다면 지훈이 엄마의 마음과 생각은 어떨까?

학생 : 지훈이가 원하는 대로 들어주겠죠. 그리고 화가 나지 않을 것 같아요. 별거 아니네요. 또 할 수 있을 것 같아요.

교사 : 이번에는 선생님이 고른 장면을 보고 말을 바꾸어 보자.

학생 : 네. 도전이요!

5. 상담 활동

(1) 감정을 과자로 표현하기

지금-여기에서 경험하는 욕구와 감정을 알아차리는 것은 게슈탈트 심리상담의 핵심이다. 지금-여기의 욕구와 감정을 자각함으로써 자기 자신과 환경이 잘 접촉하고 교류할 수 있게 되어 성장과 변화를 불러올 수 있기 때문이다. 감정의 알아차림은 자신이 느끼는 감정을 이해하고 명확하게 인식하는 것을 의미한다. 다양한 감정을 인식하고 이해하는 활동과 자신이 주로 느끼는 감정을 푸드(과자)테라피 활동으로 구성하였다. 이는 학생의 경험을 시각화하여 알아차림과 접촉을 촉진하기 위함이다. 이를 통해서 감정을 알아차리고 어떻게 표현하는지가 중요함을 긍정적으로 인식하도록 한다.

이 활동은 푸드테라피를 변형한 것으로 다양한 식재료를 가지고 자신이 느끼는 기분(감정)을 표현하는 것이다. 주변에서 쉽게 구할 수 있는 젤리, 비스킷, 초코과자, 막대과자 등을 기본 재료로 준비하여 학생이 자유롭게 선택하고 표현한다.

① 지금 기분에 맞는 색깔이 있는 접시를 선택한다.
② 자기 기분을 표현해 줄 과자와 간식거리를 골라 담는다.
③ 선택한 과자로 다양하게 내 감정을 표현한다(자신의 얼굴 표정이 아니라 감정을 표현하도록 한다).
④ 다른 친구들에게 자신이 표현한 감정을 이야기해 본다.

(2) 언어 표현 바꾸기

언어도 강력한 접촉 수단 중 하나이다. 언어를 어떻게 사용하느냐에 따라 접촉이 증가할 수도 있고, 단절될 수도 있다. 따라서 학생의 언어 사용 습관을 자세히 관찰하여 고쳐 주는 것은 중요한 과제이다. 그림책 속 장면 중에서 바꿔 보고 싶은 부분을 선택하여 해 볼 수 있다. 이때 지금-여기와 주체성을 강조하기 위해 현재시제와 '나' 라는 단어의 사용을 지시한다. 또한 학생이 자신의 감정이나 동기에 책임을 지는 형식의 문장으로 바꾸어 보며 책임 의식을 높여 줄 수 있는 활동을 해 본다.

① 그림책 속 지훈이의 말을 선택하여 언어 표현 바꾸기를 해 보자.

지훈이의 말(언어)	표현을 바꾼 말(언어)
신발이 내가 좋다고 안 떨어지려고 해요.	나는 신발을 벗고 싶지 않아요.

② 다음의 표현을 참고해 보자.

- 난 할 수 없어 → 난 하지 않겠다, 난 하지 않기로 선택했다
- 난 해야 한다 → 난 하기로 했다, 나는 하고 싶다
- 나는 ~을 필요로 한다 → 나는 ~을 원한다
- 나는 ~할까 봐 두렵다 → 나는 ~을 하고 싶다

(3) 책임 의식 선언문 작성하기[36]

다른 학생들이나 교사 앞에서 선서하듯 오른손을 들고 책임 의식 선언문을 큰소리로 낭독해 본다. 이는 어떤 사람 또는 사건이 영향을 미치더라도 개인이 삶의 주체로서 삶에 대한 모든 책임을 스스로 져야 한다는 것을 다짐하는 활동이다. 이 활동은 학생이 환경적 지지에서 벗어나 자신의 삶을 책임지고 살아가도록 돕기 위함이다.

① 그대로 따라 낭독한다.
하나, 나는 내가 하는 모든 (행동)에 대해 책임이 있습니다.
둘, 나는 내가 느끼는 모든 (감정)에 대해 책임이 있습니다.
셋, 나는 내가 고려하는 모든 (생각)에 대해 책임이 있습니다.

② 학생이 변화시키기를 원하는 구체적인 행동, 감정, 생각을 작성 후 낭독한다.
하나, 나는 내가 하는 (   )에 대해 책임이 있습니다.
둘, 나는 내가 느끼는 (   )에 대해 책임이 있습니다.
셋, 나는 내가 고려하는 (   )에 대해 책임이 있습니다.

---

36 강진령(2023). 쉽게 풀어 쓴 상담이론과 실제. 학지사. p.174.

> **예시 문구**
> - 행동 : 장난감 놀이 후 뒷정리, 알람 시간에 맞춘 기상, 치아 건강을 위한 양치질, 정해진 시간 안에 과제 수행 등
> - 감정 : 보드게임에서 졌을 때 드는 속상할 수 있는 마음, 학급 친구들과 함께하는 피구 경기의 즐거운 마음, 과제를 하지 않은 것에 대한 부끄러운 마음 등
> - 생각 : 게임에서 패할 수 있어, 실수해도 괜찮아, 완벽하지 않아도 괜찮아, 틀려도 괜찮아 등

③ 낭독 후 소감을 나누어 본다.

6. 상담을 마무리하며

아동기의 학생들은 타인 조망 훈련이 이루어지지 않기 때문에 자기중심적 사고를 할 수 있다. 그런데 학생의 인지 수준이 더 발달하고 성장함에도 자기 잘못에 대해 책임을 지지 않고 타인에게 잘못을 귀인시키는 오류를 범한다면 부모나 교사의 적극적인 개입이 필요하다. 먼저, 학생의 감정을 잘 보듬어 주고, 학생이 다른 사람을 원망하지 않고 자기 잘못, 일어난 상황을 그대로 받아들일 수 있도록 차분한 말로 일관성 있게 설명한다. 그 후에 학생이 올바른 판단을 할 수 있도록 시간을 가질 수 있게 해 주어야 한다. 부주의로 일어난 일에 직접적으로 학생의 잘잘못을 가리기보다는 이미 벌어진 일을 함께 수습하고, 스스로 책임을 지려면 어떻게 행동해야 하는지 알려 주어야 한다.

자기 의견을 말하지 못하고 친구가 하자는 대로만 하는 아이

1. 문제 상황

수미는 매년 3월이 되면 새 친구들에게 다가가기 힘들어서 눈치를 본다. 어쩌다 친구와 놀아도 토요일과 일요일이 지나 월요일에 만나면 처음 만난 것처럼 서먹해진다. 친구들이 노는 것을 보면 다가가 말을 걸고 싶지만 어떤 말을 해야 할지 모르겠고, 그 말을 하게 되었을 때 친구들이 싫어할지도 모른다는 생각이 들어 말을 잘 하지 않게 되었다. 방과후나 주말에 친구들과 놀려고 해도 수업을 마치면 학원에 가고, 주말에는 친구 집이 너무 멀리 떨어져 있어서 만나기도 힘들다. 단짝 친구는 1학년 때 같은 반이었지만 학년이 바뀌고 반이 달라지면서 만나지 않게 되었다.

대부분의 학교생활에서 모둠활동을 하므로 수업 시간에는 수업 내용으로 친구들과 이야기하지만, 쉬는 시간이 되면 자기 자리에 혼자 앉아 있거나 조용히 할 일만 한다. 그래서 학급 친구 중 누군가 다가와서 말을 붙여 주거나 같이 놀자고 하면 거의 모든 상황에서 자기 의견을 말하지 못하고 그 친구가 하자는 대로 한다. 또, 친구가 빌려 달라는 필기도구가 자신이 아끼는 것이라서 주기 싫지만 거절하지 못하고, 빌려 주고 난 후에는 돌려 달라는 말을 못 하거나 빌려 준 물건이 부서졌을 때도 말을 하지 못한다. 자신의 의견을 말하게 되면 친구가 화를 내고 사이가 나빠질까 봐 두려워서이다. 수미는 이런 자신이 답답하다.

2. 상담 이론 : 강점 중심의 긍정심리치료[37]

(1) 긍정심리치료와 대표 강점

긍정심리학은 기존의 심리치료와는 다른 관점으로 접근한다. 기존의 심리치료는 인간의 문제와 증상에 초점을 두고 이를 효과적으로 제거하거나 통제하려는 데 관심을 가진 반면, 긍정심리학은 인간의 내면에 잠재해 있는 능력과 가능성, 긍정적인 자원에 초점을 두고 문제의 예방과 발달, 성장을 통해 행복에 이르도록 돕고자 한다.

긍정심리치료는 긍정심리학에 기반을 두고 개인의 부정적 행동 및 증후는 경감시키고 내담자의 긍정적 행동 특성을 찾아 신장시키는 데 역점을 둔다. 셀리그만(2012)에 의하면 내담자의 행복을 구성하는 긍정 정서, 열정 및 몰입, 긍정적 관계, 의미, 성취는 개인의 성격강점을 통해 얻을 수 있으며, 대부분의 사람은 누구나 2~5개의 대표 강점을 가지고 있다.

---

37 Martin E. P. Seligman, Tayyab Rashid(2020). 긍정심리치료 치료자 매뉴얼. 우문식, 이미정 역. 물푸레. p.21.

아동용 6개 덕성과 24개 성격강점의 내용[38]

덕성	성격강점	내용
지성	창의성	어떤 일을 하면서 새롭고 더 좋은 방법을 생각해 내는 능력
	호기심	새롭고 신기한 것을 좋아하며 흥미 있는 것을 적극적으로 탐색하려는 태도
	개방성	다양한 관점에서 생각하고 나와 다른 생각을 기꺼이 받아들이려는 태도
	학구열	새로운 것을 배우고 익히는 데 재미를 느끼고 열심히 노력하는 태도
	지혜	폭넓게 생각하고 어려운 상황에서 처했을 때 좋은 해결 방법을 생각하는 태도
인간애	사랑	관계를 소중히 여기고, 그러한 마음을 행동으로 잘 실천하는 태도
	친절성	다른 사람들을 존중하고 위하는 마음으로 상냥하게 대하고 도움을 주려는 태도
	사회지능	나와 다른 사람들의 마음을 잘 알아차려 사람들과 잘 어울리는 능력
용기	용감성	두려운 마음이 드는 상황에서도 위축되지 않고 두려움을 극복하는 태도
	끈기	시작한 일을 포기하지 않고 끝까지 마무리하여 완성하는 태도
	진실성	자신의 생각이나 감정을 솔직하게 표현하고 진실하게 행동하려는 태도
	활력	열정과 에너지를 가지고 활기차게 생활하는 능력

---

38 김광수(2019). 긍정심리학 성격강점 기반 인성교육. 학지사. p.72.

절제	용서	내게 잘못을 저지른 사람을 너그럽게 용서해 주는 태도
	겸손	지나치게 자신을 드러내어 잘난 체하거나 뽐내지 않고 자신이 무엇을 더 노력해야 하는지 아는 태도
	신중성	말이나 행동하기 전에 한 번 더 조심스럽게 생각하는 태도
	자기조절	자신의 다양한 감정, 욕구, 행동을 적절하게 조절하는 능력
정의	공정성	사람을 대하거나 일을 처리할 때 차별하지 않는 태도
	시민의식	집단 구성원으로서 집단의 이익을 위해 최선을 다하는 태도
	리더십	집단 활동을 계획, 조직하고 좋은 성과를 이루도록 이끌어 가는 능력
초월	심미안	다양한 영역에서 아름다움과 뛰어남을 발견하고 느낄 줄 아는 능력
	감사	좋은 일을 알아차리고 그에 대한 고마움을 느끼며 표현하는 행동과 태도
	낙관성	자신의 경험에 대해 긍정적으로 생각하고 좋은 일을 기대하며 행동하는 태도
	유머	웃고 재미있는 것을 좋아하며 다른 사람에게 웃음과 즐거움을 주는 능력
	영성	삶의 의미와 목적에 대한 관심과 믿음을 가지고 눈에 보이지 않는 보다 넓은 세계와 연결되기를 바라는 태도

(2) 긍정심리치료의 3단계와 과정[39]

1단계 자신의 강점을 평가하고 직면한 문제에 대한 현실적인 목표 설정

일상생활에서 경험한 크고 작은 사소한 자신의 이야기를 간단히 기록한 후, 부모나 형제, 배우자 등 타인으로부터 자신의 강점에 대한 평가를 받는다. 그 평가를 바탕으로 자신의 강점이 무엇인지 알아보고 나의 현실적인 목표를 설정한다.

2단계 역경을 적절하게 극복하고 건설적으로 이겨 낼 수 있는 기능 습득

이 단계에서는 좋지 않았던 기억과 경험을 다루는 데 집중하여 좋지 않았던 경험을 긍정 경험으로 변화시키기 위한 기능을 습득한다.

첫째, 자신의 부정적 경험을 제3자의 입장에서 바라보거나 영화를 보는 것처럼 자세히 되새겨 본다. 기억과 관계되는 정서를 메타인지의 입장에서 바라보면 강렬했던 부정적인 경험이 작아질 수 있다.

둘째, 나에게 부정적인 경험을 하게 한 대상을 용서한다. 가해자를 용서하고 묵인하라는 것이 아니다. 부정적인 정서와 부정적인 인지 과정을 경감시키면서 상대방에게 깊은 동정과 친절을 베푸는 과정을 통해서 나의 신체적인 이완과 정신적인 건강을 돕는 것이다.

셋째, 나의 내부 기준에 따른 선택을 한다. 선택의 기준이 남에게 있는지, 자신에게 있는지에 따라 만족의 지속 여부가 달라진다. 외부적인 기준인 사회적인 지표나 남과의 비교에 따른 선택이라면 그것은 매 순간 달라지고

---

39 이현수(2021). 성격강도에 기초한 긍정적 심리치료. 학지사. pp.61-71.

불안하여 만족스럽지 않다. 하지만 자신의 내적 기준을 따른 선택은 상황이 바뀌어도 만족이 따르게 된다.

넷째, 감사하는 마음은 나 스스로가 만들어 가는 것이다. 감사 편지를 쓰거나, 감사를 전할 대상을 방문하거나 연락해서 감사의 말을 전해도 좋다.

3단계 친밀한 대인관계 신장

예술적·지적·과학적 성취, 철학과 종교에 대한 지식 습득으로 의미 수준을 신장시켜 내 강점을 어떻게 활용할 것인가 생각하며 대인관계를 넓혀 나가야 한다.

3. 상담 그림책 분석

『줄무늬가 생겼어요』
데이빗 섀논 글·그림, 비룡소

『줄무늬가 생겼어요』는 친구들과 달라지는 것을 두려워하는 여자 아이 카밀라의 이야기다. 카밀라는 아욱콩을 좋아하지만 친구들이 모두 아욱콩을 싫어했기 때문에 아욱콩을 절대 먹지 않는다. 그렇게 친구들 눈치를 보며 내가 저들에게 어떻게 보일까를 신경 쓰고, 타인의 의견에 맞추다 보니 결국엔 줄무늬병에 걸린다. 친구들의 말이나 시선에 카밀라 몸에 여러 무늬가 생기고 진정한 카밀라의 모습은 사라지고 말았다. 어떤 치료법도 통하지 않았지만, 카밀라의 줄무늬병을 치료하는 방법은 스스로 솔직하게 자신을 인정하고 표현하는 것이었다.

우리는 일상생활에서 긍정적인 면보다는 부정적인 면에 더 민감하게 반응하고 오래 기억하는 경향이 있다. 그래서 부정적인 면에 집중해서 신경을 쓰며 생활한다. 자신을 남과 비교하다 보면 자기 자신은 사라지고 부모님이 원하는 나, 선생님이 원하는 나, 친구들이 좋아하는 나로 살아가게 된다. 그러다 보니 카밀라 역시 사람들이 원하는 모습으로 바뀌게 되는 것 같다. 아욱콩을 먹고 원래의 모습으로 다시 돌아오는 카밀라의 이야기를 통해 자신이 가지고 있는 좋은 점과 강점을 긍정적으로 바라보고 인정하는 것이 필요함을 알려 주는 그림책이다.

4. 상담의 실제

(1) 그림책 읽고 질문 나누기

카밀라는 친구들이 싫어하니까 아욱콩을 먹지 않고, 친구들이 좋아하는 옷을 입으려 하다가 온몸에 줄무늬가 생긴다. 친구들과 사람들이 말하는 대로 카밀라의 모습이 바뀌어 가는 것을 보며 내 모습을 발견할 수 있다. 내가 나 자신을 그대로 수용하고 인정할 때 내가 가진 좋은 점과 강점을 찾아 자신을 긍정적으로 인식할 수 있다.

(2) 그림책과 관련된 질문

- 앞표지 카밀라의 모습과 표정에서 무엇이 느껴지나요?
- 옷을 고르는 카밀라의 표정은 왜 찡그리고 있을까요? 그 후 어떤 일이 생겼나요?

- 학교에 가서 국기에 대한 맹세를 하고 난 다음 카밀라에게 어떤 변화가 생겼나요?
- 아이들의 하는 말에 카밀라의 몸은 어떻게 변했나요?
- 카밀라는 아욱콩을 먹고 싶었지만 부모님에게 괜찮다고 한 이유는 무엇인가요?
- 카밀라를 진찰하러 온 네 명의 의사 모두 뿌연 안경을 쓰고 카밀라를 진찰하고 있는 모습이 어떻게 느껴지나요?
- 나돌팔, 난천재 과학자들과 방송국 기자들, 심리학자들을 비롯한 많은 사람들이 몰려와 북적댔을 때 카밀라의 상태와 마음은 어떠했나요?
- 카밀라가 변화한 상태에서도 변하지 않은 것이 있어요. 무엇인가요?
- 카밀라는 어떻게 원래의 모습으로 돌아오게 되었나요?

(3) 삶과 관련된 질문
- 카밀라와 같은 일이 내게 생긴다면 어떻게 할 것 같은가요?
- 내게도 카밀라의 아욱콩 같은 것이 있나요?
- 카밀라를 진찰하러 온 네 명의 의사 모두 뿌연 안경을 쓰고 있어요. 누군가 힘들어 할 때 그림책 속 의사들처럼 공감하지 못하거나 마음대로 행동했던 경험이 있나요?
- 카밀라의 몸이 줄무늬로 변한 다음 계속 변하는 상태에서도 분홍 머리핀은 변하지 않았어요. 이 머리핀은 어떤 의미가 있나요?
- 카밀라에게 아욱콩을 먹여 준 할머니와 같은 사람이 있나요?
- 카밀라가 몸이 변하는 것은 자신의 훌륭한 능력이고 재능이라고 친구들에게 말하면서 자랑스럽고 당당한 태도를 보였다면 친구들의 반응은 어떻게 달라졌을까요?

- 카밀라가 아욱콩을 먹고 본래의 모습으로 돌아왔어요. 내 모습을 사랑하고 긍정적으로 볼 수 있는 것은 무엇이 있나요?

(4) 상담 대화 예시

교사 : 지난주에 어떻게 지냈어?

학생 : 어… 쉬는 시간에 혼자 있었어요. 친구들이 이야기하고 있으면 저도 친구들 옆에 가고 싶은데 싫어할 것 같아서 혼자 있었어요.

교사 : 왜 싫어할 것 같아?

학생 : 이야기하고 있는데 제가 가서 방해한다고 생각하거나 왜 왔나 하고 이상하게 볼 것 같아서요.

교사 : 학교생활도 재미가 없고 힘들겠네. 이 그림책에서 아이들이 하는 말에 카밀라의 몸은 어떻게 변했지?

학생 : 무지개색 줄무늬가 생기고, 미국 국기 무늬, 얼룩무늬 등 말하는 대로 바뀌었어요.

교사 : 카밀라처럼 네게도 이런 변화가 있다면 어떻게 할 것 같아?

학생 : 너무 이상하고 싫을 것 같아요.

교사 : 카밀라는 친구들이 싫어한다는 이유로 좋아하는 아욱콩을 먹지 않았지? 네게도 카밀라의 아욱콩 같은 것이 있을까? (학생이 자기주장을 하거나 생각을 말하면 친구들이 싫어한다고 여겨 친구들이 하자는 대로 행동하는 것을 카밀라의 모습이 변한 것과 연관을 지어 부정적인 생각을 긍정적인 생각으로 변화시키도록 한다.)

학생 : 친구들이 놀고 있는데 끼어들면 싫어한다고 생각하는 것이요. 그래서 친구들이 다가오면 제가 하고 싶은 것이 있어도 말 못 하고 친구들이 하자는 대로 해요.

교사 : 그렇구나. 그렇게 하면 기분이 어때?

학생 : 편하지 않아요.

교사 : 그렇구나. 친구들이 놀고 있는 것을 보면서도 다가가지 못하는 어떤 아이의 모습을 상상해 보자. 어떻게 느껴지니? 그 아이에게 어떻게 하라고 말해 주고 싶어? (제3자의 입장에서 자신의 모습을 상상하게 하여 자신을 메타인지적으로 바라보게 한다.)

학생 : 답답해요. 가서 놀자고 이야기해도 괜찮다고 말해 주고 싶어요. 카밀라가 아욱콩을 좋아한다고 한 것처럼 저도 친구들에게 다가가서 같이 놀자고 말하는 게 좋을 것 같아요. 어렵겠지만요.

교사 : 그래, 잘 알고 있네. 네게는 그런 점들을 알아차리는 힘이 있어. 그 마음을 친구들에게 말하거나 쪽지를 써서 전해 보는 건 어떨까?

학생 : 직접 말하기는 어렵고 쪽지에 글을 써서 전하는 건 할 수 있을 것 같아요.

5. 상담 활동

대표 강점을 인식하도록 돕는 것은 진정한 본연의 모습(나다움)을 발견하는 것이다. 자신의 내면화된 가치를 발견할 기회를 제공하여 흥미와 관심, 자발성과 실천 의지를 높일 수 있다.

(1) 나의 대표 강점 추측하기

① 다음 표를 살펴보면서 자신을 가장 잘 설명한다고 생각되는 성격강점 3~5개를 선택한다.

② 나를 잘 알고 있는 친한 친구나 가족에게 다음의 표를 제시한 후 나의 강점을 3~5개 찾아 주도록 부탁한다.
③ 내가 찾은 강점과 친한 사람들이 찾아 준 강점을 비교하면서 중복되는 강점을 자신의 대표 강점이라고 추측할 수 있다.

나의 대표 강점 추측하기[40]

※ 나의 대표 강점이라고 생각하는 것을 3~5가지 찾아 ○표해 주세요.

덕목	강점	학년 반 이름	
지성 (슬기로움)	창의성	다른 사람은 잘 생각하지 못하는 새로운 생각을 잘해요.	
	호기심	주변의 일이나 대상(사람, 동식물, 물건 등)에 관심과 흥미가 많아요.	
	개방성	마음이 열려 있어서 다른 사람의 생각을 잘 받아들여요.	
	학구열	새로운 것을 배우는 것이 즐거워요.	
	지혜	폭넓게 생각하고, 어려운 상황에 처했을 때 좋은 해결 방법을 생각해 내요.	
인간애 (인자함)	사랑	다른 사람이나 동식물을 소중하게 여기고 사랑하는 마음이 많아요.	
	친절성	평소에 상냥한 말투와 친절한 행동으로 사람들을 대해요.	
	사회지능	주변의 분위기나 다른 사람의 마음과 입장을 잘 헤아릴 수 있어요.	
용기 (용감함)	용감성	겁이 없는 편이고, 옳다고 생각하는 일은 꼭 해내고 말아요.	

---

40 김광수(2019). 긍정심리학 성격강점 기반 인성교육. 학지사. pp.74-77, p.279.

용기 (용감함)	끈기	어떤 일을 한번 시작하면 끝까지 열심히 해내요.	
	진실성	친구나 가족에게 거짓말을 하는 일이 없어요.	
	활력	명랑한 성격이고, 언제나 활기와 에너지가 넘치는 것 같아요.	
절제 (참을성)	용서	친구나 가족이 나에게 잘못해도 금방 용서해 줄 수 있어요.	
	겸손	잘난 체를 하지 않는 성격이고, 누가 나를 칭찬해 주면 부끄러워요.	
	신중성	어떤 일을 결정할 때 곰곰이 생각하고 결정해서 나중에 후회하는 일이 별로 없어요.	
	자기 조절	슬프거나 기쁘거나 화가 날 때 나의 마음을 스스로 잘 조절해요.	
정의 (정의로움)	공정성	친구들이나 가족을 공평하게 대해요.	
	시민 의식	질서와 규칙, 약속을 잘 지키며 생활해요.	
	리더십	친구들이 나를 잘 믿고 따라서 학급 임원이 되기도 했어요.	
초월 (긍정적임)	심미안	책을 읽거나 음악, 그림을 감상하는 일이 정말 즐겁고 행복해요.	
	감사	부모님이나 친구들, 선생님, 주변 사람들에게 감사할 일이 많아요.	
	낙관성	내가 하는 일들이 잘될 거라는 믿음을 가지고 노력해요.	
	유머	재미있는 말과 행동으로 사람들을 즐겁게 해 줄 때가 많아요.	
초월 (긍정적임)	영성	교회(절, 성당)에 열심히 다니고, 평소에 기도(불공)를 열심히 드려요.	

(2) 감사 일기 쓰기[41]

감사는 긍정 정서와 긍정 자질을 키워 준다. 감사를 함으로써 자기 가치와 자존감이 향상된다. 남과 비교할 가능성과 부정적인 정서가 줄어들어 일상생활에서 행복을 지속할 수 있는 시간이 늘어난다. 인간은 진화에 성공하기 위해 긍정적인 사건보다 부정적인 경험에 더 집중하는 부정 편향성이 있다. 이런 성향 때문에 삶의 만족도가 최소화되고 심리적 고통은 최대화된다. 긍정 경험은 쉽게 잊어버리고 부정 경험은 보다 잘 기억한다. 그러므로 감사하는 습관을 익히기 위해 감사 일기를 쓰는 것은 많은 도움이 된다.

매일 밤 잠들기 전, 오늘 일어났던 일 중 잘됐던 일을 써 본다. 각 항목 옆에 최소한 한 가지에 대한 대답을 기록한다.

월 일 요일	
잘됐던 일(즐거웠던 일)	
잘됐던 일의 의미나 이유	
잘됐던 일을 떠올리면서 배운 점	
이런 좋은 일에 내가 노력한 점	

---

41 Martin E. P. Seligman, Tayyab Rashid(2020). 긍정심리치료 치료자 매뉴얼. 우문식, 이미정 역. 물푸레. pp.116-135.

6. 상담을 마무리하며

눈에 보이는 것이 진실은 아니다. 현재 학생이 보이는 행동은 자신이 알고 있는 행동 중에서 자신을 보호할 수 있는 언행이다. 교사가 보기에 문제 행동이라고 생각되어도 그에게는 필요한 행동이다. 다만 그 행동이 부정적이고 역기능적일 경우에 교사는 학생이 자신의 강점과 능력을 발견하고 긍정적 행동 특성을 찾아 적응적인 생활을 할 수 있도록 도와야 한다. 교사는 학생의 부정적 행동 특성을 과소평가하거나 외면하지 않고, 학생이 강점을 기반으로 자신을 긍정적으로 인정하도록 돕는다. 그 후 사소한 일에서 감사를 발견하면서 온전히 감사를 생활화하여 자신의 것으로 만들어 가도록 초점을 맞춘다.

관심을 받고 싶어서
일부러 튀는 행동을 하는 아이

1. 문제 상황

　호영이는 학기초에 새로운 친구에게 말도 잘 걸고 장난도 치면서 학급 아이들과 두루 어울리는 모습을 보이는 아이였다. 친구들 앞에서 크게 웃거나, 수업 시간에 갑자기 엉뚱한 말을 해서 시선을 끌기도 했다. 호영이가 친해진 친구들에게 마라탕을 사 주겠다며 식당에 갔다가 사실은 돈이 없다고 하여 각자 계산하고 먹게 되었다. 친구들은 기분이 상했지만 호영이는 대수롭지 않게 생각하고 계속 친구들과 어울렸다.

　그 일 이후 한 달 정도 지났을 무렵, 호영이는 친구들에게 지방으로 이사하게 되어 전학을 가게 될 거라고 말하고 다녔다. 전학 날이 다가오자 친구들은 호영이에게 작별 인사도 하고 관심을 가져 주었다. 하지만 전학 간다던 날짜가 일주일이 지나도 호영이는 별말 없이 계속 학교를 나왔다. 이상하다고 여긴 친구들이 언제 전학 가는 거냐고 물어보자 호영이는 그제야 거짓말이었다고 이야기했다.

　이 일로 대부분의 학급 아이들은 호영이에게 배신감을 느끼거나 신뢰를 잃어서 어울리기를 꺼리게 되었고, 호영이는 아이들이 자신을 무시해서 너무 힘들다며 학교에 나오기 싫다고 말했다. 담임교사가 호영이에게 왜 그런 행동을 했는지 이유를 묻자 친구들이 재미있어 할 것 같았고, 재미있으면 친구들에게 관심도 많이 받고 인기가 많아질 거라는 생각을 했다고 말했다.

호영이의 잦은 거짓말과 튀는 행동은 관심받고 싶은 내적 욕구를 충족시키기 위해 선택한 행동으로 보았다. 충분한 관심과 애정을 받지 못했다고 느낀 아이는 자신이 사랑받고 중요한 사람이라는 느낌을 얻기 위해 부정적인 방식으로 관심을 끌려 했다. 이러한 경우 아이의 문제 행동 교정에만 초점을 맞추기보다 그 행동 뒤에 숨겨진 감정과 욕구에 초점을 맞춰야 한다. 이 아이는 스스로를 존중받을 만한 존재로 인식하지 못하는 상황일 가능성이 크다. 이에 호영이가 스스로를 있는 그대로 받아들이고, 타인의 인정이 아닌 자아 존중을 바탕으로 자기 가치를 찾아 가도록 도움을 주고자 한다.

2. 상담 이론 : 인간중심상담

칼 로저스(Carl Rogers)의 인간중심상담[42]은 인간은 태어나면서부터 자신의 잠재력을 실현시키려는 경향성을 가지고 있기 때문에, 적절한 심리적 환경을 제공하면 스스로 자신의 문제를 해결할 수 있는 능력을 지닌 존재로 보았다. 로저스는 개인이 경험하는 주관적 세계를 통해 저마다 세상을 인식하게 되는데, 어린 시절에 중요한 타인으로부터 특정 행동이나 성과에

---

42 노안영(2005). 상담심리학의 이론과 실제. 학지사.

대해서만 사랑과 인정을 받게 되면 자신의 가치를 조건에 따라 평가하게 된다고 보았다. 이를 '가치조건화'라고 하는데, 가치조건화가 형성되면 자신을 있는 그대로 수용하지 못하고 부정적 자아 개념을 형성하게 되며, 자신의 경험을 왜곡하거나 부정하게 되면서 심리적 어려움이 유발된다. 인간중심상담의 목표는 자기 개념과 경험 간의 불일치를 제거하고, 자기 자신을 온전히 수용함으로써 잠재력을 발휘하여 '충분히 기능하는 사람'이 되도록 돕는 것이다. 로저스가 말하는 충분히 기능하는 사람은 경험에 개방적이고, 매 순간 충실히 삶을 영위하며, 자신을 신뢰하고, 선택과 행동이 자유로우면서 창조적인 사람이다.

이를 위해 상담자는 내담자의 감정과 경험을 이해하고 수용하는 안전한 환경을 제공해야 하는데, 그 세 가지 핵심 요소는 무조건적인 긍정적 존중, 공감적 이해, 진솔성이다.

'무조건적 긍정적 존중'은 내담자의 감정, 행동, 생각을 어떤 판단이나 조건 없이 온전히 존중하고 수용하는 자세이다. 판단 없이 수용하는 안전한 환경은 내담자의 깊이 있는 내면 탐색을 촉진하고, 자신을 있는 그대로 받아들이는 경험을 할 수 있게 돕는다.

'공감적 이해'는 내담자의 입장에서 그들의 감정과 경험을 깊이 이해하고, 마치 자신의 일처럼 느껴 보는 것이다. 상담자가 내담자 경험에 대한 이해를 전달할 때 내담자는 자신이 이해받고 있다는 느낌을 받게 되며 자신의 감정을 수용하게 된다.

'진솔성'은 상담자가 상담 중에 경험하는 자신의 감정을 솔직하게 드러내는 것이다. '일치성'이라고 표현하기도 하는데, 자신의 내적 경험과 경험에 대한 표현이 일치해야 함을 의미하는 것이다. 상담자가 먼저 자신의 진실한 마음을 개방적인 태도로 수용하고 표현할 수 있어야 상담자를 신뢰하게 만들 수 있고, 모델링을 통해 내담자의 자기 수용 및 진솔한 표현을 이끌어 낼 수 있다.

3. 상담 그림책 분석

『달팽이 헨리』
카타리나 마쿠로바 글·그림,
노는날

『달팽이 헨리』는 어딘가 다른 달팽이 '헨리'의 도전에 대한 이야기다. 기어오르기가 식은 죽 먹기인 다른 달팽이와 달리 헨리는 점액질이 없어서 오직 바닥에서만 움직일 수 있다. 헨리는 가장 키가 큰 해바라기의 꼭대기까지 올라가 보고 싶은 마음에 다양한 방법을 시도하고 실패하기를 반복하다가 힘을 기르기로 결심한다.

자신의 한계를 수용하면서도 자신의 목표를 이루기 위해 지속적으로 도전하고 노력하는 헨리의 모습은 자신의 잠재력을 발휘하고 자기실현을 추구하는 과정으로 이해할 수 있다. 해바라기를 오르는 헨리의 도전은 불가능해 보이지만 친구들의 도움으로 꼭대기까지 오르게 되고, 스스로 자부심을 느낀다. 헨리에게 보내는 지지와 도움을 주는 환경을 만나 성공적인 성취 경험으로 이끈 것이다. 헨리의 성취 경험은 자존감을 높여 주었고, 친구들에게 자신의 재주를 가르쳐 주며 타인과의 관계에서도 긍정적인 변화를 만들어 간다.

마지막 헨리가 서커스 공연까지 올리는 모습을 보면 헨리는 경험에 개방적이고, 매 순간 충실히 삶을 영위하며, 자신을 신뢰하고, 선택과 행동이 자유로우면서 창조적인, 충분히 기능하는 사람의 모습과 맞닿아 있다.

4. 상담 실제

(1) 그림책 읽고 질문 나누기

헨리는 자신의 한계를 인식하지만 포기하지 않는다. 있는 그대로 받아들이면서 자신이 원하는 삶을 위해 스스로 문제를 해결하고, 자신의 가치를 발견해 나간다. 이 그림책을 통해 우리 안에 있는 잠재력과 자아실현의 가능성에 대해 생각해 보고, 충분히 기능하는 사람으로 살아가기 위해 기꺼이 할 수 있는 것들을 찾아보도록 한다.

(2) 그림책과 관련된 질문
- 표지를 보면 어떤 부분이 가장 눈에 들어오나요?
- 헨리는 다른 달팽이들과 무엇이 다른가요?
- 기어오르기를 못할 때 헨리는 어떤 마음이 들었을까요?
- 헨리의 노력들이 실패해서 포기하려던 순간 생각을 바꾸게 된 계기는 무엇인가요?
- 헨리에게는 어떤 특별한 능력이 있나요?
- 헨리의 도전은 다른 달팽이들에게 어떤 영향을 주었나요?
- 헨리는 어떤 점에서 스스로를 자랑스럽게 느꼈을까요?

(3) 삶과 관련된 질문

- 가장 높은 꽃줄기에 오른 헨리의 도전은 어떤 의미가 있을까요?
- 너무 힘들어서 포기하고 싶은 마음이 들 때가 있었나요? 그때 어떻게 했나요?
- 혼자의 힘으로 할 수 없을 것 같을 때 나는 어떻게 대처하나요?
- 헨리처럼 달팽이집을 갖고 싶었다는 민달팽이의 말을 듣고 어떤 생각이 들었나요?
- 내 안의 가능성을 실현하기 위해 어떤 일들을 해 보고 싶나요?
- '다름'을 '새로운 가능성'으로 만들기 위해 필요한 것은 무엇일까요?
- 스스로를 자랑스럽게 느낀 적이 있나요? 어떤 순간에 그런 생각이 들었나요?

(4) 상담 대화 예시

교사 : 금방 들통날 거짓말을 친구들에게 왜 하게 되었을까? 너도 그렇게 한 이유가 있을 것 같은데.

학생 : 그냥 재미있을 것 같아서요. 재미있으면 애들한테 관심을 많이 받잖아요. 주변에 애들도 많이 모이고, 인기도 많아지니까….

교사 : 아, 친구들이 웃어 주고 관심을 가져 주니까 기분이 좋았구나. 친구들이 네 말을 듣고 웃어 줄 때는 네가 인싸 같고 중요한 사람처럼 느껴지나 보다.

학생 : 네, 맞아요. 근데 이번에는 망했어요. 애들이 배신감 들고 못 믿겠대요.

교사 : 친구들한테 그런 이야기를 들었을 때 너는 어떤 생각이 들었어?

학생 : 괜히 했구나 싶죠. 아무도 저랑 놀려고 하지 않으니까.

교사 : 속상하고 후회도 되는구나. 호영이의 솔직한 마음을 이야기해 줘서 고마워. 친구들한테 인정받고 싶고, 같이 즐겁게 보내고 싶은 마음이 있어서 그렇게 행동했던 거네. 그 마음은 누구나 느낄 수 있는 자연스러운 마음이지. 친구들의 반응이 호영이가 예상했던 반응과 다를 때, 혹시 다른 방식으로도 친구들과 재미있게 어울릴 수 있는 방법을 생각해 본 적 있니? (학생의 감정과 욕구를 있는 그대로 받아들이고 존중하며 공감해 준다. 관심을 받고 싶은 욕구가 자연스러운 감정임을 확인해 주고, 그 욕구를 더 효과적으로 표현할 수 있는 방법을 학생과 함께 모색한다.)

(중략)

교사 : 그림책에서 헨리는 해결할 수 없을 것만 같은 문제에 맞닥뜨렸을 때 어떻게 대처했는지 기억나니?

학생 : 계속 다른 방법을 생각해서 시도해 봤어요.

교사 : 맞아. 헨리가 자신이 원하는 것을 이루기 위해 여러 가지 방법을 시도하면서 실패도 하고 실망도 했지만, 포기하지 않고 또다시 도전을 했지. 지금 호영이가 힘들어 하는 문제도 어떻게 접근하느냐에 따라 헨리처럼 얼마든지 새로운 가능성을 만들어 낼 수 있지 않을까?

학생 : 어떻게요?

교사 : 일단 호영이가 이루고 싶은 것이나 원하는 모습이 뭔지 알아야지. 아까 선생님과 대화하면서 네가 거짓말을 하게 된 이유를 말하면서 찾은 것 같은데. 어때?

학생 : 맞아요. 저는 친구들에게 관심도 많이 받고 인기가 있었으면 좋겠어요.

교사 : 다른 사람들에게 관심받고, 중요한 사람이면 좋겠다는 네 마음을

잘 알아차렸네. 그럼 그 마음을 새로운 가능성과 연결해 볼까? 다른 사람에게 내가 중요한 사람이 되려면 무엇을 해야 할까?

학생 : 친해져야 하는데 애들이 거리를 두니까…. 맛있는 걸 사 준다고 하면 다시 친해질 수도 있지 않을까요?

교사 : 친구들이 지금 거리를 두는 건 너에 대한 뭐가 부족해서일까?

학생 : 믿음?

교사 : 그렇지. 신뢰가 없으면 가까워지기 어렵겠지. 지금 호영이가 해야 하는 건 네가 믿을 만한 사람이라는 생각이 들도록 행동하는 거 아닐까? (그림책에서 헨리가 자기실현 경향성을 보이듯이 호영이 내부에 잠재되어 있는 실현 경향성을 일깨워 주고, 바람직한 방향으로 목표를 설정하여 노력할 수 있도록 인지적·정서적 지원을 돕는다.)

학생 : 그렇네요. 저도 노력해 볼게요.

5. 상담 활동

(1) 마음 수용과 한계 설정

모든 행동에는 이유가 있다. 행동의 의도를 제대로 파악하지 않고 문제 행동에만 초점을 맞추면 지난한 싸움이 되기 쉽다. 비록 그것이 문제 행동일지라도 행동 이면에 숨겨진 의도를 파악하고, 욕구를 충족시킬 수 있는 바람직한 방향을 찾도록 도와주는 것이 필요하다. 한계 설정은 단순히 행동을 제한한다는 의미가 아니라 욕구 충족에 더 도움이 되는 방법임을 설명하는 것이 중요하다.

행동	행동의 이유 (마음 수용)	한계 설정
수업 시간에 자꾸 노래를 부름.	관심을 받고 싶음.	적절한 시간과 장소를 정함.

(2) 감정 달팽이

인간중심상담에서는 감정 표현과 정서적 처리를 중요하게 생각한다. 자신이 느끼는 감정을 자유롭게 표현할 수 있게 함으로써 자신의 내적 경험을 더 잘 이해하고 받아들일 수 있기 때문이다. 또한 감정을 느끼는 것을 넘어서서 그 감정이 왜 발생했는지, 그것이 자신의 삶에 어떤 영향을 미치는지 이해하게 되면서 자아 통합과 성장으로 이어질 수 있다.

이 활동은 색깔로 자신의 감정을 표현하고, 클레이 활동으로 스트레스 완화의 즐거움을 느낄 수 있도록 고안하였다. 활동을 진행하면서 감정을 표현한 색깔이 어떤 의미인지, 왜 그런 감정을 느끼게 되었는지 대화를 통해 정서 표현뿐만 아니라 정서적 처리를 도울 수 있다.

달팽이는 어떤 색의 먹이를 먹느냐에 따라 똥의 색이 달라진다. 내 마음속에 사는 달팽이는 어떤 감정을 먹느냐에 따라 몸의 색깔이 변한다. 내 마음속에 사는 달팽이는 오늘 나의 어떤 감정을 먹고 자라고 있을까?

① 준비물 : 다양한 색상의 클레이
② 우선 내가 느낀 감정을 어떤 색으로 표현할지 색상을 선택한다.

③ 선택한 색상으로 조물조물 주무르며 촉감을 느껴 보다가 달팽이를 만든다. 진짜 달팽이처럼 내 감정을 먹고 싼 똥으로 감정을 표현해도 좋다.

④ 달팽이를 만들면서 혹은 다 만든 후에 다음과 같은 질문을 함께 나누면 좋다.

- 무슨 감정을 표현한 건가요?
- 특별히 그 색상을 선택한 이유가 있나요?
- 그 감정을 먹은 달팽이는 뭐라고 말하고 싶을까요?
- 내 마음속 감정 달팽이는 무슨 색을 좋아할까요? 그 색상은 어떤 느낌인가요?

(3) 나 이런 사람이야~!

이 활동은 자기개념을 알아보기 위한 활동이다. 자기개념은 자신이 누구인지, 어떤 특성과 능력을 가졌는지, 어떤 가치와 목표를 지니고 있는지, 어떤 역할들을 수행하는지에 대한 인식을 반영한다. 자기개념은 개인의 행동, 감정, 대인관계 및 삶의 선택에 큰 영향을 미치므로 긍정적인 자기개념을 형성하도록 돕는 것이 필요하다.

내가 생각하는 나의 강점	
다른 사람이 찾은 나의 강점	
내가 갖고 싶은 강점	

6. 상담을 마무리하며

　인간중심상담은 학생이 자신의 감정과 경험을 깊이 이해하고, 자신의 가치를 깨달으면서 진정한 자아와 연결될 수 있도록 돕는 과정이다. 학생의 방어기제를 무장해제시키고 깊이 있는 연결을 위해서는 상담자가 무조건적인 긍정적 존중과 공감적 이해로 학생을 지지하며, 학생이 자기 자신을 신뢰하고 자율적으로 결정할 수 있도록 격려하는 것이 매우 중요하다. 이러한 경험은 상담 이후에도 학생에게 지속적인 정서적 처리 능력과 자기탐색의 힘을 제공하여, 새로운 도전과 상황에서도 스스로 문제를 해결하고 성장할 수 있게 할 것이다.

친구들와
다툼이 많은 아이

1. 문제 상황

　3월 첫날부터 거의 매일 크고 작은 다툼이 일어났다. 유심히 살펴보니 모든 다툼의 시작과 중심에는 항상 규민이가 있었다. 놀이를 할 때면 규칙은 무시하고 무조건 이기려고만 했고, 막무가내로 자기 입장만 내세우며 울고 소리 지르는 게 다반사였다. 분명히 잘못을 했음에도 자기 잘못을 인정하지 않고 모든 게 친구들 때문이라며 화를 내는 모습에 학급 아이들은 규민이를 멀리하기 시작했다. 점점 많은 아이들이 규민이와 노는 것을 꺼렸고, 교실은 규민이와 아이들의 다툼으로 시끄러운 분란이 잦았다.
　규민이와의 개인적인 상담이 필요하다고 판단했다. 친구들과 다툼이 많은 생활 태도와는 달리 규민이의 학습 태도는 대체로 양호한 편이었고, 국어·수학 등의 교과 성적도 나쁘지 않았다. 다만, 가정적으로는 부모님이 늦은 시간까지 맞벌이를 하기 때문에 규민이를 세심하게 돌보기는 어려운 상황이었다. 그래서인지 급식 시간에 가장 많이 먹고, 남은 간식이나 반찬에 눈독을 들이며 혼자 독차지하려고 하는 등 식탐이 많았다.

규민이는 다양한 문제 상황에서 자기주장이 강했고, 자신의 잘못을 인정하지 않았다. 모든 것을 친구들의 잘못으로 돌리며 고집스럽게 스스로를 방어했다. 친구들에게 인정받고 함께 놀고 싶으면서도 어떻게 행동해야 본인이 원하는 것을 얻을 수 있는지를 알지 못했다. 규민이는 이기적이고 고집스러운 자신의 행동이 문제의 원인이라는 것을 알고, 문제 상황에서 바람직한 선택을 할 수 있어야 한다. 이를 위해 규민이와 꾸준히 상담을 진행하였고, 현실치료를 통해 함께 문제를 해결해 보고자 하였다.

2. 상담 이론 : 현실치료

현실치료[43]는 윌리엄 글래서가 주창하여 지속적으로 발전시켜 온 이론으로 전 세계적으로 로버트 우볼딩 등의 많은 학자와 전문상담자들이 동참하고 있다.

현실치료에서는 인간을 스스로 행동을 선택하는 존재로 본다. 대부분의 행동은 개인의 선택으로 이루어지며, 우리는 원하는 것을 얻기 위해 끊임없이 노력한다. 인간의 행동은 외부 환경에 의해 결정되는 것이 아니라, 내면에 자리한 본능적인 욕구에 따라 움직인다. 즉, 생존, 사랑과 소속, 힘과 성취, 자유, 그리고 즐거움에 대한 욕구가 우리의 행동을 이끄는 근본적인 원동력이다.

현실치료의 궁극적인 목표는 개인이 자신의 욕구를 보다 효과적으로 충

---

43 Robert Wubbolding(2020). 현실치료 상담의 적용 2. 한국심리상담연구소.

족할 수 있는 선택을 통해 건강하고 행복한 삶을 살아가도록 돕는 것이다. 특히, 개인이 자신의 "좋은 세계(quality world)" 속에 포함된 사람들과 긍정적이고 만족스러운 관계를 형성하도록 지원하는 것이 중요한 부분이다. 좋은 세계는 개인이 소중하게 여기는 사람, 가치, 신념 등이 담긴 내면의 이미지로, 현실치료는 이러한 좋은 세계를 더욱 풍요롭게 가꾸고 유지할 수 있도록 돕는다.

현실치료에서의 상담 과정은 R·W·D·E·P로 로버트 우볼딩이 제시한 WDEP 과정을 바탕으로 한다. R은 Relation(좋은 관계 형성하기), W는 Want(바람), D는 Doing(행동), E는 Evaluation(평가), P는 Planning(계획)을 의미한다.

이때, R(Relation:좋은 관계 형성하기)은 학생과 신뢰 관계를 형성하는 것을 말한다. 좋은 관계를 맺는 것은 상담에서 가장 중요한 기본 원칙이다. 학생의 말에 귀 기울이고 따뜻하게 공감해 주며 학생의 긍정적 변화를 위해 함께 노력해야 한다.

W(Want:바람)는 학생이 진정으로 원하는 것이 무엇인지 탐색하는 활동이다. 학생이 내면에서 간절히 바라는 것이 무엇인지, 상담을 통해 어떤 도움을 받고 싶은지, 그리고 상담 이후에 어떠한 삶을 살고 싶어 하는지를 알아본다.

D(Doing:행동)는 학생이 원하는 것을 얻기 위해 현재 어떤 행동을 하고 있는지를 구체적으로 살펴보는 과정이다. 학생이 어떤 생각을 하고 있으며, 어떤 행동을 선택하고 있는지를 점검하며, 이를 통해 자신이 스스로 행동을 결정하고 있다는 사실을 깨닫도록 돕는다. 또한, 부정적인 감정이나 불편한 기분을 느낄 때 어떤 생각이나 행동을 하고 있었는지를 스스로 인식

할 수 있도록 한다.

E(Evaluation:평가)는 현실치료의 핵심적인 과정으로 학생이 자신의 행동을 스스로 평가하는 활동이다. 자신이 원하는 것을 얻기 위해 선택한 행동이 적절한 것이었는지 되돌아보게 하며, 이를 통해 스스로의 선택이 원하는 것을 얻는 데 효과적이지 않았음을 깨닫게 한다.

P(Planning:계획)는 학생이 자신의 선택이 적절하지 않다는 것을 인식한 후, 더 나은 행동을 선택할 수 있도록 구체적인 계획을 세우는 과정이다. 우볼딩은 효과적인 계획을 수립하기 위해 SAMIC[3] 기준을 제시했는데, 계획은 단순하고(simple), 실현 가능하며(attainable), 측정할 수 있고(measurable), 즉각적으로 실행할 수 있어야 하며(immediate), 학생이 직접 통제할 수 있고(controlled), 지속적으로 실천할 수 있으며(consistent), 몰입할 수 있어야 한다(committed)고 설명한다.

이러한 RWDEP 과정을 거치면서 학생들은 자신의 삶을 더욱 효과적으로 조절하고, 원하는 목표를 이루기 위한 새로운 행동을 선택할 수 있게 된다.

3. 상담 그림책 분석

『친구를 모두 잃어버리는 방법』은 야단치거나 훈계하지 않으면서도 재미있게 친구를 사귀는 방법을 깨닫게 한다. 이 책에서 작가는 기발하면서도 역설적인 방식으로 주제를 드러낸다. 책 속 인물들이 보여 주는 이기적이고 잘못된 행동을 통해 친구를 사귈 수 있는 바람직한 방법을 스스로 깨닫게 한다. 학생과 함께 이 그림책을 읽으면서, 각각의 구체적인 상황에서

『친구를 모두
잃어버리는 방법』
낸시 칼슨 글·그림, 보물창고

어떤 선택을 하는 것이 더 좋을지에 대해 이야기를 나눌 수 있다.

그림책 장면에 대한 구체적인 질문을 통해 학생이 진정으로 원하는 것이 무엇인지에 대해서도 이야기를 이끌어 낼 수 있고, 학생이 보여 주는 현재의 선택 행동이 과연 자신의 바람을 이루기 위한 올바른 행동인지에 대해서도 깊이 있게 생각해 볼 수 있다.

『이럴 때 너라면』
고미 타로 글·그림
천개의바람

『이럴 때 너라면?』에는 13가지의 다양한 선택 상황이 주어진다. 책을 읽는 과정에서 아이들은 적극적으로 생각하며 각각의 상황에서 하나의 선택을 내려야만 한다. 그러한 경험을 통해 우리는 끊임없이 자신의 행동을 선택하는 존재이며, 그 선택에 따라 다양한 결과가 나타남을 깨닫게 될 것이다.

이 그림책의 질문들은 정해진 하나의 답이나 선택을 이야기하지 않는다. 무수히 많은 답을 찾고 선택하는 과정 자체에 더 큰 의미를 두고, 깊은 생각을 통해 나름의 선택과 결정을 할 수 있게 한다. 또한, 책 속의 다양한 질문들은 나름의 깊은 의미를 담고 있어서 그 질문들을 살펴보는 것만으로도 깊은 사고와 성찰을 이끌어 낸다.

무엇보다도 "이럴 때 너라면 어떤 선택을 할래?"라는 다양한 질문을 통해 현실치료의 핵심적인 개념인 선택이론을 연습해 볼 수 있을 것이다.

4. 상담의 실제

(1) 그림책 읽고 질문 나누기

『친구를 모두 잃어버리는 방법』에서 주인공은 무척 화가 난 표정이다. 장난감을 독차지하거나 심술을 부리고, 반칙을 하고 앙앙 울기까지 한다. 어떤 행동이 친구를 잃어버리게 하는지를 구체적으로 제시하고 있다. 규민이가 그림책을 통해 자신이 선택한 행동이 친구들을 화나게 하고, 친구들과 잦은 다툼의 원인이었다는 것을 깨닫고 바람직한 행동에 대해 진지하게 탐색할 수 있도록 질문한다.

(2) 그림책과 관련된 질문

- 그림책 속 아이의 표정(시무룩한 얼굴, 짜증난 표정)을 보면 어떤 생각이 드나요?
- 먹고 있던 과자를 감추는 행동에 대해 어떻게 생각하나요?
- 친구들에게 짜증을 내는 아이의 행동에 대해 어떤 생각이 드나요?
- 만일 내가 친구들이라면 어떻게 할까요?
- 친구를 모두 잃어버린 주인공의 표정은 어떠한가요?
- 만일 주인공처럼 친구를 모두 잃어버린다면 어떤 마음일까요?

(3) 삶과 관련된 질문

- 친구를 잃어버리는 행동에는 어떤 것들이 있었나요?
- 친구들의 행동을 보며 어떤 생각이 들었나요?
- 나의 행동에서 친구를 잃어버리게 만드는 행동이 있다면 무엇일까요?
- 좋아하는 친구가 있다면, 그 친구가 좋은 이유는 무엇인가요?

- 나는 친구들에게 어떻게 행동하고 있나요?
- 친구를 잃어버리지 않는 방법은 무엇일까요?

(4) 상담 대화 예시

① W : 바람, 욕구, 지각의 탐색

교사 : 오늘 규민이가 기분이 좋지 않은 것 같구나. 무슨 일이 있었니?

학생 : 민수가 자꾸 저를 화나게 해서 속상해요.

교사 : 규민이가 많이 속상했구나. 학교생활에서 바라는 점이 있을까?

학생 : 친구들과 싸우지 않았으면 좋겠어요. 친구들 때문에 화나는 게 싫어요.

교사 : 그렇구나. 누구와 잘 지내고 싶니?

학생 : 민수랑 그만 싸우고 사이좋게 지내고 싶어요.

(현실치료의 RWDEP 중 바람·욕구의 탐색 단계로 학생이 진정으로 원하는 것이 무엇인지를 탐색하는 과정이다. 따뜻하고 편안한 분위기에서 학생이 마음을 열고 자신이 바라는 것이 무엇인지를 생각하며 함께 이야기 나눈다.)

② D : 행동이나 삶의 방향에 대한 탐색

교사 : 요즘 규민이의 학교생활은 어때? 쉬는 시간이나 점심시간에 주로 무엇을 하니?

학생 : 동현이나 민수랑 얘기하고 놀기도 하고, 보드게임을 하거나 운동장에서 축구나 술래잡기를 해요.

교사 : 친구들과 놀 때 다투거나 화가 나는 일은 없었니?

학생 : 게임할 때 친구들이 제게 화를 냈어요. 제가 카드를 뒤집을 때 반칙을 했대요. 제가 규칙을 어겼다고, 자꾸 제가 잘못했다고 해서 저도

화가 나서 싸웠어요.

교사 : 친구들이 반칙했다고 했을 때 어떤 생각이 들었니?

학생 : 반칙이 아니라고 생각했는데 친구들이 다들 저한테 반칙이라고 우겨서 화가 났죠.

교사 : 그랬구나. 화가 났을 때 규민이는 어떤 선택을 할 수 있을까?

학생 : 그냥 아무 말 않고 꾹 참거나, 크게 소리를 지르거나, 울 수도 있겠죠.

교사 : 그렇지. 정말 할 수 있는 행동이 많이 있구나. 그중에서 규민이는 어떤 행동을 선택했지?

학생 : 큰소리로 화내고 울었어요.

(다툼의 상황에서 다툼의 원인이나 누구의 잘못인지를 가리기보다는 문제 상황 속에서 자신의 감정을 돌아보고, 그 감정을 어떤 선택 행동으로 어떻게 표현했는지를 떠올려 보게 한다. 즉, 감정 표현 방법은 매우 다양하며, 많은 선택 행동 중에서 선택하는 것임을 알고, 문제 상황에서의 행동은 스스로의 선택에 의한 것임을 깨닫게 하는 것이 목적이다.)

③ E : 자기평가 촉진

교사 : 규민이는 오늘 큰소리로 화를 내고 울기를 선택했구나. 그렇게 큰소리를 지르고 우는 것에 대해 친구들은 어떤 반응을 보였지?

학생 : 친구들도 저한테 큰소리로 소리 질렀고, 제가 우는 게 유치원 동생 같다고 했어요.

교사 : 그러면 규민이가 한 행동을 친구들이 어떻게 생각한 걸까?

학생 : 친구들이 좋아하지 않았어요.

교사 : 규민이가 선택한 행동이 효과가 없었구나.

학생 : 네, 제가 소리 질러서 시끄럽다고 친구들이 화를 냈고, 그래서 저도 더 화가 났어요.

(학생이 선택한 행동, 즉 큰소리를 질러 화를 내거나 우는 행동이 친구들과의 관계에 도움이 되었는지, 도움이 되지 않았는지를 스스로 평가할 수 있도록 한다. 자신의 행동이 친구 관계를 더 악화시켰고, 친구들과 잘 지내고 싶은 자신의 바람을 충족시키는 데 적절한 행동이 아니었음을 깨닫게 하는 것이 필요하다.)

④ P : 계획하기와 실천하기

교사 : 그러면 친구들과 잘 지내는 데 도움이 되는 행동은 무엇일까? 규민이가 친구를 잃어버리지 않고 좋은 친구들을 얻기 위해서는 어떤 행동을 선택하는 것이 좋을까?

학생 : 친구들이 좋아하는 행동이요.

교사 : 그래. 그럼 친구들과 잘 지낼 수 있는 행동은 무엇일지 함께 생각해 보자.

학생 : 게임할 때 반칙을 하지 않아야 해요.

교사 : 그렇지. 또 다른 방법은 뭐가 있을까?

학생 : 화가 나도 소리 지르지 않고, 울지 않아야겠어요.

교사 : 좋은 생각이구나. 그럼 화가 났을 때는 어떻게 하는 것이 좋을까?

학생 : 소리 지르지 않고 작은 목소리로 말해야겠어요.

교사 : 오늘부터 규민이가 생각한 방법들을 실천해 볼까?

학생 : 노력해 볼게요.

(학생이 바람직한 행동의 변화를 위해 스스로 계획을 세울 수 있도록 한다. 또한, 화가 났을 때 소리를 지르지 않고 울지 않기, 작은 목소리로 말하기 등 스스로 선택한 행동들을 종이에 써서 눈에 잘 보이는 곳에 붙여 놓는 등 실천적인 방법으로 선택 행동을 내면화할 수 있게 한다.)

5. 상담 활동

(1) 내가 바라는 나의 모습 표현하기

현실치료의 RWDEP 중 Want는 학생이 진정으로 원하는 것이 무엇인지를 탐색하는 활동이다. 앞에서 그림책을 읽고 다양한 질문 나누기를 통해 자신의 문제는 무엇인지, 어떤 욕구와 생각을 갖고 있는지 등에 대해 탐색하였다. 하지만 짧은 대화만으로는 자신의 진정한 욕구에 대해 명확하게 파악하기 어려울 수 있다. 이때, 학생의 욕구나 바람을 그림이나 글로 표현하게 하면 좀 더 시간적·심리적 여유를 갖고 자신의 내면을 깊이 탐색할 수 있을 것이다.

(2) 나의 선택에 대해 이야기 나누기

현실치료 상담에서는 특정한 선택 상황에서 자신의 욕구를 충족시킬 수 있는 적절한 선택이 매우 중요하다. 그림책 『이럴 때 너라면?』은 다양한 상황에 따른 독자의 선택을 자연스럽게 유도한다. 따라서 그림책을 읽고 나서 그림책의 질문대로 학생 스스로 적절한 선택을 해 보고, 선택의 이유에 대해 함께 이야기를 나누어 보는 것은 그림책을 재미있게 읽는 방법이다. 이는 현실치료 상담의 과정과도 유기적으로 연결된다.

- 산에 올라가는 여러 가지 방법 중 어떤 방법을 선택할까?
- 길을 가는데 무서운 무언가가 앞을 가로막고 있다면 어떻게 할까?
- 많은 선물 중 하나만 골라야 한다면?
- 물에 떠내려가는 강아지를 어떻게 구할까?

(3) 학교생활에서 나의 선택은?

그림책과 관련된 여러 선택 상황을 경험한 후, 학생의 현실 상황에 적용해 보는 활동이다. 학교에서 일어날 수 있는 여러 문제 상황을 가정하고, 그에 따른 선택의 문제를 제시하여 학생이 스스로 선택하게 한다. 제시된 문제 상황에 대한 학생의 선택과 그 이유에 대하여 이야기 나눈다. 또한, 선택 행동에 대해 학생 스스로 평가해 보는 기회를 갖는 것이 좋다.

다음 "학교생활에서 다음과 같은 일이 있을 때 나는 어떤 선택을 할까요?"라는 질문에 대해 이야기해 보자.

① 친구와 하는 게임에서 지고 있을 때
- 게임에서 이기려고 친구 몰래 반칙을 한다.
- 승부보다 친구와 잘 지내는 것이 더 중요하므로 규칙을 지킨다.

② 친구와의 게임에서 졌을 때
- 친구가 반칙을 썼다고 화를 내며 큰소리를 지른다.
- 패배를 인정하고 친구를 축하해 준다.

③ 친구들이 놀이하는 도중에 나를 끼워 주지 않을 때
- 놀이를 방해하며 끝까지 같이 하자고 조른다.
- 진행 중인 놀이가 끝날 때까지 기다린다.

④ 복도에서 친구가 뛰거나 장난치고 있을 때
- 얼른 큰소리로 선생님께 고자질한다.
- 먼저 친구에게 하지 말라고 진지하게 말하고 나서, 행동이 고쳐지지 않으면 선생님께 조용히 말씀드린다.

⑤ 친구들이 갖고 있는 장난감을 내가 갖고 놀고 싶으면 어떻게 해야 할까?
- 말 :
- 행동 :

(4) 실천 다짐 약속하기

　현실치료 상담을 통해 학생은 학교생활의 다양한 문제 상황에서 취할 수 있는 적절한 선택 행동에 대해 배우게 된다. 따라서 지금까지의 선택 행동과는 달리 좀 더 바람직한 선택을 위하여 구체적인 계획을 세울 수 있다. 이 때, 교사는 학생이 충분히 실천 가능한 단순하고 일관성 있는 계획을 수립하도록 조언하고, 학생 스스로 자신이 세운 계획에 대해 실천 의지를 가질 수 있도록 격려해야 한다. 자신의 선택 행동을 꾸준히 실천하겠다는 다짐은 학생의 실질적이고 꾸준한 행동의 변화를 이끌어 낼 수 있다.

※ 학교생활에서 정말 원하는 것, 바라는 것

※ 친구들과 잘 지내기 위한 나의 선택 행동

1.

2.

3.

4.

5.

앞으로 위의 선택 활동을 꾸준히 실천하겠습니다!

20 년 월 일

이름 :   (인)

6. 상담을 마무리하며

현실치료는 현재의 행동에 초점을 두고 비교적 단기간에 진행된다. 과거보다 현재와 미래를 중시하며, 학생의 가정환경이나 주변의 환경보다는 개인의 선택을 강조한다. 학생과의 언어적인 상호작용과 의사소통이 얼마나 활발하게 잘 이루어지는지에 따라 상담 결과에 큰 차이를 보일 수 있다.

따라서 학생이 자신의 욕구와 선택, 목표 등에 대해 깊이 생각하고 적절히 표현할 수 있도록 해야 한다. 이를 위해서는 학생과의 라포 형성이 필수적이므로 따뜻한 관심과 존중으로 학생과 좋은 관계를 유지해야 한다. 다양한 문제 상황에서 자신이 어떤 선택을 하느냐에 따라 전혀 다른 결과를 얻게 됨을 알고, 학생 스스로 선택하고 책임질 수 있도록 도와야 한다.

일상에서 그림책을 읽으며 책 속의 여러 선택 상황에 대해 이야기를 나누는 과정은 현실치료의 RWDEP 상담과 맥이 닿아 있다. 이때, 현실치료의 상담 과정을 이해하고 학생과의 대화에서 적절하게 활용한다면 더욱 효과적인 상담이 이루어질 것이다.

규칙 어기는 것을
아무렇지도 않게 생각하는 아이

1. 문제 상황

민성이는 고등학교 1학년이다. 중학교 때부터 공부에는 전혀 흥미를 느끼지 못하고, 친구들과 어울려 노는 것을 더 좋아했다. 하교 후에는 늘 친구들과 어울려 다니며 PC방, 노래방, 당구장 등에서 시간을 보내다가 늦게 귀가하기 일쑤였다. 집에서 부모님이 정한 귀가 시간이 있었지만 자정을 넘기고 새벽에 들어오기도 하고 급기야 외박을 하기도 했다. 민성이는 친구들과 놀다 보면 늦어질 수도 있는 건데, 왜 집에 늦게 들어가면 안 되는지, 외박은 또 왜 안 되는지, 어른들이 규칙을 정해 놓고 지키지 않는다고 잔소리하는 것이 이해되지 않았다.

민성이의 이런 생활은 학교생활에도 영향을 미쳤다. 새벽까지 놀다가 늦잠을 자게 되어 지각하는 날이 많아졌고, 학교에 가 봐야 재미가 없으니 굳이 가야 하나 하는 생각에 등교하지 않는 날도 생기기 시작했다. 상황이 이렇다 보니 민성이와 부모님의 갈등은 갈수록 심해졌다. 최근에는 친구들과 어울리는 데 필요한 돈을 마련하기 위해서 다른 반 학생의 물건을 슬쩍 훔

쳐서 중고마켓에 팔려고 했으나 결국 걸리고 말았다.

민성이가 밖에서 친구들과 어울리는 것에만 몰두하는 이유를 즐겁고 만족감을 느끼고 싶은 욕구를 충족시키기 위한 것으로 보았다. 특히 민성이는 도덕적 관념이나 규칙에 상관하지 않고 제멋대로 행동해서 부모님이나 교사로부터 부정적 피드백을 많이 받아 왔기 때문에, 비난을 받는다는 느낌을 주지 않으면서 새로운 행동의 선택을 통해 더 나은 결과를 가져올 수 있다는 것을 느끼도록 도움을 주고자 하였다.

2. 상담 이론 : 현실치료

사람은 누구나 보편적인 욕구(생존, 소속감과 사랑, 힘과 성취, 즐거움, 자유)를 가지고 있지만, 이러한 욕구를 충족시키기 위해 원하는 것은 사람마다 차이가 있다. 개인마다 욕구가 충족된 '좋은 세계'를 사진첩처럼 내면에 간직하고 있으며, 자신의 욕구를 충족시키는 방향으로 필요한 행동을 하게 된다. 사람의 전체 행동은 네 가지 구성 요소(행동하기, 생각하기, 느끼기, 생리적 반응)로 이루어져 있는데, 행동은 바라는 것을 얻기 위해 유발되기 때문에 자신이 선택한 것으로 본다.

현실치료[44]의 목표는 기본 욕구를 바탕으로 자신이 정말 원하는 것이 무엇인지 우선 파악하고, 바람직한 방법으로 자신의 심리적 욕구를 충족시킬 수 있도록 돕는 것이다.

---

44 노안영(2005). 상담심리학의 이론과 실제. 학지사. pp.299-320.

첫째, 자신이 선택한 행동에 대해 책임을 지는 것이다. 또한 다른 사람의 욕구 충족을 방해하지 않으면서 자신의 욕구를 충족시키는 능력을 의미한다. 즉 타인에게 피해를 주지 않으면서 자신의 생활을 효과적으로 통제할 수 있는 것을 의미한다.

둘째, 현실을 직면하는 것이다. 현실적으로 가능한 범위 내에서만 자신의 욕구 충족이 가능함을 받아들인다는 것을 의미하며, 과거는 바꿀 수 없기 때문에 현재 행동에 직면하고 책임지도록 함으로써 당면한 문제의 해결 방향을 찾는 것이다.

셋째, 개인의 욕구를 만족시키는 과정에 도덕적 판단이 있어야 한다. 사회 구성원으로서 다른 사람들에게 해가 되지 않은 행동을 할 수 있도록 욕구 충족을 위한 행동에 대한 가치판단을 강조한다.

현실치료의 상담 과정에서는 다음의 원칙을 기본적으로 지켜야 한다.

첫째, 내담자를 이해하고 지지적인 관계를 형성하여 친근하고 신뢰할 수 있는 환경을 조성한다.

둘째, 내담자의 바람과 그 바람을 달성하기 위해 현재 하고 있는 행동을 파악한다. 이때 감정 요소보다는 변화되기 쉬운 행동 요소에 초점을 맞추도록 한다.

셋째, 내담자가 선택한 현재 행동이 원하는 것을 얻는 데 도움이 되는지를 평가한다. 이 단계에서 그 행동이 규칙에 어긋나지 않는가를 묻는 것도 필요하다.

넷째, 내담자가 바람을 이룰 수 있는 더 효과적인 방법을 생각하도록 돕는다. 이 단계에서는 방법에 대해 지식을 확장하도록 조언하고, 계획에 조력하며 격려한다.

다섯째, 내담자에게 자신이 수립한 계획을 끝까지 수행하겠다는 다짐을 받는다. 이 약속은 내담자가 상담자뿐만 아니라 자기 자신에게 하는 약속이기도 하여 의미가 있다.

여섯째, 내담자가 계획대로 수행하지 않고 변명할 경우, 이를 수용하지 않는다. 계획대로 수행하지 못했을 때 "왜?"라고 묻기보다는 바라는 것이 변했는지 확인하고 계획을 수정하는 것이 필요하다. 상담자는 내담자가 포기하지 않고 바람을 이룰 수 있도록 더 나은 행동을 선택하는 것에 초점을 맞춘다. 그리고 언제, 어떻게 계획을 수행할 수 있을지에 관심을 두는 것이 필요하다.

일곱째, 상담자는 내담자를 비판하거나 논쟁하거나 처벌하지 않는다.

여덟째, 상담자는 내담자를 포기하지 않고 지속적으로 관심을 갖고 돕는다. 사람들이 효능감을 갖고 바람직한 통제력을 얻기까지는 오랜 시간이 걸리기 때문에 내담자를 포기하지 않고 지지자 역할을 해 주는 것이 필요하다.

3. 상담 그림책 분석

『나쁜 씨앗』에는 표정도 험상궂고 스스로를 아주아주 삐뚤어진 씨앗이라고 말하는 나쁜 씨앗이 등장한다. 나쁜 씨앗도 처음부터 삐딱했던 건 아니었다. 충격적인 사건을 경험하고 외롭고 힘든 시간을 겪으며 스스로 삐뚤어지기로 선택한 것이다. 그땐 그 선택이 편하게 느껴졌지만, 지금은 나쁜 씨앗에게 도움이 되지 않는다. 다른 씨앗들은 주변에 피해를 주는

『나쁜 씨앗』
조리 존 글, 피트
오즈월드 그림, 길벗어린이

나쁜 씨앗을 보며 수군거리고 피해 버린다. 나쁜 씨앗은 다른 씨앗들과 웃으며 즐겁게 지내던 예전으로 돌아가고 싶은 자신의 바람을 알아차리고 변화하기로 결심한다. 오랫동안 삐딱하게 살아와서 바꾸기가 쉽지 않지만, 하루하루 나아지기 위해 적응적인 새로운 행동을 실천하려고 노력하는 나쁜 씨앗의 모습을 보여 준다.

이 책에서는 어떤 계기가 있을 수는 있지만 삐뚤어진 모습도, 다시 돌아오려고 노력하는 모습도 자신이 선택한 것임을 분명하게 이야기한다. 그리고 자신이 선택한 행동의 결과는 온전히 자신이 감당하고 책임져야 함을 느끼게 해 준다.

4. 상담 실제

(1) 그림책 읽고 질문 나누기

삐뚤어지게 된 계기, 나쁜 씨앗이 선택한 행동과 그 결과, 다시 변화하고 싶은 마음과 노력을 보여 주는 그림책을 통해 주변 사람들로부터 부정적 피드백을 많이 들어온 민성이가 자신이 진정으로 원하는 것은 무엇인지 찾고, 욕구를 충족시킬 바람직한 방법을 찾아갈 수 있도록 안내한다.

(2) 그림책과 관련된 질문

• 나쁜 씨앗을 보는 주변 씨앗들의 표정은 어떠한가요?

- 나쁜 씨앗은 왜 나쁜 씨앗이 되기로 결심(선택)했나요?
- 나쁜 씨앗으로 바뀌는 과정에서 느꼈을 감정은 무엇인가요?
- 삐딱하게 바뀔 수밖에 없었다는 나쁜 씨앗의 사연을 들으며 어떤 마음이 들었나요?
- 나쁜 씨앗이 삐딱하게 살지 않고 다시 예전으로 돌아가고 싶다고 결심한 계기는 무엇인가요?
- 나쁜 씨앗이 삐딱하지 않게 살기로 결심한 이후 달라진 점은 무엇인가요(표정, 행동, 감정)?
- 나쁜 씨앗이 이전처럼 돌아가기 위해 노력하는 과정에서 힘든 점은 무엇인가요?

(3) 삶과 관련된 질문

- 주변 사람들은 나를 어떤 사람이라고 생각하고 바라보나요?
- 나쁜 씨앗처럼 삐뚤어지고 싶다고 느낀 때가 있다면 언제인가요?
- 삐뚤어졌을 때 어떤 행동을 하나요?
- 지금의 내 모습 중에 마음에 들지 않는 모습은 무엇이고, 마음에 드는 모습은 무엇인가요? 그 이유는?
- 어떨 때 더 나은 모습으로 변화하고 싶다는 생각이 드나요?
- 매일매일 노력하면서 바꾸고 싶은 모습이 있다면 무엇인가요?
- 변화를 위한 노력을 지속하기 위해 내게 필요한 것은 무엇인가요?

(4) 상담 대화 예시

교사 : 민성이가 다른 반 친구의 물건을 훔치고 중고마켓에 팔려고 한 이유가 무엇인지 얘기해 줄 수 있겠니?

학생 : 저도 그러고 싶지는 않았어요. 근데 친구들과 놀다 보면 게임비도 들고, 먹을 것도 사 먹고 하다 보니 돈이 많이 드는데 용돈을 더 안 주시니까….

교사 : 친구들과 자유롭게 놀고 싶은 마음이 큰데 돈이 부족하니까 어떻게든 돈을 마련해야겠다는 생각이 들었나 보구나.

학생 : 네. 체육 시간에 지나가다 보니까 문이 살짝 열려 있었는데 그 틈으로 무선 이어폰이랑 패드가 보여서 순간 그런 생각이 들었어요. 근데 이렇게 걸리게 될 줄 몰랐어요. 이렇게 될 줄 알았으면 안 그랬을 거예요.

교사 : 민성이 이야기를 들으니 잘못된 행동인 줄은 알고 있었는데, 걸리지 않을 거라고 생각했던 것 같네. 잘못한 행동으로 인해 지금 네게 불편한 부분이 생겨서 후회하는 것처럼 느껴지는데, 어떠니?

학생 : 그렇죠. 다른 애들이 저를 보는 시선이 달라졌고, 저랑 친한 애들도 괜히 같이 욕먹는 것 같아서 미안하고, 학교에서도 징계받고, 부모님한테도 또 혼나니까….

교사 : 주변에서 너를 보는 시선과 평가에 부정적인 영향을 미쳤다고 느끼는구나. 친구들이 피해를 보는 것도 걱정이 되는 것 같고.

학생 : 맞아요. 그래서 학교에서 있는 시간이 불편해요. 저 때문에 괜히 같이 욕먹는 친구들한테도 미안하고….

교사 : 민성이가 친구 관계를 굉장히 중요하게 생각하는 것 같네.

학생 : 그렇죠. 친구들과 있으면 재미있고 편하니까.

교사 : 그래, 민성이는 친구들 사이에 소속되고 관계를 맺으며 즐거운 시간을 보내고자 하는 욕구가 중요하고 큰 편인 것 같다. (학생이 중요하게 생각하고 충족시키고자 하는 욕구가 무엇인지 학생의 말과 행동을 통해서 찾아내고, 학생도 분명하게 알아차릴 수 있도록 안내한다.)

(중략)

교사 : 아까 같이 본 『나쁜 씨앗』에서 주인공이 거짓말을 밥 먹듯 하고, 규칙을 지키지 않고, 다른 사람에게 피해를 주는 행동을 했을 때 주변의 반응이 어땠는지 기억나니?

학생 : 표정이 좋지 않았죠. 눈치 보고 피하는 것도 있었고.

교사 : 나쁜 씨앗이 예전처럼 돌아가겠다고 결심한 이유가 뭘까?

학생 : 사람들이 피해서 혼자 있으니까?

교사 : 그래. 그래서 다른 사람들한테 피해 주지 않으면서 어울리는 방법을 연습하고 노력하지. 그렇다면 이번에 민성이가 선택한 행동이 네게 도움이 되었거나 관계 욕구와 즐거움의 욕구를 충족시켰다고 생각하니? (욕구를 충족시키기 위해 선택해 왔던 행동이 사실은 자신에게 도움이 되는지, 자신의 욕구를 충족시키는 데 방해 요인으로 작용하는 것은 아닌지 생각할 수 있도록 질문한다.)

학생 : 아니요.

교사 : 선생님 생각에도 민성이가 선택한 행동은 평소에 중요하게 생각하는 친구 관계나 소속감, 즐거움을 채우는 것과는 거리가 먼 것 같아. 그리고 너도 알고 있듯이 다른 사람에게 피해를 주는 잘못된 방법이기도 하고. 그렇다면 어떻게 하는 게 좋을까?

학생 : 앞으로 하지 말아야죠.

교사 : 다른 사람에게 피해를 주지 않으면서 네가 원하는 걸 얻을 수 있는 방법을 찾아보는 게 필요할 것 같은데?

학생 : 그럴 수 있으면 진작 그렇게 했죠. 그게 쉽지 않으니까….

교사 : 맞아. 익숙한 것을 내려놓고 새로운 행동을 시도하는 게 쉬운 일은 아니지. 그래도 새로운 행동도 자꾸 시도하다 보면 점차 익숙해지

고, 조금씩 변화를 느낄 수도 있을 거야. 일단 선생님과 함께 계획을 세워 보는 건 어떠니?

학생 : 한번 시도는 해 볼게요.

5. 상담 활동

(1) 그림책 내용 활동

그림책 『나쁜 씨앗』의 선택과 그 결과를 확인해 볼 수 있는 활동을 구성하였다. 나쁜 씨앗이 삐뚤어지기로 마음먹었을 때 선택한 행동과 이전의 모습으로 돌아가기로 결심한 이후 선택한 행동을 찾아보고, 선택한 행동에 따라 결과가 어떻게 달라졌는지 비교해 본다. 이 활동을 통해 행동은 자신이 선택할 수 있고, 어떤 선택을 하느냐에 따라 자신이 더 힘들어질 수도 있고, 도움이 될 수도 있다는 것을 알아차리게 한다.

	"에잇, 마구 삐뚤어질 테다!"
선택한 행동	정해진 시간을 안 지킨다. 거짓말을 밥 먹듯 한다. 새치기도 당당하게 한다.
선택의 결과 (도움이 되었나?)	주변에서 수군거리며 피함. 혼자가 됨.
	"하루하루 나아질 거야."
선택한 행동	
선택의 결과 (도움이 되었나?)	

(2) 선택의 갈림길… 나에게 최선의 선택은?

누구나 매 순간 어떻게 행동할 것인지 선택한다. 대부분의 사람들은 자신이 늘 해 오던 대로 익숙한 방법을 선택한다. 하지만 늘 해 오던 선택이 욕구를 충족시키지 못하거나 바람직한 방법이 아니어서 부정적 영향이 있다면, 자신에게 도움이 될 수 있는 새로운 행동을 시도해 보는 것이 필요하다. 대안 행동의 선택지는 한 가지가 아니라 더 많을 수도 있다. 다양한 대안 행동을 찾아보고 선택의 영향을 비교하며 자신에게 가장 좋은 선택은 무엇인지 생각해 보도록 한다.

내가 자주 선택해 왔던 행동은?	다른 선택을 한다면?

⇩　　　　　　　　⇩

선택의 결과(감당해야 할 책임)	선택의 결과(감당해야 할 책임)

⇩　　　　　　　　⇩

충족된 욕구	충족된 욕구

6. 상담을 마무리하며

현실치료는 학생을 자신의 욕구를 충족하기 위해 목표를 선택하고, 행동의 결과에 책임을 질 수 있는 존재로 본다. 학생이 행복하고 만족스러운 삶을 살도록 지혜로운 선택을 할 수 있게 도와주는 것이 상담자의 역할이다. 상담자는 자신의 가치판단을 강요하거나 비난하는 태도는 지양하고, 긍정적인 태도로 학생이 진정으로 원하는 것이 무엇인지 알아 가는 질문을 통해 현실에 직면하고 스스로 새로운 행동을 계획하고 실천하도록 도와주어야 한다. 그리고 선택과 결정의 주체는 학생이 되어야 한다. 현재 충족되지 않은 욕구를 알아차리는 것도, 충족하기 위한 목표 행동을 선택하는 것도, 그 결과에 책임을 지는 것도 모두 학생이어야 한다. 이 과정을 반복하는 것이 쉽지는 않겠지만 상담자가 포기하지 않는다면, 학생은 자신의 삶을 주체적으로 선택하여 변화시킬 수 있다는 깨달음과 자신을 스스로 통제할 수 있다는 자신감을 얻게 될 것이다.

친구를 괴롭히거나 따돌리는 아이

1. 문제 상황

　태우는 수업 활동에 대체로 잘 참여하고 만들기나 신체 활동을 좋아하나 인지 교과는 힘들어 하는 학생이다. 저학년 때는 친구들과 친해지고 싶은 마음에 용돈으로 간식도 사 주면서 가까워지려고 애썼지만 쉽지 않았다.
　고학년이 되면서 모둠 활동할 때 자신만 빼고 역할을 나눠서 하고 끼워 주지 않는다고 불평을 했다. 자신이 친구를 불렀는데 못 들은 척해서 화가 나 수업 중에 그 친구의 의자를 뒤에서 발로 차기도 한다. 아이들이 지나갈 때 발을 걸거나 일부러 그 아이가 싫어하는 별명을 부른다. 조금이라도 싫어하는 아이가 있으면 큰소리로 잘못을 지적한다. 체육 활동 시 게임에서 지게 되면 모든 것이 다른 아이들 때문이라며 화를 낸다. 싫어하는 아이가 앉았던 자리나 만졌던 물건은 바이러스가 감염되었다고 하면서 그 아이가 보는 앞에서 소독 티슈로 닦기도 한다. 그 때문에 여러 번 교사를 지도를 받았고, 친구를 괴롭히거나 따돌리면 안 된다고 하면 자신의 논리로 스스로를 정당화하면서 구체적인 예를 들어가며 다른 아이들의 잘못된 점을 설명한다.

2. 상담 이론 : 정서조절이론[45]

지난 십여 년 동안 정서조절에 대한 연구가 급속히 증가하였다. 많은 연구자가 정서조절에 대한 다양한 정의를 제안하였으나 연구자 간에 정서조절의 개념이 합의되거나 타당하게 받아들여지고 있지는 못하다. 정서조절이론(emotion regulation)은 제임스 그로스(James J. Gross)가 1998년에 제안한 이론으로 '어떤 정서를 언제 느끼고, 어떻게 정서를 경험하고 표현하는가에 영향을 미치는 과정'이라고 정의하였고, 정서가 발생되는 과정을 통해 각 단계별로 정서가 조절될 수 있는 방법을 제시하였다.

그로스(2007)의 정서조절 과정 모델에서는 정서조절 과정을 5단계로 구분하고 있다. 이 모형에 의하면, 정서는 정서적 단서에 대한 평가와 함께 유발된다. 이러한 정서가 유발되는 과정에는 다섯 가지의 개입 시점이 발생한다. 특정 상황을 선택하고, 선택한 상황을 수정할 수 있으며, 상황의 어떤 측면에 주의를 기울일지 조정하고, 상황에 대한 의미를 평가할 수 있으며, 마지막으로 반응하는 행동을 수정할 수 있다.

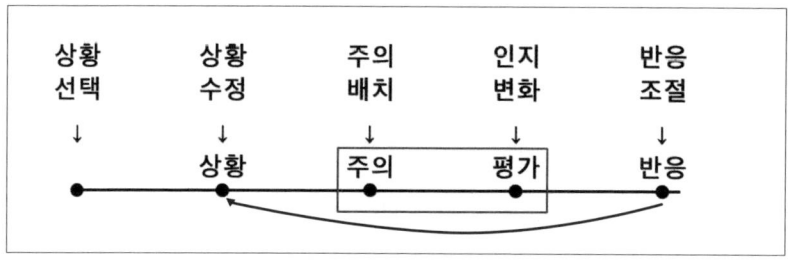

---

45 조숙(2017). 부모교육과 정서조절. 창지사. p.32, pp.42-47.

(1) 상황 선택

우리가 매일 매순간 만나는 수많은 생활의 장면 중 특정 상황에 영향을 받는 것은 사람에 따라 다르다. 상황 선택은 우리가 만나는 특정 상황에서 영향을 받아 정서적인 반응을 나타내고 약속을 잡거나, 사람을 만나 시간을 보내고, 회피하기도 하는 수많은 결정을 내린다. 상황 선택은 순간적으로 발생하며 부정적인 정서와 긍정적인 정서 중 하나를 선택하게 된다.

(2) 상황 수정

상황을 선택하여 부정적인 정서가 발생되었거나 주어지는 부정적인 상황으로 인해 좋지 않은 정서가 생겼을 때 정서를 바꿀 수 있는 활동이나 생각, 정서적 표현을 통해 정서를 긍정적으로 조절할 수 있다.

(3) 주의 배치

부정적인 정서에 영향을 주는 주어진 상황에서 두 가지 방법으로 정서를 조절할 수 있다.

① 주의산만

현재의 부정적인 상황에서 정서 상황과 다른 생각이나 기억을 떠올린다. 이렇게 주의를 현재의 정서 상황에서 전환·분산시켜 긍정적인 상황이나 긍정적인 정서로 돌려 정서를 조절한다.

② 반추

부정적인 정서를 유발하는 부정적인 상황에서 몰입하여 정서를 반추함으로써 주의산만을 촉진시켜 정서의 초점을 바꿀 수 있다. 좋은 환경이나 분위기(상담실의 환경, 영화관, 음악회, 식사, 자연환경 등)는 정서의 초점을 바꾸는 데 도움을 줄 수 있다.

(4) 인지 변화

부정적인 정서를 감소하기 위해 상황 자체에 대한 생각이나 상황에 대해 느껴지는 정서에 대한 생각을 적절하게 변화시켜 긍정적인 정서로 조절하는 것을 말한다.

(5) 반응 조절

현재 상황에 대해 느끼는 정서를 조절할 수 있는 활동을 하는 것이다. 생각을 긍정적으로 가지는 것, 운동하기, 음악 듣기, 언어로 안전하게 표현하기, 그림 그리기, 여행하기 등 반응 조절은 정서 표현 행동을 조절하는 데 관련이 있다.

3. 상담 그림책 분석

『진짜 크고 못된 돼지』는 크고 못된 늑대를 모티브로 하여 만들어진 작품으로, 어느 날 고요한 숲속의 평화를 깨트리며 작고 약한 동물들을 마구 괴롭히는 못된 돼지의 이야기를 담고 있다. 돼지를 잡기 위해 동물들이 협업 작전을 펼치는 장면은 명작 동화나 그림책의 작은 단서들을 담고 있어 아이들의

『진짜 크고 못된 돼지』
주연경 글·그림, 한솔수북

상상력을 풍부하게 자극한다.

　진짜 크고 못된 돼지는 자신이 나타났을 때 동물들이 숨죽이고 숨어 있는 상황에서 자신의 힘을 과시하고 괴롭히는 행동으로 상황을 선택하였다. 선택한 상황은 동물들을 힘들고 괴롭게 하였다. 동물들을 괴롭히는 행동은 돼지의 원래 모습이 아니라는 것을 보여 주는 반전을 통해 날카로운 이빨의 의미를 생각해 보게 한다. 날카로운 이빨을 주워서 끼운 늑대의 변화를 친구들과의 관계나 정서 조절과 연결 지어 나눌 수 있는 그림책이다.

4. 상담의 실제

(1) 그림책 읽고 질문 나누기

　평화로운 숲속에 나타난 돼지와 동물들의 몸의 색깔, 크기, 눈빛의 변화, 행동, 말, 목소리, 그 외의 특징을 먼저 살펴보면서 학생은 자신의 공격적인 행동을 먼저 발견하게 한다. 괴롭힘을 당한 아이들의 마음도 동물들의 행동과 모습에서 느낄 수 있도록 질문한다. 진짜 크고 못된 돼지의 날카로운 이빨이 모두 빠졌을 때 순하고 귀여운 돼지가 된 것처럼 원래부터 나쁜 존재는 없음을 알도록 관련된 질문을 이어 간다. 순하게 변한 돼지를 보고 동물들이 비난을 하지 않는 장면에서 친구들의 고마움도 함께 나눌 수 있도록 질문한다.

(2) 그림책과 관련된 질문

- 평화로운 숲속에 나타난 돼지는 어떤 모습인가요?
- 돼지의 날카로운 이빨, 뾰족한 발톱, 거친 꼬리와 새빨간 눈알을 보니

어떤 생각이 드나요?
- 동물들이 나무 뒤에서 돼지를 숨죽여 지켜보는 이유가 무엇일까요?
- 돼지는 동물들을 어떻게 괴롭혔나요?
- 동물들은 모여서 무엇을 하기로 했나요?
- 덫을 부수고 나와서 생쥐를 쫓아가던 돼지는 어떻게 되었나요?
- 이빨이 몽땅 빠진 돼지는 어떻게 되었나요?
- 늑대가 돼지의 부서진 이빨을 주워서 자신에게 끼운 후 어떤 모습이 되었나요?

(3) 삶과 관련된 질문
- 돼지가 나타났을 때 동물들이 나무 뒤에서 숨죽여 지켜보는 모습을 보니 어떤 마음이 드나요?
- 날카로운 이빨, 뾰족한 발톱, 거친 꼬리, 새빨간 눈알을 가진 진짜 크고 못된 돼지 같은 친구를 보거나 들은 적이 있나요?
- 괴롭힘을 당한 동물들의 표정은 어떤가요?
- 돼지가 동물들을 괴롭히는 행동을 한 것처럼 친구들을 괴롭히는 행동을 하거나 본 적이 있나요?
- 만일 내가 괴롭힘을 당한 동물들이라면 그림책처럼 진짜 크고 못된 돼지를 혼내려고 모여서 회의를 할까요?
- 돼지가 덫에 걸렸을 때 마음은 어떤가요?
- 돼지가 덫을 부수고 나올 때 마음이 어떤가요?
- 이빨이 부서진 돼지가 작아지고 순해졌을 때 같이 소풍 가는 동물들을 보고 어떤 생각이 드나요?
- 늑대가 부서진 돼지의 이빨을 주워서 자신에게 끼운 후 진짜 크고 못된

돼지와 같은 모습이 되었는데 어떤 생각이 드나요?
- 친구들에게 나는 어떤 모습으로 보일까요?

(4) 상담 대화 예시
① 상황 선택
교사 : 표정이 좋지 않은데 무슨 일이 있었어?

학생 : 한 아이가 저를 기분 나쁘게 했어요. 저를 이상하게 쳐다보았어요. 그래서 그 아이를 놀렸더니 우는 거예요.

교사 : 그랬구나. 그 아이가 너를 쳐다본 것이 기분이 나빴구나. (특정 상황에서 자신이 쉽게, 자동적으로 한 행동과 감정에 대한 것을 다룬다.)

학생 : 선생님이 말씀하시는데 저를 쳐다보잖아요. 하지 말라고 해도 계속 쳐다봤어요.

② 상황 수정
교사 : 『진짜 크고 못된 돼지』 그림책 첫 페이지에 돼지가 평화로운 숲속에 나타났을 때 숲에 누가 있었지?

학생 : 동물들이 많았는데 모두 나무 뒤나 나무 위, 땅속에서 숨죽이며 지켜보고 있었어요.

교사 : 그 모습이 어떻게 느껴졌어?

학생 : 돼지가 무섭게 생겼지만 외롭고 쓸쓸하게 느껴지고, 동물들이 자신을 보고 숨으니까 기분 나쁠 것 같아요.

교사 : 기분이 나쁘겠네. 그런데 그렇게 생각하는 것이 돼지의 행동을 어떻게 만들었지?

학생 : 동물들을 괴롭혔어요. 물고, 밟고….

교사 : 그 상황에서 무엇을 바꾸면 돼지가 동물들을 공격하지 않았을까?
(정서에 영향을 주는 상황을 수정하는 것이다. 정서적 충격을 바꾸기 위해 그 상황을 바꾸려는 직접적인 노력·행동을 포함하여 부정적인 정서를 긍정적으로 명확하게 변화시킬 수 있는 노력이다.)

③ 주의 배치

교사 : 진짜 크고 못된 돼지가 작고 순한 돼지가 되어 동물들과 소풍을 갔잖아. 어떻게 작고 순한 돼지가 될 수가 있었지?

학생 : 돼지의 날카로운 이빨이 몽땅 부서져서 빠져 버려서요.

교사 : 그러면 진짜 크고 못된 돼지에게는 무엇이 동물들을 괴롭히는데 중요한 힘이라고 생각해?

학생 : 날카로운 이빨이 없어져서 순하게 되었으니까 이빨인가 봐요.

교사 : 태우에게는 무엇이 진짜 크고 못된 돼지의 이빨일까? 무엇이 작아지거나 없어지면 다른 아이들을 공격하거나 괴롭히는 것이 줄어들 것 같아? (주어진 상황에서 정서에 영향을 주기 위하여 부정적 상황을 긍정적인 상황으로 주의를 돌린다.)

④ 인지 변화

교사 : 진짜 크고 못된 돼지의 이빨은 힘의 상징이었잖아. 힘의 상징은 없어져야 하는 것일까? 잘 다듬어서 친구들에게 도움이 되게 한다면 어떻게 될 것 같아? (상황 자체 혹은 그것을 통제하는 능력에 대한 생각을 변화시킨다.)

학생 : 제 힘 중에는 여러 가지 아이디어를 생각해 내는 것도 있어요. 그 힘을 친구들이나 반에 도움이 되게 하면 선생님도, 반 친구들도 좋

아할 것 같아요.

⑤ 반응 조절

교사 : 오늘 다른 아이들을 괴롭혔구나. 괴롭히고 나서 네 마음은 어때?

학생 : 그 아이들도 저한테 잘한 것은 없어요. 제가 싫어하는 행동을 했거든요.

교사 : 그럼 네가 한 행동을 다른 아이들은 어떻게 생각할 것 같아?

학생 : 그 아이들도 저를 싫어할 것 같아요.

교사 : 『진짜 크고 못된 돼지』 그림책에서 돼지가 감정이 상해서 동물들을 괴롭혔을 때 한 행동이 돼지에게 도움이 되었니?

학생 : 도움이 되지 않았고, 오히려 동물들이 회의를 해서 덫을 놓게 만들었어요.

교사 : 그런데 어떻게 해서 돼지가 동물들과 잘 지내게 되었을까?

학생 : 날카로운 이빨이 없어지자 순한 돼지가 되어 동물들과 놀 수 있었어요.

교사 : 그래. 그럼 다른 아이들과 잘 지낼 수 있도록 네가 순하게 느껴지게 하려면 무엇이 달라져야 할까? (현재 느끼는 정서 표현 행동을 감소시키도록 시도하는 것이다. 학생이 자신의 정서 표현이나 행동 등을 감추거나 표현할 수 있으므로 다시 상황 수정으로 되돌아가 시작할 수 있다.)

학생 : 불편할 때 화부터 내지 말고 친구들에게 원하는 것을 요청해요.

5. 상담 활동

(1) 상황 선택

학생이 어떤 상황에서 괴롭히는 행동이 발생하는지 관찰하고 기록한다.[46]

이전에 무슨 일이 있었는가? (촉발 요인이 무엇인가?)		
중간에 무슨 일이 일어났는가? (촉발 요인에 대한 정서 반응은 무엇인가?)	생각	
	느낌 (몸, 감정)	
	행동	
무슨 일이 일어났는가? (정서 반응의 결과가 무엇인가?)		

(2) 상황 수정

학생이 괴롭히는 행동을 하는 상황을 변화시킬 수 있는 방법을 학생과의 상담을 통하여 정리해 본다. 상황을 조정하여 괴롭히는 상황을 피하도록 도와줄 수 있다.

---

46 David H. Barlow 외(2022). 청소년의 정서조절을 위한 노하우. 학지사. p.43.

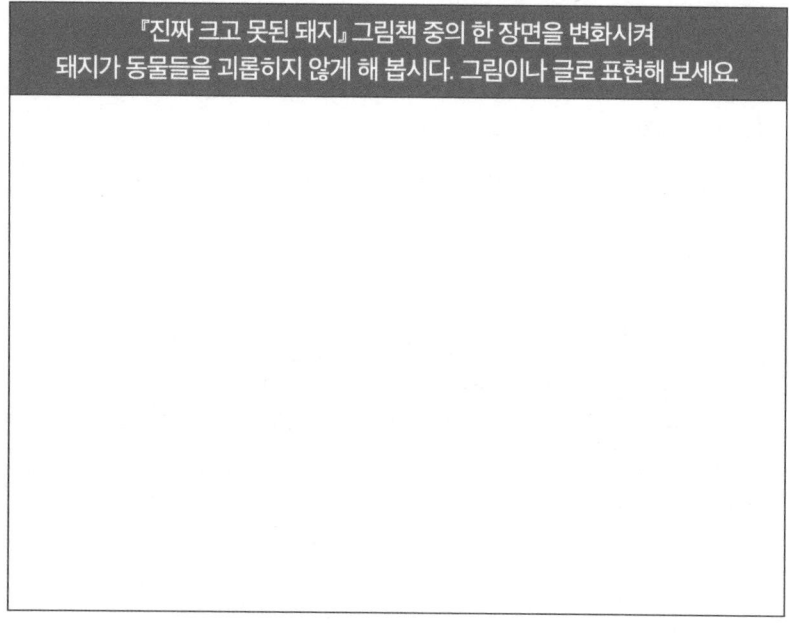

(3) 인지 변화

학생이 부정적인 정서를 감소시키고 긍정적인 정서로 조절하기 위해서 무엇이 적절한지 그 의미를 인식하는 선택을 할 수 있도록 즐거운 활동이나 관심사를 제시해 본다. 또, 학생이 괴롭히는 상황을 재해석함으로써 생각을 변화시키고 신체에도 영향을 미칠 수 있다.

① 매일 즐거운 활동한 것 적기[47]

봉사활동 : 다른 사람의 삶을 직접적으로 이롭게 하거나 개선하는 활동
재미있는 활동 : 재미있거나 신나는 활동
사회 활동 : 다른 사람들과 함께하는 재미있는 활동
숙달 활동 : 기술을 배우거나 숙달되기 위해 하는 활동
신체 활동 : 몸을 움직이거나 혼자 운동하는 것

요일	봉사활동	재미있는 활동	사회 활동	숙달 활동	신체 활동

② 상황에 대한 재해석의 예

우리가 경험한 사건을 새로운 시각으로 재해석함으로써 부정적인 정서보다 긍정적인 정서를 선택하도록 도움을 주기 위해 다음과 같이 학생에게 질문할 수 있다.

---

47 David H. Barlow 외(2022). 청소년의 정서조절을 위한 노하우. 학지사. pp.55-57.

> 『아주 크고 못된 돼지』 그림책에서 돼지의 날카로운 이빨이 부서져서 몽땅 빠졌을 때 돼지는 작고 순하게 되었다. 동물들은 돼지를 비난하지 않고 사과도 요구하지 않았다. 오랫동안 동물들을 괴롭혀 온 돼지에게 오히려 다 함께 소풍을 가자고 하였다. 그러면 동물들은 돼지의 존재 자체를 싫어한 것인가, 날카로운 이빨을 가진 공격적인 돼지를 싫어한 것인가?

● 돼지가 이빨이 빠진 후 점점 작아지는 모습을 그리고 색칠하기

● 몸의 크기와 눈 색깔이 바뀐 돼지에 대한 느낌 쓰기

③ 반응 조절

학생이 자신의 부정적인 정서 표현을 감소시키는 활동을 함으로써 정서를 조절할 수 있다. 부정적인 감정을 조절하는 것에는 운동이나 휴식, 체험 활동 등이 있으며, 언어 표현과 신체 활동이 있는 역할극을 통해서도 이루어질 수 있다. 괴롭히는 행동에 대해 학생이 어떻게 느끼는지, 그 행동이 어떤 결과를 초래하는지 역할극을 한 후 어떻게 하는 것이 자신에게도 좋고 친구들과 잘 지낼 수 있을지 이야기를 나눠 본다.

〈진짜 크고 못된 돼지〉 역할극 대본

어느 평화로운 숲속에 누군가 나타났어요. 그는 날카로운 이빨, 뾰족한 발톱, 거친 꼬리, 새빨간 눈알을 가졌어요.

동물들 : (혼잣말로) 아이쿠~ 또 왔다. 시꺼멓고 커~다랗고 진짜 못된 돼지! 오늘은 이빨이 더 날카롭게 보이고, 게다가 눈까지 새빨갛다! (나무 뒤에 숨어서 숨죽여 지켜보고 있다.)

돼지 : 저건 뭐지? 아니 숲속에 내가 왔는데 와서 반갑게 인사하지 않고 모두 숨어서 빼꼼빼꼼 얼굴만 내밀고 보고 있잖아! 에이! 기분 나빠. (아주 큰소리로) 크르르르르르르릉!!!

돼지는 동물들을 괴롭히기 시작했어요. 생쥐를 쫓아가고, 늑대의 엉덩이를 깨물고, 다람쥐의 꼬리를 밟았어요. 그리고 몰래 토끼에게 다가가서는 큰소리로 "크앙!" 하고 놀라게 했어요.

늑대 : (눈물을 흘리며) 나, 돼지에게 물린 엉덩이가 너무 아파!
다람쥐 : (화가 나고 슬픈 표정으로) 나도 꼬리를 밟혀서 꼬리가 잘릴 뻔했어.
토끼 : (뽀로통한 얼굴로) 돼지가 갑자기 나타나 큰소리로 놀라게 하는 바람에 심장이 다 없어질 뻔했지 뭐야. 진짜 진짜 크고 못된 나쁜 돼지야~!
생쥐 : 이렇게 있다가는 우리가 평화롭게 살 수가 없잖아. 우리가 힘을 합쳐서 돼지를 꼼짝 못하게 가두는 건 어떨까?

> 〈진짜 크고 못된 돼지〉 역할극을 하고 등장인물들에게 하고 싶은 말을 써
> 봅시다.
>
> 돼지 :
>
> 동물들 :
>
> 기타(   ) :

6. 상담을 마무리하며

　일상생활에서 정서는 생각, 감정, 행동으로 반응을 나타내고 신체와 정신에도 영향을 미친다. 정서 조절은 일상적으로 경험하는 감정을 조절하고 통제하는 능력으로, 감정을 올바르게 이해하고 다루는 것은 물론이고 타인과의 관계에서 긍정적인 변화를 가져올 수 있다. 따라서 스스로 자신의 부정적 정서를 조절할 수 있도록 학생의 정서 발달을 지원하고 이해하려는 노력이 필요하다.

　다른 아이들을 괴롭히는 학생에게 자신의 모습을 거울처럼 비추어 볼 수 있도록 그림책을 통하여 다가가는 것은 학생의 저항과 방어를 줄이는 데 도움을 줄 수 있다. 상담을 진행하는 교사는 먼저 학생이 혼난다는 생각을 갖지 않도록 괴롭히는 이유를 장면과 연결 지어 충분히 들어준다. 그림책을 함께 읽으며 그림책의 장면마다 질문을 통해 생각이나 느낌을 충분히 말하도록 하고, 학생의 문제 행동에 초점을 두기보다 존재로서 대하는 태도를 견지한다.

참고문헌

Part 1 그림책으로 마음을 읽는다

독서심리상담이란 무엇인가
- 김현희 외(2004). 독서치료. 학지사.
- 노안영(2014). 상담심리학의 이론과 실제. 학지사.

학교 안에서의 건강한 관계 형성(라포 형성)
- Robert E. Wubbolding(2014). 현실치료 상담의 적용 1. 김인자 역. 한국심리상담연구소.

Part 2 그림책 심리상담 사례

분리불안으로 등교를 거부하는 아이
- 김철호(2016). 마음챙김 명상교육 : 인성 함양과 정서 안정을 위한 학생용 MBSR 8주 코스. 어문학사.
- 신의진(2008). 신의진의 초등학생 심리백과. 갤리온.
- Daniel Rechtschaffen(2020). 마음챙김 학교교육. 정관용, 김태후, 이영미 역. 서울경제교육.
- Debra Burdick(2024). 아동과 청소년을 위한 마음챙김 워크북. 곽영숙, 권용실, 김완두, 김윤희 외 역. 학지사.
- Hannah Sherman(2021). 어린이를 위한 마음챙김 워크북. 김문주 역.

불광출판사.
- Jon Kabat-Zinn(2024). 존 카밧진의 내 인생에 마음챙김이 필요한 순간. 안희영, 김정화 역. 불광출판사.
- Susanne F. Fincher(2011). 만다라 미술치료 워크북. 오연주 역. 이음출판사.

무기력으로 등교에 어려움을 겪는 아이
- 우문식 편저(2021). 마틴 셀리그만의 팔머스 중심 긍정심리학. 학지사.
- Carol S. Dweck(2017). 마인드셋 : 스탠퍼드 인간 성장 프로젝트. 김준수 역. 스몰빅라이프.
- Martin E. P. Seligman(1996). 무기력의 심리. 윤진, 조긍호 역. 탐구당.
- Ryan M. Niemiec(2023). 긍정심리학 성격강점 기반 스트레스 대처와 성장 워크북. 김광수, 이혜인 역. 학지사.

수줍음이 많아 발표를 어려워하는 아이
- 양명숙 외(2014). 상담 이론과 실제. 학지사.

불안과 걱정이 심한 아이
- 노안영(2014). 상담심리학의 이론과 실제. 학지사.

열등감이 심한 아이
- Gerald Corey(2012). 심리상담과 치료의 이론과 실제. 천성문, 권선중, 김인규, 김장회, 김창대, 신성만, 이동훈, 허재홍 역. Cengage Learning.

애정결핍이 있는 아이
- 노안영(2014). 상담심리학의 이론과 실제. 학지사.
- 노안영(2021). 개인심리학적 상담 : 아들러 상담. 학지사.

완벽주의로 인해 힘들어 하는 아이
- Judith S. Beck(2017). 인지행동치료 이론과 실제. 최영희, 최상유, 이정

흠, 김지원 역. 하나의학사.

친구가 하는 말을 그냥 넘기지 않는 아이
- 강진령(2023). 쉽게 풀어 쓴 상담이론과 실제. 학지사.
- Jesse H. Wright, Gregory K. Brown, Michael E. Thase(2019). 인지행동치료. 학지사.

강박이 심한 아이
- 권준수 외(2023). DSM-5-TR 정신질환의 진단 및 통계편람. 학지사.
- 이용승, 이한주(2000). 강박장애 : 헤어날 수 없는 반복의 굴레. 학지사.
- 최영민(2010). 쉽게 쓴 정신분석이론. 학지사.

가족의 죽음으로 슬퍼하는 아이
- Diana Hill, Debbie Sorensen(2024). 매일 ACT하기 활동카드. 인싸이트.
- Tamar D. Black(2024). 아동·청소년을 위한 수용전념치료. 하나의학사.

거짓말을 많이 하는 아이
- 김춘경, 이수연, 이윤주, 정종진, 최웅용(2016). 상담의 이론과 실제. 학지사.

도벽이 있는 아이
- 강진령(2023). 쉽게 풀어 쓴 상담이론과 실제. 학지사.

자기 잘못을 인정하지 않는 아이
- 강진령(2023). 쉽게 풀어 쓴 상담이론과 실제. 학지사.
- 노안영(2018). 상담심리학의 이론과 실제. 학지사. .

자기 의견을 말하지 못하고 친구가 하자는 대로만 하는 아이
- 김광수(2019). 긍정심리학 성격강점 기반 인성교육. 학지사.
- 이현수(2021). 성격강도에 기초한 긍정적 심리치료. 학지사.
- Martin E. P. Seligman, Tayyab Rashid(2020). 긍정심리치료 치료자 매뉴얼. 우민식, 이미정 역. 물푸레.

관심을 받고 싶어서 일부러 튀는 행동을 하는 아이
- 노안영(2005). 상담심리학의 이론과 실제. 학지사.

친구들과 다툼이 많은 아이
- Robert Wubbolding(2020). 현실치료 상담의 적용 2. 박재황, 김은진 역. 한국심리상담연구소.

규칙 어기는 것을 아무렇지도 않게 생각하는 아이
- 노안영(2005). 상담심리학의 이론과 실제. 학지사.

친구를 괴롭히거나 따돌리는 아이
- 조숙(2017). 부모교육과 정서조절. 창지사.
- David H. Barlow 외(2022). 청소년의 정서조절을 위한 노하우. 조용래 역. 학지사.

• 그림책사랑교사모임 발간도서 •

나는 교사다 그러므로 생각한다
그림책사랑교사모임 글

교사의 삶, 날마다 떠오르는 물음표?와 느낌표! 교사로 살아가며 언젠가는 마주치고야 마는 질문에 스스로 답하기 위해 55개 그림책과 철학을 통해 사유의 바다를 유영하고 마침내 찾아낸 환한 등대로 동료 교사들을 초대한다.

초등 그림책 수업
그림책사랑교사모임 글

한 해의 주제 수업을 고민하는 교사들에게 달마다 만나는 주제 수업부터 범교과 주제 수업까지, 주제에 꼭 맞는 그림책과 창의적인 체험 활동의 경험을 생생하게 소개한다.

중등 그림책 수업
그림책사랑교사모임 글

앎과 삶이 일치하는 수업, 이성과 감성을 동시에 길러 주는 수업 중등 그림책 수업은 어떻게 할까? 자유학기부터 국어, 영어, 수학, 과학, 도덕, 가정, 한문까지 다채롭고 흥미로운 그림책으로 학생들이 좋아하는 최고의 수업이 된다.

초등 그림책 문해력 수업
그림책사랑교사모임 글

그림책을 읽고 재미있는 활동을 하며 한글을 깨치고 어휘를 확장하는 등 문해력의 뿌리를 단단히 내리게 하는 35편의 수업을 소개한다.

14가지 빛깔의 그림책 수업
그림책사랑교사모임 글

교실에서 시도한 14가지의 활동 수업을 차시에 따라 자세히 소개한다. 창작 수업부터 온라인 협력 수업까지 다양한 활동 속에서 즐겁고 자연스럽게 배움이 일어나는, 새롭고 도전적인 수업 방법들을 담았다.

초등 그림책 학급운영
그림책사랑교사모임 글

한 해의 학급운영을 고민하는 교사들에게 아이들과 행복한 1년을 보낼 수 있는 방법으로 '그림책'이라는 특별한 도구를 소개한다. 그림책으로 학급의 하루를 열고, 학급의 일 년을 계획하며, 생활의 나침반이 될 인성 교육을 하는 주제별 그림책 활동 사례 25개를 담았다.